¡JUSTICIA PARA EL CAMPO!

Sindicalismo y conflictividad agraria en la provincia de Valladolid durante la Transición (1975-1982)

Serie: HISTORIA Y SOCIEDAD nº 241

Redondo Cardeñoso, Jesús-Ángel

¡Justicia para el campo! : sindicalismo y conflictividad agraria en la provincia de Valladolid durante la Transición (1975-1982) / Jesús-Ángel Redondo
Cardeñoso – Valladolid: Ediciones Universidad de Valladolid, 2024

223 p. ; 24 cm. – (Historia y sociedad ; 241)

ISBN 978-84-1320-295-2

1. Huelgas y cierre patronal. 2. Trabajadores agrícolas 3. España – Valladolid.
4. Historia - 1975-1982. 5. Sindicatos - España - Valladolid (España : Provincia). 6. Condiciones sociales. I. Universidad de Valladolid, ed. II. Serie

331.109.44-057.57(460.185)"19"
334.73-057.57(460.185)"19"

JESÚS ÁNGEL REDONDO CARDEÑOSO

¡JUSTICIA PARA EL CAMPO!

**Sindicalismo y conflictividad agraria en la provincia de
Valladolid durante la Transición (1975-1982)**

EDICIONES
Universidad de Valladolid

En conformidad con la política editorial de Ediciones Universidad de Valladolid (http://www.publicaciones.uva.es/), este libro ha superado una evaluación por pares de doble ciego realizada por revisores externos a la Universidad de Valladolid.

© JESÚS ÁNGEL REDONDO CARDEÑOSO. Valladolid, 2024

© EDICIONES UNIVERSIDAD DE VALLADOLID

Preimpresión: Ediciones Universidad de Valladolid

ISBN 978-84-1320-295-2

Diseño de cubierta: Ediciones Universidad de Valladolid

Fotografía de cubierta: Los agricultores, contra la política agraria del Gobierno", *El Norte de Castilla*, 19-3-1980.

Dep. Legal: VA 539-2024

Imprime: Podiprint. - España

ÍNDICE

Introducción

Entre los últimos años de la década de los sesenta y primeros setenta del pasado siglo XX, los países industrializados del hemisferio occidental vivieron uno de los ciclos de conflictividad social más intensos de la contemporaneidad[1]. Esta conflictividad se manifestó principalmente mediante la extensión de las huelgas de obreros industriales y las movilizaciones estudiantiles[2].

Aunque es menos conocido, los agricultores también participaron activamente en ese ciclo de conflictividad social e impulsaron numerosas protestas mediante muy diversas y novedosas formas de movilización colectiva. En Francia, por ejemplo, los agricultores protagonizaron desde finales de la década de los 50 una creciente conflictividad motivada por los problemas derivados del proceso de mecanización de la agricultura, para lo que utilizaron nuevas formas de protesta colectiva, como fueron: "cerrar carreteras, autopistas o vías férreas con neumáticos ardiendo o montones de excedentes de productos agrícolas, bloquear pueblos y ciudades con caravanas lentas de tractores y maquinaria agrícola"[3]. Sin duda, la protesta agraria más importante y significativa que se produjo durante aquellos años en Europa fue la multitudinaria

[1] SCREPANTI, Ernesto, "Los ciclos largos en la actividad huelguística: una investigación empírica", *Historia Social*, 5 (1989), pp. 50-75.

[2] ARENAS POSADAS, Carlos, *Historia Económica del Trabajo (siglos XIX y XX)*, Madrid, Tecnos, 2003, pp. 218-220.

[3] NAYLOR, Eric L., "Unionism, Peasant Protest and the Reform of French Agriculture", *Journal of Rural Studies*, 10/3 (1994), pp. 267-269. También en: LYNCH, Edouard, *Insurrections paysannes. De la terre à la rue: usages de la violence au XXe siècle*, París, Vendémiaire, 2019. Otra nueva forma de protesta que comenzaron a utilizar los agricultores franceses en este período son los, tan conocidos, boicots y ataques a camiones que transportaban productos agrarios españoles: Cfr. MOLINA GARCÍA, Sergio, "La construcción del enemigo. Francia, España y el problema agrario, 1968-1977", *Pasado y Memoria*, 17 (2018), pp. 453-477 y "La guerra de los camiones de 1980: conflictos franco-españoles durante las negociaciones de adhesión a la CEE", en MORENO SECO, Mónica (coord.), FERNÁNDEZ SIRVENT, Rafael y GUTIÉRREZ LLORET, Rosa A. (eds.), *Del siglo XIX al XXI. Tendencias y debates: Actas del XIV Congreso de la AHC*, Alicante, Biblioteca Virtual Miguel de Cervantes, 2019, pp. 1689-1702.

manifestación que tuvo lugar en Bruselas el 23 de marzo de 1971 para protestar por la propuesta de reforma de la Política Agraria Común y el estancamiento de los precios agrícolas (fijados por la CEE) que no compensaban el aumento de los precios de los insumos agrarios (establecidos por el libre mercado). Según la prensa, la manifestación congregó hasta 100.000 agricultores llegados de diversos países comunitarios y terminó con importantes disturbios entre manifestantes y fuerzas del orden público[4].

Como bien sabemos, ese intenso ciclo de conflictividad social internacional también tuvo incidencia en España que, por entonces, era la décima potencia industrial del mundo. En efecto, a pesar de que durante aquellos años el país vivía bajo una dictadura que reprimía toda acción de oposición política y social, los conflictos sociales se incrementaron progresivamente desde comienzos de la década de los sesenta[5]. De este modo, si en los años 1964-1969 se perdieron, por término medio, 250.000 jornadas de trabajo al año por causa de huelgas laborales, esta cifra se elevó a 850.000 en los años 1970-1972, y a más de millón y medio entre 1973-1975[6].

La eclosión de la conflictividad social durante los últimos años del franquismo se vio beneficiada por la apertura de diferentes "oportunidades políticas"[7]: primero, la progresiva crisis y confrontación entre sectores aperturistas e inmovilistas del franquismo que se produjo desde finales de 1969 y se incrementó a raíz del asesinato de Carrero Blanco en diciembre de 1973; segundo, la aparente apertura liberalizadora del Gobierno de Arias Navarro (el llamado "espíritu del 12 de febrero"); y, por último, el ejemplo de la Revolución de los Claveles que triunfó en Portugal en abril de 1974[8].

Un buen ejemplo de lo dicho es la propia ciudad de Valladolid que, como han mostrado diversos investigadores, vivió durante el tardofranquismo importantes conflictos sociales protagonizados por estudiantes universitarios, trabajadores industriales y asociaciones de vecinos[9].

---

[4] "Cólera agrícola en las calles de Bruselas", *El Norte de Castilla*, 24-3-1971, pp. 1 y 11.

[5] SOTO CARMONA, Álvaro, *¿Atado y bien atado? Institucionalización y crisis del franquismo*, Madrid, Biblioteca Nueva, 2005, p. 260; MOLINERO, Carme e YSÀS, Pere, *La Transición. Historia y relatos*, Madrid, Siglo XXI, 2018, pp. 15-29.

[6] PÉREZ DÍAZ, Víctor, *España puesta a prueba, 1976-1996*, Madrid, Alianza, 1996, pp. 24-25.

[7] Sobre el concepto de "oportunidades políticas" véase TARROW, Sydney, *El poder en movimiento. Los movimientos sociales, la acción colectiva y la política*, Madrid, Alianza, 1997.

[8] MARTÍN GARCÍA, Óscar J., "Oportunidades, amenazas y percepciones colectivas en la protesta contra el franquismo final, 1973-1976", *Historia Social*, 67 (2010), pp. 51-67.

[9] SERRANO GARCÍA, Rafael, "Conflictividad obrera en la sociedad vallisoletana (1856-1980)", en VV.AA., *Valladolid: historia de una ciudad. Tomo III. Época Contemporánea*, Valladolid, Ayuntamiento de Valladolid, 1999, pp. 901-902; PALOMARES IBÁÑEZ, Jesús María, "El movimiento estudiantil universitario de Valladolid en el último decenio del franquismo", en AXEITOS AGRELO, Xosé L.; GRANDÍO SEOANE, Emilio; y VILLARES PAZ, Ramón (eds.), *A patria enteira. Homenaxe a Xosé Ramón Barreiro Fernández*, Santiago de Compostela, Consello da Cultura Galega, 2008, pp. 259-

Con todo, fue tras la muerte del propio dictador, en noviembre de 1975, cuando se incrementó de forma exponencial el número e intensidad de la conflictividad social en España, hasta tal punto que durante los últimos años de la década de los setenta el número de huelguistas y de jornadas no trabajadas alcanzaron cuotas que no se habían visto desde los años de la II República[10].

Del mismo modo que ocurrió a nivel europeo, y como han demostrado numerosas investigaciones publicadas en los últimos años, todo este ciclo de conflictividad social que se produjo en España a lo largo de la década de los setenta también tuvo su reflejo en el campo[11]. Y no sólo en regiones donde históricamente había existido un importante y activo movimiento jornalero, como Andalucía y Extremadura, donde los trabajadores rurales todavía protagonizaron importantes conflictos socio-laborales durante la Transición[12], sino también en regiones rurales de la mitad norte del país donde predominaba el pequeño y mediano agricultor familiar, como Galicia, Aragón o Cataluña[13].

276; BERZAL DE LA ROSA, Enrique, *Vallisoletanos contra Franco. Oposición política y social a la Dictadura (1940-1975)*, Valladolid, Ateneo Republicano, 2009, pp. 50-128; GONZALO MORELL, Constantino, *Democracia y barrio: el movimiento vecinal en Valladolid (1964-1986)*, Valladolid, Universidad de Valladolid, 2012.

[10] SOTO CARMONA, Álvaro, *Transición y cambio en España, 1975-1996*, Madrid, Alianza, 2005, pp. 447-450; REDERO SAN ROMÁN, Manuel, "Los sindicatos en la democracia: de la movilización a la gestión", *Historia y Política*, 20 (2008), p. 131.

[11] Sendos estados de la cuestión sobre este tema en: LANERO TÁBOAS, Daniel y MÍGUEZ MACHO, Antonio, "¿Lejos de la apatía?: Politización y movimientos sociales en la España rural del final del franquismo y la Transición (1968-1982): un estado de la cuestión", en LANERO TÁBOAS, Daniel (ed.), *Por surcos y calles. Movilización social e identidades en Galicia y País Vasco (1968-1980)*, Madrid, Catarata, 2013, pp. 7-31; y LANERO TÁBOAS, Daniel, "Contra los tópicos: sobre la complejidad política y social del mundo rural entre franquismo y democracia", en LANERO TÁBOAS, Daniel (ed.), *El disputado voto de los labriegos. Cambio, conflicto y continuidad política en la España rural (1968-1986)*, Granada, Comares, 2018, pp. 1-13.

[12] Por ejemplo, la jornada de protestas por el empleo del 20 de junio de 1978 que movilizó a cientos de miles de jornaleros andaluces y extremeños (SOTO CARMONA, *Transición y cambio…*, p. 451, y HERRERA GONZÁLEZ DE MOLINA, Antonio, *La construcción de la democracia en el campo (1975-1988). El sindicalismo agrario socialista en la Transición española*, Madrid, MAPA, 2007, pp. 240-242). Una visión general en GÓMEZ OLIVER, Miguel, "El movimiento jornalero durante la Transición", en GONZÁLEZ DE MOLINA, Manuel (ed.), *La historia a Andalucía a debate. Vol. 1. Campesinos y jornaleros*, Barcelona, Anthropos, 2004, pp. 135-155.

[13] Sobre Galicia: DÍAZ GEADA, Alba, *O campo en movemento: o papel do sindicalismo labrego no rural galego durante o tardofranquismo e a primeira etapa democrática (1964-1986)*, Santiago de Compostela, Universidad de Santiago de Compostela, 2011. Sobre Aragón: SABIO ALCUTÉN, Alberto, *Labrar democracia y sembrar sindicalismo. La Unión de Agricultores y Ganaderos de Aragón, 1975-2000*, Zaragoza, UAGA-COAG, 2001, pp. 17-59. Sobre Cataluña: FERRER GONZÁLEZ, Cristian, "Popular empowerment, peasant struggles and political change: Southern Catalonia under late Francoism", *Workers of the World*, 5 (2014), pp. 39-57 y, "El PSUC y el trabajo en el campo. El movimiento campesino entre el franquismo y la Transición", en LANERO TÁBOAS, *El disputado voto…*, pp. 111-134; PUIG VALLVERDÚ, Guillem, "La democratización en el campo. La formación y primeras

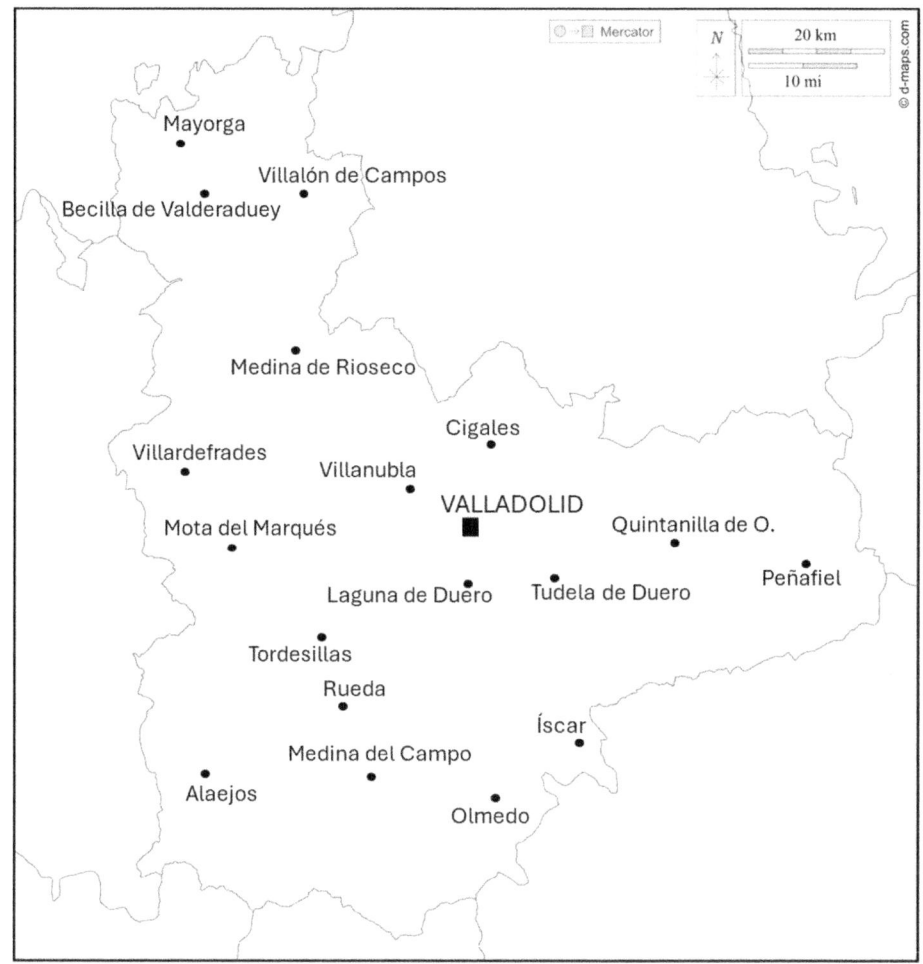

Mapa 1. Provincia de Valladolid

acciones de la Unió de Pagesos en la construcción de la democracia en la Cataluña rural", en REIG
TAPIA, Alberto y SÁNCHEZ CERVELLÓ, Josep (coords.), *Transiciones en el mundo contemporáneo*,
Tarragona/México, Universidad Rovira i Virgili/Universidad Nacional Autónoma de México, 2016, pp.
679-696; y FERRER GONZÁLEZ, Cristian y PUIG VALLVERDÚ, Guillem, "Vivir de la tierra. Organización, conflicto y cambio en la Catalunya agraria: la *Unió de Pagesos*, 1973-1979", *Investigaciones
Históricas*, 40 (2020), pp. 85-112. Recientemente, también se ha puesto de manifiesto la importancia de
la movilización de agricultores familiares en provincias del sur peninsular, como es el caso de Almería:
FERRER GÁLVEZ, Francisco, "El sindicalismo 'reformista' en la agricultura intensiva. Desarrollo y
consolidación del Centro Nacional de Jóvenes Agricultores (CNJA) en Almería", *Historia Actual Online*,
50 (2019), pp. 51-64; "Los comunistas en la agricultura intensiva de Almería. Intereses corporativistas y
las iniciativas democratizadoras (1977-1986)", *Historia del Presente*, 40 (2022), pp. 103-120; y "Socialismo y agricultura en la periferia andaluza: una nueva mirada a la Transición desde la provincia de Almería (1977-1986)", *Historia Actual Online*, 59 (2022), pp. 9-26.

Sin embargo, a pesar de todos los avances que han permitido sacar a la luz la notable conflictividad social que tuvo lugar en la España rural durante la Transición, todavía faltan investigaciones que aporten información sobre la movilización agraria que se produjo durante aquellos años en numerosas regiones rurales del interior peninsular, entre otras, La Rioja, Álava, Navarra o las distintas provincias que hoy conforman Castilla y León[14]… lo cual no deja de ser sorprendente si tenemos en cuenta que, por ejemplo, todas estas provincias fueron el epicentro de la protesta agraria más importante que se produjo durante la Transición y, posiblemente, durante toda la historia reciente de España: la "guerra de los tractores" de 1977.

Por ello, a través de esta investigación queremos llevar a cabo un análisis de la movilización que protagonizaron los agricultores de la mitad norte de la península durante la Transición (1975-1982) tomando como ejemplo concreto la provincia de Valladolid (Mapa 1) donde, como veremos, durante aquellos años hubo una intensa actividad sindical en el campo y se produjeron destacados conflictos agrarios.

La presente investigación se sustenta en la consulta y análisis de diversas fuentes. En primer lugar, documentación del fondo del Gobierno Civil del Archivo Histórico Provincial de Valladolid (AHPV). En segundo lugar, periódicos de la época, especialmente las dos cabeceras más importantes de la provincia, *El Norte de Castilla* y *Diario Regional*, complementados ocasionalmente con otros diarios de tirada nacional (*El País*, *ABC*). En tercer lugar, testimonios orales recopilados mediante entrevistas personales realizadas a distintos protagonistas del período: Juan Colino, diputado del PSOE por Valladolid entre 1977 y 1987 y portavoz de la comisión de agricultura del grupo parlamentario socialista durante el período estudiado; Félix Sacristán, agricultor de Cogeces del Monte, que formó parte de Comisiones Campesinas primero, y de Jóvenes Agricultores después; Honorino Fernández, agricultor de Peñafiel, también integrante de Comisiones Campesinas y, posteriormente, de Unión Campesina de Valladolid, organización de la que fue su primer coordinador; Teodosio Guerra, abogado y agricultor de Medina del Campo, integrante de la Asociación Provincial de Agricultores y Ganaderos y presidente de la Cámara Agraria Provincial entre 1978 y 1997; César de la Fuente, agricultor de Villaco, también integrante de Comisiones Campesinas y la Unión Campesina de Valladolid; y Eusebio Orrasco, agricultor de Cogeces del Monte, promotor e impulsor de la asociación Jóvenes Agricultores en Valladolid.

El texto se divide en cuatro apartados. En primer lugar, examinaremos las condiciones de vida de los habitantes de los pueblos vallisoletanos y, más específicamente, los problemas socioeconómicos de la agricultura y agricultores de la provincia; así como la evolución del asociacionismo agrario en la provincia durante el tardofranquismo, tanto el integrado en las estructuras del sindicalismo vertical, como el que se gestó en la clandestinidad. En segundo lugar, examinaremos los

---

[14] LANERO TÁBOAS y MÍGUEZ MACHO, "¿Lejos de la apatía?...", p. 21.

conflictos y organizaciones agrarias que surgieron en Valladolid en el período que va de la muerte del dictador (noviembre de 1975) hasta la aprobación de la Ley de Libertad Sindical (abril de 1977), poniendo una especial atención en los orígenes, gestación y repercusión que tuvo en nuestra provincia de estudio la "guerra de los tractores" de febrero-marzo de 1977. El grueso del libro lo dedicaremos a analizar el movimiento agrario en la provincia de Valladolid a partir de 1977-1978, en el nuevo régimen democrático que se estableció en España con la celebración de las primeras elecciones libres (junio de 1977) y la promulgación de la Constitución (diciembre de 1978). En concreto, nos centraremos en analizar la gestación y conformación del nuevo panorama sindical agrario que se conformó en España y Valladolid, y también la actividad sindical que impulsaron las nuevas Organizaciones Profesionales Agrarias (OPAs) vallisoletanas durante los primeros años de la democracia, tanto desde el punto de vista organizativo, como reivindicativo. Por último, concluiremos el texto con un epílogo donde sintetizaremos las principales ideas y conclusiones que hemos obtenido con el desarrollo de la presente investigación.

*　　*　　*　　*

Como suele ser habitual, la realización de una monografía de investigación no es posible sino por la ayuda que, directa o indirectamente, ofrecen diversas personas e instituciones.

En este sentido, la investigación en la que se basa este libro fue posible gracias a un contrato postdoctoral de la Universidad de Valladolid que disfruté entre los años 2018 y 2020. Por ello, agradezco especialmente al profesor Ricardo Martín de la Guardia, que me avaló en el proceso de postulación. Y, también, al resto de compañeros del Departamento de Historia Moderna, Contemporánea, de América y Periodismo de la Universidad de Valladolid que me acogieron y me acompañaron durante aquellos años.

Igualmente debo agradecer al tribunal que valoró una versión previa de este texto con el Primer Premio de Investigación Provincia de Valladolid que otorgó la Diputación Provincial el año 2022.

También debo acordarme de los acertados comentarios y sugerencias que en su día hicieron los evaluadores anónimos de aquellas revistas a las que envié algunos textos que precedieron a este libro (*Investigaciones Históricas*, *Pasado y Memoria*, *Historia y Política*, *Rural History*...). Sin duda, esos comentarios y sugerencias mejoraron el resultado final tanto de aquellos artículos como de este libro.

Un agradecimiento especial es para todas las personas que tuvieron la amabilidad de dedicarme unos minutos para ofrecerme su testimonio: Juan Colino, Félix Sacristán, Honorino Fernández, Teodosio Guerra, César de la Fuente y Eusebio

Orrasco. Sus aportaciones han enriquecido y *humanizado* la información recopilada en hemerotecas y archivos.

Por último, el más sincero agradecimiento es a mi familia, simplemente por estar ahí.

1. EL CAMPO VALLISOLETANO DURANTE EL TARDOFRANQUISMO

1.1. Las condiciones de vida del mundo rural

La vida en los pueblos españoles durante los años 60 e inicios de los 70 distaba mucho de equipararse a las imágenes de desarrollo y modernidad que difundía la propaganda oficial del régimen para enaltecer los éxitos y bondades del desarrollismo. En efecto, si hubo desarrollo y modernidad durante los años del tardofranquismo, éstos se limitaron fundamentalmente a las ciudades, y más específicamente a los barrios céntricos de las ciudades, puesto que los nuevos barrios de la periferia urbana, construidos para acoger a miles de emigrantes provenientes del campo, crecieron con una notable carestía de servicios, desde colegios y consultorios médicos, hasta alcantarillado o asfaltado de calles[15].

El medio rural español en general, y castellano y leonés en particular, acusó aún más esta de falta de servicios. Bien es cierto que durante los años del desarrollismo el nivel de vida de los campesinos castellanos y leoneses aumentó respecto a los años cuarenta y cincuenta, pero lo hizo de forma desigual y bastante por debajo de la media nacional[16]. Como refleja un estudio publicado en 1966: si el índice medio del nivel de vida en España era 100, en los pueblos de menos de 3.000 habitantes de la Submeseta Norte era de 73[17].

---

[15] Ejemplo de ello fue el caso de los barrios periféricos de la ciudad de Valladolid: Cfr. GONZALO MORELL, *Democracia y barrio…*, pp. 55-92.

[16] HERNÁNDEZ SÁNCHEZ, Alfredo, *Las claves de la Transición. Del franquismo a la democracia en Castilla y León*, Valladolid, Junta de Castilla y León, 2009, p. 36.

[17] ANLLÓ, Juan, *Estructura y problemas del campo español*, Madrid, Cuadernos para el Diálogo, 1966, p. 183.

No obstante, hay que tener en cuenta que existían importantes diferencias internas dentro del propio mundo rural castellano y leonés. Mientras que los pueblos más grandes y cabeceras comarcales contaban con la mayor parte de servicios indispensables, tanto públicos como privados (aunque a menudo con escasa oferta para elegir); en los pueblos más pequeños, que eran mayoría en la región[18], apenas había servicios públicos, al extremo de que en círculos intelectuales y políticos de la región se habló de condiciones de subdesarrollo[19]. Un buen ejemplo esta situación es lo que sucedía a la altura de 1974 en el sector noroeste de la Tierra de Campos vallisoletana: mientras que Mayorga de Campos (con alrededor de 2.000 habitantes) ya disfrutaba de agua corriente, alcantarillado, saneamiento, pavimentación de calles, moderna instalación eléctrica e incluso piscina municipal; en el resto de pueblos de su entorno (todos con menos de 1.000 habitantes) apenas se estaban comenzando a realizar intervenciones para canalizar el agua corriente y establecer saneamiento[20].

A través de los testimonios recogidos podemos ver cómo sucedía algo similar en otras comarcas de la provincia de Valladolid, como la de Peñafiel. Los pueblos más grandes, como Cogeces del Monte, que en 1970 contaba con alrededor de 1.400 habitantes, tenían prácticamente todos los servicios básicos:

> Pues la verdad es que en este pueblo no hemos carecido de nada. Había antes tres panaderías, siempre hemos tenido panadería, las tiendas donde las mujeres iban, que había cuatro o cinco, teníamos farmacia, colegio, médico, cuartel, surtidor y los talleres. […] El agua corriente en el año 44. Desde entonces se ha ido modernizando […] El asfaltado llegó por los años… 68 o así empezaron a asfaltarse las calles […] Excepto la piscina, teníamos de todo[21].

---

[18] Por ejemplo, en los años sesenta, el 53% de los pueblos de la comarca de Tierra de Campos tenían menos de 500 habitantes, y el 80% menos de 1.000: Cfr. PÉREZ DÍAZ, Víctor, *Emigración y sociedad en la Tierra de Campos. Estudio de un proceso migratorio y un proceso de cambio social*, Madrid, Estudios del Instituto de Desarrollo Económico, 1969, p. 70.

[19] Esta situación de "subdesarrollo" de los pueblos castellanos y leoneses fue especialmente denunciada (y, de hecho, articuló buena parte del discurso) por los sectores regionalistas que surgieron en Castilla y León durante los años setenta. Cfr. GONZÁLEZ CLAVERO, Mariano, "El movimiento regionalista y nacionalista castellano durante la Transición", en REDONDO CARDEÑOSO, Jesús Ángel (ed.), *La Transición en Castilla y León: democracia, autonomía y Comunidad Económica Europea*, Valladolid, Universidad de Valladolid, 2021, pp. 43-68. Una visión general sobre la situación de los servicios públicos, especialmente la sanidad, en la España rural de los años 60 a 80 en GONZÁLEZ MADRID, Damián A. y ORTIZ HERAS, Manuel (coords.), *El Estado del bienestar entre el franquismo y la Transición*, Madrid, Sílex, 2020.

[20] PEÑA SÁNCHEZ, Martiniano, *Crisis rural y transformaciones recientes en Tierra de Campos. Estudio geográfico del sector noroeste*, Valladolid, Universidad de Valladolid, 1975, pp. 300-302.

[21] Entrevista a Félix Sacristán, Cogeces del Monte, 3-7-2019.

Sin embargo, los pueblos más pequeños, como Roturas, que en la época tenía poco más de cien habitantes, carecían de casi todos los servicios públicos:

> … en aquel tiempo, no había nada. De servicios públicos, pues teníamos: la fuente… […] No había ni un sólo servicio de los que hoy consideramos básicos. Por ejemplo, el abastecimiento de agua, el saneamiento, la pavimentación, eh… no sé, los servicios más básicos, ¿no? Alumbrado, había malamente, pero había un poco de alumbrado. El agua, pues, a la fuente a por el agua. […] los médicos entonces iban a los pueblos… por ejemplo, a Roturas iba el médico de Piñel de Abajo, que estaba a tres kilómetros y pico, por un camino, no creas, mal, y… me parece que tenía asignado unos días fijos para ir a Roturas, mas luego, claro, si había una urgencia le avisabas e iba[22].

La deficiencia de los servicios públicos en el rural vallisoletano fue objeto de estudio (y denuncia) por parte de algunos investigadores sociales de la época, como Víctor Pérez Díaz, quien señalaba en una investigación sociológica sobre la comarca de Tierra de Campos de finales de los sesenta:

> Tampoco existe [en Tierra de Campos] un nivel de servicios equiparable al que se reputa en el medio urbano, que se considere satisfactorio.
>
> Comenzando por los servicios urbanísticos y sanitarios mínimos de los núcleos de residencia, apenas atendidos por Ayuntamientos pobres que ya difícilmente cubren con sus escasos ingresos sus gastos corrientes, que se limitan a lo indispensable, al pago del sueldo del secretario y el entretenimiento precario de algunos servicios […]. No puede así extrañar que, por cada siete pueblos, uno carezca de agua potable, seis de alcantarillado y seis de mataderos. O que uno de los más graves problemas de los pequeños municipios sea el del agua. Sólo uno de cada tres municipios pequeños tienen traída de aguas. Las mujeres se ven así obligadas a recorrer periódicamente uno, dos o más kilómetros, para lavar la ropa, para recoger agua con qué cocinar o con qué lavarse[23].

El propio estudio de Pérez Díaz indicaba que el problema de la deficiencia de servicios públicos que sufrían los pueblos de Tierra de Campos no se limitaba a una cuestión cuantitativa, sino también, y sobre todo, a una cuestión cualitativa, esto es, de falta de calidad. De este modo, y tomando como ejemplo la educación, este mismo autor señalaba que aunque en un primer momento pudiera parecer que las necesidades educativas de la población rural terracampina estaban satisfechas, ya que el régimen franquista había conseguido instalar escuelas en la mayoría de los pueblos, en realidad había un problema de calidad, puesto que las escuelas eran "generalmente unitarias, [y estaban] mal instaladas y mal dotadas" y la educación que se impartía

---

[22] Entrevista a Honorino Fernández, Peñafiel, 22-7-2019.
[23] PÉREZ DÍAZ, *Emigración y sociedad…*, p. 66.

"se colocaba de espaldas a la vida cotidiana" ya que "se limitaba a sobremotivar los estereotipos ideológicos y valoraciones vigentes, y a proporcionar algunos instrumentos, cara a una comunicación con la ciudad, generalmente escasa y pobre"[24].

Cuestiones similares planteó Martiniano Peña Sánchez en su estudio geográfico sobre la Tierra de Campos vallisoletana realizado pocos años más tarde, en 1975, donde mostraba que, lejos de corregirse, las condiciones de vida en el rural vallisoletano se habían agravado en comparación con las ciudades:

> …, el nivel de vida de la sociedad del espacio comarcal es en conjunto bajo, y reducido el grado de incorporación a una sociedad de consumo. Pero, si tenemos en cuenta el sector agrario, el nivel de vida y el grado de integración es muy bajo. El contraste con los medios urbanos es más que evidente, estridente; y hoy más que nunca aparece con toda claridad el carácter marginal de las formas de vida del campesino. La diferencia, lejos de limarse se han agravado considerablemente[25].

Peña Sánchez volvía a insistir en que muchos de los problemas existentes en los pueblos se debían a la mala calidad de los servicios públicos, como, por ejemplo, la luz eléctrica que, aunque estaba instalada en todos los pueblos: "Los apagones eran frecuentes, las deficiencias visibles. Las quejas eran unánimes y en Valladolid les daban la razón"[26].

Intelectuales, escritores y observadores de la región también se hicieron eco de las precarias condiciones de vida que existían en los pueblos pequeños de Castilla (la Vieja) y León. De ellos, sin duda, el más destacado fue Miguel Delibes quien, desde su privilegiada atalaya como escritor de éxito y director de *El Norte de Castilla*, denunció públicamente la decadente situación de los pueblos de la región, bien en novelas, como *Las ratas* (publicada en 1962), bien en artículos de prensa, como el que publicó el 24 de marzo de 1963 con el título "La ruina de Castilla":

> No obstante, la emigración de nuestros campesinos no viene impuesta exclusivamente por la actual contingencia económica. Hay, junto a ella, una grave cuestión moral o, si se prefiere social. Algún lector de mi novela "Las ratas", me ha objetado que me

---

[24] Ibid., pp. 67-68. Sobre las características y problemas de la educación en el mundo rural de los años setenta, véase: GROVES, Tamar y GONZÁLEZ DELGADO, Mariano, "Los maestros y el mundo rural en la Transición española", en QUIROSA-CHEYROUZE, Rafael y MARTOS CONTRERAS, Emilia (eds.), *La Transición desde otra perspectiva. Democratización y mundo rural*, Sílex, Madrid, 2019, pp. 271-295. Otros autores han señalado que estos problemas de falta de calidad también se extendían a otros servicios públicos, como la asistencia sanitaria: Cfr. ORTIZ HERAS, Manuel, "Políticas sociales en la España rural desde el tardofranquismo a la Transición: la sanidad en tiempos de mudanza y protesta", en QUIROSA-CHEYROUZE y MARTOS CONTRERAS (eds.), *La Transición desde…*, pp. 144-145.

[25] PEÑA SÁNCHEZ, *Crisis rural…*, p. 316.

[26] Ibid., p. 300.

mostraba en ella demasiado sombrío cuando, en realidad, cualquiera que conozca super-ficialmente la vida de los pequeños pueblos de Castilla, podrá averiguar que no he incu-rrido en la menor exageración. Los pueblos de Castilla se debaten entre el miedo y el tedio. Es decir, al temor de que la pobre cosecha actual se malogre por cualquier circuns-tancia, hemos de añadir la total ausencia de estímulos que hagan siquiera llevadera la vida en nuestros medios rurales. O sea el miedo que gravita sobre ellos durante seis días de la semana no puede eludirse el séptimo mediante el sexo y el vino. La higiene, la urbanización, la menor confortabilidad, el salón recreativo, el deporte, la cultura, cons-tituyen para el labriego castellano una quimera. En esta situación, nada puede extrañar-nos que la juventud, que confusamente barrunta mundos más halagüeños, escape del campo aunque sea para sumergirse en la incierta aventura del paro, del suburbio o de la chabola[27].

El problema de la carencia y falta de calidad de los servicios públicos en muchos pueblos castellanos y leoneses era tan patente que incluso fue públicamente recono-cido por algunas autoridades políticas de la región. Fue el caso de José Luis Mos-quera, presidente de la Diputación de Valladolid entre 1962 y 1976, quien en una conferencia que ofreció en octubre de 1975 en el Instituto Nevares de Empresarios Agrarios (INEA) señaló: "En muchos de nuestros pueblos, todavía hoy, se carece de los servicios más elementales: agua, saneamientos, pavimentación, alumbrado, etc., son escasos los recursos para la educación, los servicios sanitarios y nulos los que afectan a la distracción y al ocio"[28].

Obviamente, muchos de los problemas mencionados no se solucionaron de forma inmediata con el fin de la dictadura y el advenimiento de la democracia, sino que pervivieron en el tiempo. De este modo, en 1979 todavía se podía leer algún alegato en la prensa que evocaba claramente a las denuncias que hizo Delibes a me-diados de los sesenta: "Las dotaciones sanitarias, de comunicaciones, de esparci-miento de enseñanza, de vivienda y de abastecimiento siguen deteriorándose progresivamente en los pueblos de León y Castilla, que cuentan con atractivos úni-camente para visitantes curiosos y los que vuelven de vacaciones hasta que se queden sin familia"[29].

La carencia o falta de calidad de los servicios públicos también quedaba refle-jado en la apariencia externa de los pueblos, que contrastaba claramente con las imá-genes de desarrollo urbano difundidas por el régimen franquista. Frente a las escenas cinematográficas que mostraban grandes ciudades (Madrid, Barcelona) con amplias

---

[27] DELIBES, Miguel, "La ruina de Castilla", *El Norte de Castilla*, 24-3-1963. La publicación de este artículo supuso al escritor un fuerte desencuentro con las autoridades del régimen que derivó en su cese temporal como director del periódico "por motivos personales" (GARCÍA DOMÍNGUEZ, Ramón, *Miguel Delibes de cerca*, Barcelona, Destino, 2010, pp. 260-267).

[28] "¿Es posible vivir en el campo?", *Diario Regional*, 30-10-1975.

[29] "Marginación de los agricultores", *Diario Regional*, 26-10-1979.

avenidas y altos y modernos edificios, los pueblos de la Tierra de Campos vallisoletana presentaban: "… un aspecto de viejos y destartalados con muchas casas en rui-
nas, en ocasiones calles enteras. Faltos de pavimentación, se convierten en auténticos
barrizales en invierno y en una especie de camino de polvo en verano"[30].

Esta última cita es interesante porque pone el foco de atención en una de las
principales carencias que sufrían los pueblos de la región: el pésimo estado de sus
calles, las cuales comúnmente no estaban asfaltadas, lo que implicaba suciedad y
malos olores generalizados, tal como denunció magistralmente Delibes en *Las ratas*:

> El Nini siguió avanzando por la calleja solitaria, arrimado a las casas para eludir el
> lodazal. [...] al llegar a la primera esquina [...] El barrizal era allí más espeso, pero el niño
> lo atravesó sin vacilar, sumergiendo sus pies desnudos en el cieno entreverado de estiér-
> col y escíbalos caprinos, en la pestilente agua estancada de los relejes[31].

La falta de pavimentación de las calles de los pueblos fue un problema que se
extendió en el tiempo. De este modo, por ejemplo, a la altura de 1976, el alcalde de
Mucientes se quejaba públicamente de que las calles de su pueblo...

> Están fatales. En invierno se pone esto de barros y charcos que no se puede ni salir
> de casa. Ya hemos solicitado ayudas para arreglarlas, pero aunque nos dan buenas pala-
> bras, no nos dan el dinero, y claro sin dinero no se puede contratar a obreros. […] Es
> todo el pueblo el que está hecho una lástima. No hay ni un trozo que esté en condicio-
> nes[32].

La pésima condición de las calles de los pueblos fue objeto de frecuente atención
por parte de la opinión pública provincial y, por ejemplo, a finales de 1974, el periodista Antonio Hernández Higuera inició una serie de reportajes-denuncia para *El
Norte de Castilla* donde insistentemente reclamaba a las autoridades provinciales y
estatales que emprendieran urgentemente las obras de pavimentación de las calles de
los pueblos vallisoletanos:

> … la pavimentación es una obra que se ha constituido en pesadilla de bastantes
> núcleos de población. No resulta fácil ni cómodo circular por las calles y plazas cuando
> éstas se cubren de barro, y algunas de las que se mejoraron provisionalmente, echando
> gravilla, fueron los vehículos pesados quienes se encargaron de destrozarlas nueva-
> mente. Siempre que llego a uno de estos pueblos y aldeas, una de las primeras peticiones

---

[30] PEÑA SÁNCHEZ, *Crisis rural…*, p. 196.
[31] DELIBES, Miguel, *Las ratas*, Barcelona, Destino, 1962, p. 17.
[32] *Diario Regional*, 30-6-1976.

que se hacen por autoridades y vecindario es el relacionado con el arreglo de las vías públicas. En esto insisten una y otra vez, e incluso […] solicitan una rápida intervención del organismo competente, a fin de evitarles tantos problemas y molestias[33].

1.2. Los problemas del sector agropecuario

A las deficientes condiciones de vida que, como vemos, sufrían muchos pueblos de la región, se sumaban los problemas concretos que arrastraba la agricultura (y la ganadería) del país, que era, al fin de cuentas, la actividad económica que ocupaba a la mayor parte de la población activa del medio rural castellano y leonés[34].

Los problemas que tenía la agricultura española en los años sesenta eran consecuencia de lo que J. M. Naredo denominó la "crisis de la sociedad agraria tradicional". Esta crisis tuvo sus orígenes en los desajustes provocados por el proceso de industrialización que impulsó el régimen a partir de los últimos años de la década de los cincuenta, y entre ellos, fundamentalmente, la emigración masiva de trabajadores agrícolas a ciudades o países europeos industrializados, que supuso un incremento de los salarios agrarios haciendo inviables las formas de explotación agropecuaria vigentes en el país desde el siglo XIX[35].

Como consecuencia, muchos agricultores, aun cuando pudieran aumentar algo el tamaño de sus explotaciones al incorporar tierras que dejaron atrás sus vecinos emigrados[36], vieron incrementada su dependencia y exposición a los vaivenes de los mercados internacionales (que escapaban al rígido control que las autoridades franquistas habían impuesto sobre la agricultura).

Ello quedó plenamente de manifiesto cuando, en el contexto de la revolución verde, los pequeños y medianos agricultores tuvieron que introducir en sus explotaciones maquinaría y productos químicos (mayormente importados) para suplir la creciente falta de mano de obra y aumentar la productividad y rentabilidad de la tierra. Muchos sólo pudieron hacerlo asumiendo fuertes deudas[37], lo que lastró gravemente sus economías familiares a medio y largo plazo, tal y como denunciaba el propio Miguel Delibes en su famoso artículo "La ruina de Castilla":

---

[33] HERNÁNDEZ HIGUERA, Antonio, "Algunas mejoras que no deben demorarse en el medio rural", *El Norte de Castilla*, 4-1-1975.

[34] En este sentido, por ejemplo, en los años 60, el 72% de la población activa de la comarca de Tierra de Campos trabajaba en el sector agropecuario: Cfr. PÉREZ DÍAZ, *Emigración y sociedad…*, p. 75.

[35] NAREDO, José M., *La evolución de la agricultura en España (1940-2000)*, Granada, Universidad de Granada, 2004, pp. 133-179.

[36] ARNALTE, Eladio y CEÑA, Felisa, "La agricultura y la política agraria en España durante el período de la Transición democrática", *Agricultura y Sociedad*, 68-69 (1993), p. 294.

[37] Ídem.

… el labrador castellano ha pasado a depender de los acreedores. Debe al S[ervi-cio]. N[acional]. [del] T[rigo].; debe a las casas de maquinaria, debe a los suministrado-res de abonos; debe, en fin, a la tienda de comestibles. Y hasta tal punto es grave la situación, que no puede pensarse en que se arregle con una óptima cosecha. La desmo-ralización del campesino castellano es tal, que hace pocos días me decía uno de ellos:

–Créame, no sé si es preferible recoger cosecha o no. Porque si la cosecha es mala, nos iremos a pique definitivamente y a morir… Pero si fuera buena, los acreedores, que ya han demostrado su comprensión y su paciencia, querrán, lógicamente, cobrar todos al mismo tiempo, y la cosecha, por larga que sea, nunca dará para tantos[38].

Sobre los problemas expuestos, y en gran medida como consecuencia de ellos, los agricultores comenzaron a sufrir una progresiva "crisis de rentas" porque los li-mitados aumentos de los precios de los productos agrarios (que establecía el Go-bierno) no compensaban los notables aumentos que sufrían los precios de los nuevos insumos utilizados e indispensables para la agricultura moderna (maquinaria, com-bustible, fertilizantes, fitosanitarios)[39]. Lo explicaba muy claramente la Hermandad Nacional de Labradores y Ganaderos:

De 1963 a 1973 los agricultores han visto descender sus rentas desde el 60 por ciento al 47 por ciento de la media nacional. La razón está en el desfase existente entre el incremento de los precios percibidos por los agricultores y el de los costos de produc-ción. Así, de 1964 a 1973, el índice del coste de la vida subió un 96 por ciento, los costos pagados por los agricultores aumentaron un 116 por ciento, y los precios cobrados por los productores agropecuarios crecieron sólo el 75 por ciento[40].

Las dificultades en la agricultura española se incrementaron con la crisis econó-mica que se extendió por los países industrializados a partir de 1973 y cuyos princi-pales efectos en nuestro país fueron el desempleo y la inflación[41]. Ambos problemas dejaron secuelas directas en el sector agrario: si el incremento del desempleo indus-trial taponó la salida laboral que habían utilizado los pequeños agricultores expulsa-dos del campo; la inflación, cuya tasa superó los dos dígitos durante toda la década de 1974 a 1984, incrementó aún más los costes de los insumos agrarios y acentuó notablemente la "crisis de rentas" que venían sufriendo los agricultores desde los años

---

[38] DELIBES, Miguel, "La ruina de Castilla", *El Norte de Castilla*, 24-3-1963.
[39] ANLLÓ, *Estructura y problemas…*, p. 185.
[40] *El Norte de Castilla*, 7-2-1975.
[41] SOTO CARMONA, *Transición y cambio…*, pp. 335-340; MOLINERO e YSÀS, *La Transición…*, pp. 211-219.

sesenta[42]. La propia Hermandad Nacional de Labradores y Ganaderos advirtió de este hecho:

> Este desequilibrio [entre coste de la vida, costes de producción y precios agrarios] […] se acentúa todavía más si se compara el último año (1974 en relación con 1973): mientras el índice del coste de la vida subió un 15 por ciento, los costes de producción pagados por los agricultores lo hicieron un 34 por ciento, y el precio de los productos sólo creció un 5 por ciento. Según estas cifras, la relación de paridad del sector agrario español disminuye continuamente, siendo el descenso del 22 por ciento, aproximadamente en 1974 respecto a 1973, lo que supone –dado el incremento del coste de la vida– que la capacidad adquisitiva del campo ha sido inferior en un 35 por ciento a la del año anterior[43].

La "crisis de rentas" cronificó el problema de endeudamiento de los agricultores familiares[44], como bien muestra el caso de Valladolid, donde todavía en 1976 se levantaban voces que lamentaban esta situación: "Los empresarios [agrarios] tuvimos que endeudarnos fuertemente, para tecnificar nuestros cultivos y reestructurar nuestras explotaciones, sin que en los momentos actuales, hayamos podido saldar nuestras deudas"[45].

El principal resultado de todos los problemas mencionados es que, a lo largo de los años setenta, los agricultores familiares tuvieron que sobrevivir con rentas limitadas que, junto a los problemas de endeudamiento referidos, les condenaron a mantener unas condiciones de vida austeras, especialmente si se comparaban con trabajadores de otros sectores económicos[46]. En efecto, si tomamos los cálculos del estudio realizado en 1974 por Martiniano Peña Sánchez sobre el sector nororiental de la Tierra de Campos vallisoletana, las explotaciones agrarias de menos de 50 hectáreas (que eran la mayoría en la comarca) apenas obtenían algo más de 100.000 pesetas de renta anual, lo que suponía poco más que los ingresos de un trabajador que ganaba el salario mínimo interprofesional[47]. En consecuencia, buena parte de las familias de la comarca "con dificultad llegan a cubrir las necesidades que en otros ámbitos sociales se consideran como indispensables"[48].

---

[42] ARNALTE y CEÑA, "La agricultura…", pp. 297-298.

[43] *El Norte de Castilla*, 7-2-1975.

[44] ARNALTE y CEÑA, "La agricultura…", pp. 297-298.

[45] SÁNCHEZ GARCÍA, Adolfo, "Atención al campo y a sus problemas", *El Norte de Castilla*, 9-7-1976.

[46] NAREDO, *La evolución...*, pp. 196-200.

[47] PEÑA SÁNCHEZ, *Crisis rural...*, p. 286.

[48] Ibid., p. 308.

Ante este panorama, no es extraño que muchos agricultores con pequeñas explotaciones poco rentables, y de entre ellos especialmente los más jóvenes, decidieran seguir el ejemplo que tomaron sus vecinos jornaleros y tomaran el camino de la emigración, de tal modo que desde los años sesenta se produjo un notable descenso en el número de explotaciones agrarias[49], el cual fue especialmente acusado en las provincias castellanas y leonesas[50].

Como no podía ser de otro modo, toda esta situación generó un importante descontento entre los agricultores de España en general, y de la provincia de Valladolid en particular, como bien quedó reflejado en las páginas de los periódicos provinciales, como *El Norte de Castilla*, donde de forma reiterada se publicaban crónicas procedentes de distintos pueblos de la provincia (como Melgar de Abajo, Carpio, Mojados, Villabrágima…)[51] o cartas enviadas a la sección *Correo Espontáneo* donde se denunciaba el estado ruinoso en que se encontraba la agricultura provincial:

> CORREO ESPONTÁNEO [...]
>
> **El campo y sus problemas**
>
> Deseo a través de este diario manifestar mi agradecimiento y desear a la vez que este año de 1975 siga dando fuerzas a esos cronistas del campo que cada semana y en este mismo diario infunden en nosotros la esperanza de que algún día puedan ser resueltos nuestros problemas.
>
> Poco puedo decir que no hayan dicho ellos.
>
> Insisto en que la situación del campo es más grave de lo que parece.
>
> Espero que tomen las medidas posibles para sacarle de este atolladero antes de que se hunda.
>
> A mi juicio creo que ha llegado el momento de que tengan en cuenta, los que no quieren entendernos, que nuestra propia condición se tambalea y que la fe de los hombres del campo también puede ser de aquellas de las que pueden morirse.
>
> **Un agricultor**[52]

1.3. El movimiento agrario vallisoletano durante el tardofranquismo

En la década de los sesenta y primeros años setenta, en el contexto de la dictadura franquista, la organización colectiva de los agricultores en España se limitaba a su participación en las organizaciones del sindicalismo vertical agrario. Éstas se

---

[49] ARNALTE y CEÑA, "La agricultura…", p. 293.
[50] NAREDO, *La evolución…*, p. 249.
[51] Respectivamente en: *El Norte de Castilla*, 2-2-1975, 7-3-1975, 27-3-1975 y 24-7-1975.
[52] *El Norte de Castilla*, 30-1-1975.

estructuraban en tres niveles: local, con las Hermandades Sindicales de Labradores y Ganaderos; provincial, a través de las Cámaras Oficiales Sindicales Agrarias (CO-SAs); y nacional, por medio de la Hermandad Nacional de Labradores y Ganaderos[53]. Por ello, durante aquellos años, estas organizaciones agrarias fueron casi los únicos canales que podían utilizar los agricultores para plantear sus quejas y demandas, claro está, dentro de un orden[54].

En este sentido, como ya hemos apuntado en el epígrafe anterior, en los años 70 las Hermandades hicieron públicas algunas protestas denunciando las consecuencias negativas de la "crisis de rentas" y reclamando, como solución, la implementación de políticas que establecieran precios agrarios de garantía que compensaran los incrementos de los precios de los insumos y, por consecuencia, aseguraran la rentabilidad de la actividad agraria.

Un buen ejemplo de esta actividad reivindicativa fueron las propias organizaciones del sindicalismo vertical agrario de Valladolid. En 1975 la Hermandad de Labradores y Ganaderos de Valladolid fue altavoz de las quejas de los agricultores ante la desigual evolución que tenían los precios de los productos agrarios respecto a la inflación en general, y al precio de los insumos agrarios en particular. Así, en una asamblea plenaria de la Hermandad, celebrada en enero de aquel año, algunos labradores mostraron abiertamente su inquietud "por el desequilibrio existente entre los precios agrícolas y el coste de la vida" y "urgieron a la Hermandad a que presionara ante la Administración con el fin de conseguir una actualización de los precios agrícolas de modo que disminuyera el desequilibrio existente"[55]. Pocos meses más tarde, en mayo, se celebró una Junta General de la propia Hermandad de Valladolid donde nuevamente:

> … se puso de manifiesto la grave preocupación de todos los asistentes por el actual y creciente desequilibrio entre los costos de producción y los precios de los productos agrarios toda vez que aquéllos, los costos, durante el año 1974, se han incrementado en un 40 o 50 por 100, en tanto los precios permanecen inamovibles, como sucede más concretamente con el trigo, estabilizado en 8,50 pesetas el kilo, en claro perjuicio de los intereses del agricultor[56].

---

[53] Sobre la organización del sindicalismo vertical agrario franquista: ORTIZ HERAS, Manuel, *Las hermandades de labradores en el franquismo, Albacete 1943-1977*, Albacete, Instituto de Estudios Albacetenses, 1992; GIL GARCÍA, Pilar, *Las Hermandades Sindicales de Labradores y Ganaderos (1944-1977). Historia, documentos y fuentes*, Cuenca, Universidad de Castilla-La Mancha, 2005; LANERO TÁBOAS, Daniel, *Historia dum ermo asociativo. Labregos, sindicatos verticais e políticas agrarias en Galicia baixo o franquismo*, La Coruña, tresCtres, 2011.

[54] GÓMEZ HERRÁEZ, José M., "Las Hermandades Sindicales de Labradores y Ganaderos (1942-1977). Del análisis franquista a la historiografía actual", *Historia Agraria*, 44 (2008), pp. 141-147.

[55] *Diario Regional*, 30-1-1975.

[56] *El Norte de Castilla*, 8-5-1975.

En febrero de ese mismo año, la COSA de Valladolid también se hizo eco de las quejas de los labradores sobre la cuestión de los precios y reclamó públicamente la intervención de las autoridades para establecer unos precios agrarios remuneradores:

> Que se supriman las importaciones de cereales-pienso en tanto no se hayan vendido las existencias que actualmente están en poder de los agricultores y Cooperativas y que en Valladolid se calculan entre ocho y nueve mil vagones.

> Que se actualicen los estudios existentes en la Cámara sobre costos de producción de trigo y cebada, sometiéndose posteriormente a la consideración de los componentes de la Agrupación. Una vez aprobados por la misma, deberán elevarse a la Hermandad Nacional para que sean tenidos en cuenta al establecerse los oportunos contactos con el Ministerio de Agricultura a efectos de fijación de precios de los trigos y cebada en la actual campaña.

> Que conste la más enérgica protesta de los componentes de la Agrupación por la subida sorpresiva de los fertilizantes, que lleva aparejada una fuerte elevación en los costos de los productos agrícolas, con lo cual se acentúa más la falta de rentabilidad.

> Que con carácter general y para la próxima campaña se establezcan las oportunas fórmulas polinómicas para que sean aplicadas automáticamente al producirse cualquier incidencia en los costos[57].

Pocos meses más tarde, en mayo, la COSA volvía a "reiterar las peticiones recientemente formuladas por diferentes órganos de la Cámara Oficial Sindical Agraria, respecto al incremento del precio de los cereales como consecuencia del aumento de los costos de producción"[58].

Las reivindicaciones sobre precios agrarios también tuvieron eco en las páginas de la prensa provincial a través de algunos colaboradores que habitualmente publicaban artículos de opinión en la sección dominical *Campo* de *El Norte de Castilla*, como Antonio D. Soldevilla[59], profesor de derecho agrario en el INEA de Valladolid, o Vicente Martín Calabaza, agricultor de Olmedo:

> Si preguntásemos a los más antiguos del lugar lo que valía el pan con relación al trigo, nos dirían: a dos reales el trigo y trece perras chicas el pan. Así comenzábamos nuestro comentario de "Un mal padre" el 29 de abril del 73.

> El 23 de marzo del 75, "Ya" recuerda como dato significativo que siempre había sido equivalente y canjeable el kilo de pan y el kilo de trigo: hoy el precio del pan es un 400 por ciento más elevado que el kilo de trigo. [...]

---

[57] *Diario Regional*, 13-2-1975.
[58] *El Norte de Castilla*, 21-5-1975.
[59] SOLDEVILLA, Antonio D., "El pan nuestro de cada día", *El Norte de Castilla*, 23-3-1975.

Con esa relación del anciano del lugar de dos reales, trece perras chicas que se ha mantenido aproximadamente hasta 1968, a partir de este año el trigo ha subido un 17 por ciento y el pan un 63,5 por ciento, el trigo tenía que tener un precio en la próxima cosecha entre 25 y 30 pesetas kilo. Como esto no es posible y tampoco lo pretende el labrador, porque siempre se ha conformado con lo justo, y muchas veces ha tenido que aguantarse con lo menos justo, tampoco lo pide.

El labrador, estoy seguro, que se conformaría con la mitad, 12,50-15 ptas. kilo y no las 9,20 que está estipulado para la deficitaria y próxima campaña[60].

El Gobierno intentó responder a las demandas del sector agrario creando en 1968 el Fondo de Ordenación y Regulación de Producciones y Precios Agrarios (FORPPA), un organismo gubernamental cuyo fin era coordinar las producciones y precios agrarios y, de ese modo, evitar desequilibrios en la economía nacional. Su máximo órgano de decisión era el Consejo General, formado por 29 miembros, de los cuales más de la mitad (15) eran representantes de diversos organismos de la Administración, y el resto eran representantes de distintas organizaciones sociales, entre los que se incluían ocho representantes del sindicalismo vertical agrario (concretamente, de la Hermandad Nacional de Labradores y de los Sindicatos Nacionales de Rama Agraria)[61].

Pues bien, en abril de 1975, el Gobierno encargó al FORPPA la elaboración de una propuesta de precios agrarios que debía entregar a principios de 1976 al propio Gobierno (el cual decidiría su aprobación definitiva)[62]. Sin embargo, esta medida generó varios problemas a los agricultores. Primero, porque la fijación de los precios agrarios no sirvió tanto para asegurar la rentabilidad del sector agrícola, sino más bien para limitar la subida de los precios agrarios y, con ello, contener la inflación en la *cesta de la compra*. Y segundo, porque, como bien era sabido en la época, las políticas de fijación de precios favorecían especialmente a los grandes agricultores, y no tanto a los pequeños y medianos agricultores con explotaciones familiares[63].

Este hecho, junto a otras cuestiones internas, provocaron crecientes roces dentro del sindicalismo vertical agrario, los cuales, a la larga, fueron socavando la legitimidad representativa que en algún momento pudieron tener las hermandades de labradores. Como consecuencia, no tardaron en surgir grupos de agricultores que, "desde dentro" y "desde fuera", comenzaron a cuestionar la utilidad y legitimidad de la

---

[60] MARTÍN CALABAZA, Vicente, "En la cuerda floja", *El Norte de Castilla*, 30-3-1975.

[61] MOYANO ESTRADA, Eduardo, *Corporatismo y Agricultura. Asociaciones profesionales y articulación de intereses en la agricultura española*, Madrid, Instituto de Estudios Agrarios, Pesqueros y Alimentarios, 1984, pp. 162-166.

[62] *El Norte de Castilla*, 5-4-1975 y 9-4-1975. La orden en "Decreto 690/1975, de 7 de abril, sobre política de precios", *Boletín Oficial del Estado* (*BOE*), nº 84, 8-4-1975, pp. 7212-7216 (https://www.boe.es/buscar/doc.php?id=BOE-A-1975-7250).

[63] ANLLÓ, *Estructura y problemas…*, p. 189; NAREDO, *La evolución...*, p. 285.

estructura corporativista del campo español, criticando su incapacidad para defender los intereses de los profesionales del sector frente a la Administración u otros sectores económicos[64].

1.3.1. La movilización de los sectores agrarios conservadores

Como es sabido, durante los últimos años de la dictadura franquista emergieron desde dentro del propio régimen algunas voces que reclamaron la implantación de reformas políticas y sociales que abrieran el sistema político y lo adecuaran a los nuevos tiempos. La máxima expresión de este aperturismo fue el conocido "espíritu del 12 de febrero", esto es, el programa reformista presentado por Carlos Arias Navarro, por entonces presidente del Gobierno, en el discurso que dio ante las Cortes el día 12 de febrero de 1974.

Sin embargo, las promesas aperturistas de Arias Navarro terminaran siendo un espejismo político debido a las presiones de los sectores inmovilistas del *búnker* (el "gironazo") y a los temores que surgieron dentro de las propias élites franquistas tras el triunfo de la Revolución de los Claveles en Portugal en abril de 1974[65].

Buen ejemplo de lo dicho es el Estatuto de Asociaciones Políticas[66] que, en principio, iba a ser una de las medidas fundamentales para afrontar la reforma del régimen. A pesar de las expectativas, este estatuto fue muy restringido, no sólo porque estableció importantes obstáculos burocráticos para poder constituir dichas asociaciones, sino también porque limitaba la actividad de las mismas a los Principios Fundamentales del Movimiento[67]. Con todo, como señaló Soto Carmona, a pesar de su fracaso, el "espíritu del 12 de febrero" contribuyó a crear una "dialéctica de cambio" en algunas esferas políticas y sociales del régimen[68].

El agro español no fue ajeno a estos aires aperturistas y "desde dentro" de las estructuras del sindicato vertical agrario comenzaron a surgir voces que cuestionaban la capacidad de las organizaciones verticales para representar y defender convenientemente los intereses de los agricultores.

El ejemplo más claro de la crisis de legitimidad representativa del sindicalismo vertical agrario entre los agricultores durante el tardofranquismo fue la aparición del

---

[64] MOYANO ESTRADA, *Corporatismo y Agricultura…*, pp. 141-142.

[65] MOLINERO e YSÀS, *La Transición…*, pp. 50-52; PINILLA GARCÍA, Alfonso, *La Transición en España. España en transición*, Madrid, Alianza, 2021, pp. 77-78.

[66] "Decreto ley 7/1974, de 21 de diciembre, por el que se aprueba el Estatuto Jurídico del Derecho de Asociación Política", *BOE*, nº 306, 23-12-1974, pp. 26045-26049 (https://www.boe.es/buscar/doc.php?id=BOE-A-1974-2049).

[67] SOTO CARMONA, *¿Atado y bien atado?…*, pp. 143-144.

[68] Ibid., pp. 154-155.

movimiento Jóvenes Agricultores, cuyo origen se remonta a los inicios de la década de los 70 por iniciativa de Fernando Sanz-Pastor Mellado y Felipe González de Canales.

Fernando Sanz-Pastor era un ingeniero agrónomo que, además de yerno del presidente de la Hermandad Nacional de Labradores y Ganaderos (Luis Mombiedro de la Torre), destacó por colaborar en medios de comunicación y revistas especializadas de agricultura (como *Agricultura. Revista agropecuaria*) en donde publicó artículos reclamando mejores precios agrarios o el impulso de una acción conjunta de los agricultores. Incluso, llegó a defender veladamente la necesidad de que los agricultores realizaran acciones de protesta colectiva para defender sus intereses ante la Administración, tomando como ejemplo la ya mencionada manifestación de agricultores que tuvo lugar del 23 de marzo de 1971 en Bruselas: "La huelga no es posible para nosotros ¿Cuál es el recurso? ¿Meter un toro en el Parlamento, como han hecho los agricultores belgas?"[69].

Felipe González de Canales, por su parte, era miembro del Opus Dei y destacó en los ámbitos agrarios por ser el promotor y director general de las Escuelas Familiares Agrarias, unos centros educativos creados a lo largo de los años sesenta y setenta en diversas regiones de España que, siguiendo el ejemplo de las *Maisons Familiales Rurales* francesas, tenían como objetivo ofrecer una educación específica a los habitantes del medio rural para ampliar sus horizontes profesionales en el campo[70].

Tanto Fernando Sanz-Pastor como Felipe González comenzaron a trabajar desde los inicios de los años setenta para impulsar en España un movimiento de jóvenes agricultores similar al existente en Francia[71]. Esta idea se concretó finalmente en julio de 1972 cuando, "en el seno de la Hermandad Sindical Nacional de Labradores y Ganaderos", crearon la Agrupación Nacional de Jóvenes Agricultores con el objeto de "defender los intereses de los jóvenes agricultores, exigiendo para el agricultor un nivel de vida y un futuro idéntico al de los demás ciudadanos de la nación"[72].

Pocos años más tarde, en 1975, el movimiento celebró en Madrid su 1ª Asamblea General con representantes de 42 provincias, donde elaboraron un proyecto de

---

[69] SANZ-PASTOR MELLADO, Fernando, "Las huelgas y los agricultores. El poder verde", *Agricultura. Revista agropecuaria*, 480 (1972), pp. 221-222.

[70] Sobre las Escuelas Familiares Agrarias, véase GONZÁLEZ DE CANALES, Felipe y CARNICERO, Jesús, *Roturar y sembrar. Así nacieron las Escuelas Familiares Agrarias (EFA)*, Madrid, Rialp, 2005 y CALDERÓN ESPAÑA, María Consolación, "Las Escuelas Familiares Agrarias, un sistema formativo para el medio rural", *Espacio y Tiempo*, 20 (2006), pp. 95-114.

[71] Sobre el movimiento Jóvenes Agricultores francés: NAYLOR, "Unionism, Peasant…", pp. 265-267 y MOYANO ESTRADA, Eduardo, *Sindicalismo y política agraria en Europa. Las organizaciones profesionales agrarias en Francia, Italia y Portugal*, Madrid, MAPA, 1988, pp. 126-139.

[72] *El Norte de Castilla*, 27-7-1972.

estatutos y un programa sindical que recogía las principales líneas de actuación con las que el movimiento pretendía renovar al sindicalismo vertical agrario desde dentro. Sin embargo, a pesar de los esfuerzos, el proyecto de estatutos de Jóvenes Agricultores no fue aprobado por las autoridades y, además, se encontró con la indiferencia, cuando no con la confrontación, de las hermandades[73]. Es decir, del mismo modo que ocurrió en la vida política nacional con el fracaso del "espíritu del 12 de febrero", en el agro español también terminó por imponerse el inmovilismo frente los aires renovadores.

El agro vallisoletano tampoco fue ajeno a estas dinámicas que se vivían a nivel nacional y dentro de él también soplaron vientos aperturistas, especialmente impulsados desde dos grupos: un conjunto de agricultores encabezados por –el ya mencionado– Vicente Martín Calabaza descontentos con la acción de los dirigentes de la COSA provincial; y el Sindicato Remolachero (SR) liderado por su presidente Adolfo Sánchez García.

1.3.1.1. La oposición de los sectores agrarios reformistas a los dirigentes de la COSA

El origen del primer grupo de agricultores que buscaban reformar las estructuras del sindicalismo vertical agrario se gestó en una entrevista colectiva que realizó *El Norte de Castilla* a finales de 1974 a varios agricultores de la provincia: Vicente Martín, Pedro Cernuda Huerta, Salvador Martín Mansilla, Luis Manso Parra, José Luis Velasco, Mariano García, Luis Sanz, Teodoro Velasco y Antimo Coloma[74]. Más allá de plantear los problemas específicamente económicos que tenía la agricultura provincial (descapitalización del campo, falta de mano de obra, descompensación entre precios de productos agrarios e insumos agrícolas)[75], los entrevistados también plantearon el problema de la escasa representatividad del sindicalismo vertical agrario, criticando específicamente que sus cargos eran elegidos a dedo por el Gobierno[76]:

---

[73] MOYANO ESTRADA, *Corporatismo y Agricultura…*, p. 243.

[74] "Diálogo abierto con ocho agricultores", *El Norte de Castilla*, 1-12-1974.

[75] "A usted le dicen, le vamos a pagar este producto a tantas pesetas. Y tú dices bueno, bien y cuando te embarcas en la cosa de sembrar, zas, te suben los abonos, tienes que pagar más cara la mano de obra… […] Entonces, cuando vas a cobrar ese producto un año y medio después ¿qué pasa? Que dices «Si me halagaron en el precio y aquí resulta que no veo nada»", *El Norte de Castilla*, 1-12-1974.

[76] En efecto, según la legislación ("Decreto de 18 de abril de 1947 por el que se crean las Cámaras Oficiales Sindicales Agrarias", *BOE*, nº 118, 28-4-1947, pp. 2499-2501 [https://www.boe.es/buscar/doc.php?id=BOE-A-1947-4271]), los altos cargos dirigentes de las COSAs provinciales (presidente y vicepresidente) eran nombrados directamente por el ministro de Agricultura a propuesta de la Delegación Nacional de Sindicatos.

–Nosotros tenemos un Sindicato como lo tienen los demás sectores pero, además, tenemos uno en cada pueblo, que son las Hermandades de Labradores y Ganaderos. Bueno, pues todos juntos no valen para nada.

–Claro. Por la sencilla razón de que ninguno funciona.

–Y luego, que nosotros no elegimos a nadie. Todos nuestros representantes son nombrados a dedo[77].

Dos semanas más tarde, *El Norte de Castilla* volvió a realizar otra entrevista conjunta a diversos altos cargos de diferentes instituciones y organismos agrarios provinciales, entre ellos, Adolfo Sánchez García, presidente del Sindicato Remolachero y de la Asociación Cooperativa Onésimo Redondo (ACOR), y Pedro Vázquez de Prada Juárez, presidente de la Caja Rural. En esta ocasión se planteó nuevamente el problema de la escasa representatividad de los cargos sindicales. Como dijo Pedro Vázquez de Prada a Adolfo Sánchez:

Permíteme Adolfo, que diga una cosa: hay mucha gente que ocupa cargos que no lucha con la fe y el entusiasmo de los tuyos. Por eso, crees que estamos perfectamente representados, pero no es cierto. Los que están perfectamente representados son los remolacheros, no el resto del sector. Comprenderás que tú has logrado para la remolacha una serie de cosas que superan incluso las que en principio os proponíais. En cambio, otros sectores de la agricultura han logrado muy poco porque los representantes de los mismos son unos abúlicos y no tienen la valentía de decir: "ahí queda el cargo para que trabaje otro con más fe e ilusión"[78].

A lo largo de la primera mitad de 1975 siguieron apareciendo en la prensa provincial quejas similares que criticaban la escasa legitimidad representativa de la COSA provincial[79]. En ellas destacó la voz de Vicente Martín Calabaza, quien a través de sus artículos de opinión en *El Norte de Castilla* defendió que, para solucionar los problemas de los agricultores, era necesario afrontar una "reorganización total del campo español"[80], lo que irremediablemente pasaba por renovar la estructura del sindicalismo agrario del país:

---

[77] *El Norte de Castilla*, 1-12-1974. Una transcripción ampliada de la entrevista en el Texto 1 de los Anexos.

[78] *El Norte de Castilla*, 15-12-1974.

[79] Por ejemplo, Luis Sanz, en una carta a la sección Correo Espontáneo de *El Norte de Castilla*, recordaba que "son necesarias las Asambleas que antes teníamos y que han desaparecido […] y que todos los agricultores sensatos pedimos con urgencia y a gritos", y reclamaba que "cargos tan importantes para nuestra economía, y para la representatividad de los agricultores, debieran ser elegidos por sus representados, para después poderles exigir el cumplimiento de sus obligaciones y poderles felicitar cuando sus actuaciones fueran convincentes y censurarles cuando no fueren tanto", *El Norte de Castilla*, 16-2-1975.

[80] MARTÍN CALABAZA, Vicente, "En la cuerda floja", *El Norte de Castilla*, 30-3-1975.

Si el Sindicalismo verdaderamente es una asociación formada para la defensa de intereses económicos comunes a todos los asociados, no existe otra solución que organizarse para poder llegar a buen fin, no sólo con nuestros intereses económicos comunes, sino nuestro bienestar social al mismo tiempo que se podrá reclamar justicia para el campo y sus hombres.

Si bien es cierto que llevamos mucho tiempo oyendo promesas que luego han resultado ser baldías, hoy nos proponen, no más seriamente que antes, una renovación total del Sindicalismo español […].

[…] Por mucho que nos hablen los ministros de reivindicaciones, somos nosotros, nuestro Sindicato el que verdaderamente puede exigir si de verdad sabemos organizarnos.

[...]

Los de arriba no harán caso, pero ahora nos toca a nosotros, a los de abajo.

En vosotros está en reclamar y recuperar lo perdido.

Recuperar uno lo que de derecho nos pertenece, es reivindicar[81].

La consolidación de este grupo de agricultores reformistas de la provincia encabezados por Vicente Martín Calabaza se produjo a raíz de la aprobación del decreto 1016/1975 de 24 de abril que, atendiendo parcialmente a las reivindicaciones de los sectores agrarios más aperturistas del país, estableció un nuevo reglamento general para las COSAs.

Según su preámbulo, este decreto pretendía dar "un paso decisivo en la democratización de tan importantes órganos representativos del asociacionismo agrario" y, para ello, establecía en su artículo 10 que las COSAs pasaban a regirse "por representantes elegidos mediante sufragio libre y secreto". Más específicamente estableció que el cargo de presidente fuera elegido (y también pudiera ser cesado) "por mayoría de las tres cuartas partes" de los componentes de la Junta General de la COSA, compuesta, a su vez, por los representantes elegidos de las Uniones de Empresarios y de Trabajadores Técnicos, presidentes de Hermandades y de Entidades Sindicales[82].

Como consecuencia de esta reforma se convocaron por primera vez unas elecciones para elegir al presidente de la COSA de Valladolid. Esta convocatoria puso de manifiesto la pugna existente entre sectores inmovilistas y reformistas del agro provincial y cada uno de ellos presentó su propia candidatura: la de los inmovilistas encabezada por Francisco Bocos Cantalapiedra, que era el vigente presidente de la

---

[81] MARTÍN CALABAZA, Vicente, "Reivindicar", *El Norte de Castilla*, 8-6-1975.

[82] "Decreto 1016/1975, de 24 de abril, por el que se aprueba el Reglamento General de las Cámaras Oficiales Sindicales Agrarias", *BOE*, nº 115, 14-5-1975, pp. 10040-10046 (https://www.boe.es/diario_boe/txt.php?id=BOE-A-1975-9796).

COSA –y posteriormente fue delegado provincial de Fuerza Nueva[83]–; y la de los reformistas encabezada por el propio Vicente Martín Calabaza. Según declaraciones de este último, el objetivo de su candidatura era que se celebrasen unas elecciones limpias donde los agricultores pudieran elegir a sus representantes:

> Me cuesta trabajo creer que en unos momentos en los que tanto se habla de una necesidad de cambio la rutina y el torpe conservadurismo lastren una vez más la posibilidad de elegir al mejor. Que no digo que sea yo, ni que sea cualquier otro determinado, sino que debe ser aquél en quien los electores en conciencia, sin compromisos bastardos y con auténtica valentía, depositen la confianza de su voto. Yo le aseguro que si quienes votan lo hacen insobornablemente con arreglo a este criterio, me daría por plenamente satisfecho, aunque no fuese yo el elegido[84].

Finalmente, ninguno de los dos candidatos presentados fue elegido presidente de la COSA provincial, ya que, tal y como establecía el decreto citado[85], ante "la falta de *quorum* durante las pasadas elecciones sindicales", la decisión de designar al nuevo presidente de la COSA debía corresponder a los ministerios de Relaciones Sindicales y Agricultura. El elegido fue Ciriaco Vázquez de Prada Costilla[86], miembro de una destacada familia de empresarios agrarios de la provincia (entre los que se encontraba su primo Pedro Vázquez de Prada que, como hemos visto, era presidente de la Caja Rural)[87]. Es decir que en la COSA vallisoletana se impuso, del mismo modo que sucedió a nivel nacional, el inmovilismo sobre los vientos aperturistas.

---

[83] BERZAL DE LA ROSA, Enrique, "*Fachadolid*, un cliché con éxito. La extrema derecha en Valladolid, 1977-1982", *Investigaciones Históricas*, Extraordinario II (2024), p. 828.

[84] *El Norte de Castilla*, 26-10-1975.

[85] "Cuando no se alcance la mayoría [de tres cuartos] mencionada en el apartado anterior, los ministros de Relaciones Sindicales y de Agricultura nombrarán a la persona que consideren idónea para la presidencia, de entre las cinco que les sean propuestas por el Comité Ejecutivo de la Cámara", *BOE*, nº 115, 14-5-1975.

[86] "El nuevo presidente de la COSA, don Ciriaco Vázquez de Prada, tomó posesión de su cargo", *El Norte de Castilla*, 9-12-1975.

[87] A este respecto, cabe señalar que algunas informaciones señalaban que Pedro Vázquez de Prada Juárez formaba parte de una "una familia vallisoletana conocida por sus ideas ultraderechistas" (*El País*, 19-4-1984). En concreto, su hermano, José María Vázquez de Prada Juárez, tuvo un especial protagonismo en la reorganización de los círculos ultraderechistas de Valladolid durante la Transición (BERZAL DE LA ROSA, "*Fachadolid...*"). Sin embargo, no hemos podido confirmar que los aquí señalados, Pedro Vázquez de Prada Juárez y Ciriaco Vázquez de Prada Costilla, formaran parte activa de esos círculos.

1.3.1.2. La acción del Sindicato Remolachero

El segundo grupo en torno al cual se articularon los sectores agrarios reformistas de la provincia de Valladolid fue el denominado Sindicato Remolachero (SR). El origen del SR se remonta a los años 1910, cuando se constituyó el Sindicato Agrícola de Cultivadores de Remolacha de Valladolid, que alcanzó especial relevancia pública cuando se transformó en el Sindicato de Cultivadores de Remolacha de Castilla la Vieja a finales de los años 1920 de la mano de Onésimo Redondo[88].

Ésta fue una de las pocas organizaciones sindicales que sobrevivió a la guerra civil, esencialmente, por dos motivos: porque sus planteamientos no se alejaban de los ideales socio-agrarios del nuevo régimen franquista, y porque muchos de sus líderes (como ejemplifica el propio Onésimo Redondo) tuvieron un papel activo en el triunfo del bando sublevado. Pero para subsistir, y del mismo modo que hicieron otros sindicatos agrarios afines al nuevo régimen[89], tuvo que refundarse y transformarse en dos organizaciones: el Grupo Provincial Remolachero (organización que se creó en todas las provincias remolacheras dentro de la estructura del sindicalismo vertical), y la Cooperativa de Cultivadores de Remolacha de Castilla la Vieja. Aunque legalmente estas dos organizaciones eran independientes, ya que cada una tenía sus propios estatutos y funciones (el primero de representación sindical, la segunda de actividades comerciales y de servicios), contaban prácticamente con los mismos dirigentes, las mismas juntas rectoras y similar militancia, por lo que en la provincia se siguió hablando popularmente de SR para referirse a ambas organizaciones de forma genérica e indiferente[90].

A pesar de los antecedentes expuestos, el SR mantuvo una notable independencia de acción durante la dictadura franquista en defensa de los intereses de los cultivadores de remolacha frente a la industria azucarera, principalmente reclamando mejores condiciones de comercialización y precios para la remolacha.

El principal logro del SR para mejorar la situación de los remolacheros de Valladolid (y la región) fue la creación de la Asociación Cooperativa Onésimo Redondo (ACOR) y la construcción de dos fábricas azucareras asociadas (en Valladolid y

---

[88] TOMASONI, Matteo, *El caudillo olvidado. Vida, obra y pensamiento de Onésimo Redondo (1905-1936)*, Granada, Comares, 2017, pp. 39-48.

[89] Por ejemplo, la Confederación Nacional Católico-Agraria: Cfr. CASTILLO, Juan J., *Propietarios muy pobres: sobre la subordinación del pequeño campesino en España*, Madrid, Servicios de Publicaciones Agrarias, 1979, pp. 393-444.

[90] Una breve historia del SR en: SÁNCHEZ GARCÍA, Adolfo, "Presente y futuro de la Cooperativa de Cultivadores de Remolacha de Valladolid", *El Norte de Castilla*, 26-4-1981. También en: BARAJA, Eugenio, *La industria azucarera y el cultivo remolachero del Duero en el contexto nacional*, Madrid, MAPA, 1994, pp. 133-141 y 228-235.

Olmedo), lo que permitió a los remolacheros vallisoletanos comercializar su producto al margen de los circuitos establecidos por la industria azucarera[91].

El principal impulsor de la actividad del SR en los años sesenta y setenta fue, como ya apuntamos, Adolfo Sánchez García, un personaje clave tanto en los círculos agrarios como en los círculos políticos vallisoletanos en general. En efecto, además de ser presidente del Grupo Provincial Remolachero y la Cooperativa de Cultivadores de Remolacha (y, por tanto, presidente *de facto* del SR), también fue fundador y *alma máter* de ACOR, y presidente de la COSA de Valladolid entre 1963 y 1967. A nivel nacional e internacional, también fue presidente de la Agrupación Nacional Remolachera-Cañera-Azucarera, de la Agrupación Interprofesional de Remolacheros y Azucareros de España, y de la Confederación Internacional de Remolacheros Europeos[92].

Asimismo, desde el punto de vista político, llegó a ser elegido en 1967 procurador en Cortes como representante del tercio familiar, formando parte del grupo de procuradores aperturistas denominados "trashumantes"[93]. Años más tarde, en el contexto político del "espíritu del 12 de febrero", y al amparo del decreto-ley 7/1914 de 21 diciembre de 1974 que permitía la legalización de asociaciones políticas, Adolfo Sánchez García impulsó la implantación en Valladolid de una delegación provincial de la Asociación Nacional para el Estudio de los Problemas Actuales (ANEPA), que sustentaba su ideario en siete bases doctrinales:

JUSTICIA. Como exigencia primaria de la Acción Pública.

CONSTITUCIÓN. Como cauce y garantía de estabilidad y evolución.

LIBERTAD. Como esencial valor humano han de ser reconocidos sin más límites que los impuestos legalmente.

PARTICIPACIÓN. La participación pública ha de ser reconocida ampliamente y ha de extenderse a los campos de la cultura, educación, empresa y profesión.

ORDEN SOCIAL. Reforma tributaria y una más justa distribución de las cargas públicas y riqueza nacional.

IGLESIA-ESTADO. Proclama la independencia de la Iglesia y el Estado y la colaboración cordial de ambas potestades.

COOPERACIÓN AL BIEN COMÚN. Con la conveniencia de la pluralidad de corrientes de opinión siempre que se acaten los marcos constitucionales y sus Principios[94].

---

[91] ALONSO, V. L. *et al.*, *Crisis agrarias y luchas campesinas, 1970-1976*, Madrid, Ayuso, 1976, pp. 123-131; BARAJA, *La industria azucarera…*, pp. 401-423. Sobre la historia de ACOR: BERZAL DE LA ROSA, Enrique, *ACOR: 60 años de historia (1962-2022)*, Valladolid, ACOR, 2022.

[92] Breves reseñas biográficas en *El Norte de Castilla*, 17-9-1971 y *Diario Regional*, 21-3-1976.

[93] MIRANDA RUBIO, Francisco, "Los procuradores de representación familiar en la novena legislatura franquista (1967-1971)", *Príncipe de Viana*, 203 (1994), pp. 615-638.

[94] Archivo Histórico Provincial de Valladolid (AHPV), *Gobierno Civil*, Caja 1460, Carp. 3, 23-11-1975.

En consonancia con esta línea ideológica, Adolfo Sánchez García criticó públicamente diversas políticas de los gobiernos franquistas y reclamó reformas que adaptaran el régimen a los nuevos tiempos, lo cual, en un contexto dictatorial, no era una cuestión baladí y en alguna ocasión le supuso el apercibimiento de la Dirección General de Prensa[95]. Por ejemplo, desde el punto de vista del régimen político general, criticó la incapacidad de algunas de las reformas políticas impulsadas durante el tardofranquismo para abrir el régimen a la participación ciudadana: "… yo pensé que con la Ley Orgánica del Estado y con la de Representación de la Familia en las Cortes, se pretendía una apertura. La realidad nos ha dicho que esto no era posible dentro del sistema"[96]. Por otro lado, desde el punto exclusivamente agrario, criticó abiertamente la indiferencia de los organismos gubernamentales ante las demandas de los representantes del sector, especialmente a la hora de establecer los precios agrarios:

> Sin embargo, en nuestra defensa de los precios, desde hace muchos años, en los diversos organismos donde desplegamos nuestra actividad (Hermandad Nacional de Labradores y Sindicatos Nacionales, pero sobre todo en las Comisiones Especializadas del FORPPA, y en su Consejo Directivo), observamos con machacona reiteración, el escaso interés que se le presta al argumento básico del sector agrario, el nivel de los "costos de producción"[97].

1.3.2. La movilización de los sectores agrarios progresistas en la clandestinidad

Como ya señalamos, la crisis de legitimidad representativa del sindicalismo vertical agrario se manifestó en la proliferación de grupos de agricultores que, "desde dentro" y "desde fuera", comenzaran a cuestionar la utilidad de la estructura corporativista del campo español criticando su incapacidad para defender los intereses de los profesionales del sector.

La máxima expresión de las críticas realizadas al sindicalismo vertical agrario "desde fuera" fue el estallido de las denominadas "guerras agrarias", que fueron toda una serie de conflictos impulsados y protagonizados por grupos de agricultores, en gran medida ajenos al aparato sindical vertical, para reclamar mejores precios y/o condiciones de comercialización de determinados productos agrarios. Estas "guerras agrarias" tuvieron mayor incidencia a partir de 1973, como consecuencia de la expansión de los efectos de la crisis económica.

---

[95] BERZAL DE LA ROSA, Enrique, "Democracia dentro de un orden. *El Norte de Castilla* en el Tardofranquismo y la Transición", en GONZÁLEZ MARTÍNEZ, Rosa M. *et al.* (dirs.), *Estudios en homenaje al profesor Celso Almuiña Fernández. Historia, periodismo y comunicación*, Valladolid, Universidad de Valladolid, 2016, p. 213.

[96] "«Al sistema político español le falta el apoyo popular»", *El Norte de Castilla*, 26-8-1971.

[97] SÁNCHEZ GARCÍA, Adolfo, "La realidad de los precios agrarios", *El Norte de Castilla*, 5-9-1973.

El mismo año 1973 se produjo una "guerra del pimiento" en la ribera del Ebro –donde por primera vez se sacaron los tractores a las carreteras como forma de protesta[98]– y una "guerra del tomate" en Navarra; entre 1973 y 1974 se produjo una "guerra de la leche" en Navarra, País Vasco, La Rioja y Cantabria; en las campañas de 1974 y 1975 hubo sendas "guerras del espárrago" en Navarra y La Rioja; en el verano de 1975 una nueva "guerra del tomate" en Extremadura…[99]. Los principales ecos de estas "guerras agrarias" en Castilla y León fueron una serie de conflictos en torno al cultivo de la remolacha[100].

En efecto, durante aquellos años, no eran desconocidos los reiterados abusos que cometían las empresas azucareras en la compra de remolacha a los agricultores[101]. Tal y como rememoraba Eusebio Orrasco:

> Entonces, como en aquella época no existía ninguna cooperativa y todo era de las fábricas privadas… entonces abusaban mucho de los remolacheros. […] Por ejemplo, yo me acuerdo, eso lo he vivido yo, entonces en los pueblos había playas, se llamaban playas, que cogían los agricultores y ponían montones y la fábrica, la Sociedad General Azucarera, por ejemplo, ponía una báscula… cogía un terreno ponía una báscula y allí iba la gente a llevar la remolacha. Pero el descuento era a mano y entonces ahí había mucho abuso, porque si tú te hacías amigo del receptor o del que te hacía el descuento, pues te ponía menos descuento… depende, ¿sabes? Había un dicho que decía que el que más remolachas cogía era el receptor, sin sembrarlas. Entonces en el descuento pasaba muchas veces eso. Tú ibas con el remolque, descargabas, y cuando pesabas te daban un papelito, para que te calculara luego el descontero: pues esto lleva el 10 por ciento, lleva el 15 por ciento. Y había gente que cuando te daban el papel pues daba 100 pesetas, y entonces en vez de un 10 te ponía un 4. Había mucho… Y luego, por ejemplo, eso nos pasó a nosotros, a mi padre, me acuerdo. Hubo un año que heló bastante y las remolachas se helaron bastante, y cuando ibas a descargarlas a lo mejor te decía: "No esas vuestras no podemos recibirlas", porque veía que las hojas estaban moradas. Bueno, había unas injusticias…[102]

En este contexto, en algunas provincias castellanas y leonesas se produjeron entre los años 60 y 70 diversas protestas relacionadas con la remolacha, que iban desde acciones espontáneas realizadas individualmente o en pequeños grupos en el mismo lugar de venta del cultivo, hasta la organización de campañas colectivas para solicitar

---

[98] SARTORIUS, Nicolás y SABIO, Alberto, *El final de la dictadura. La conquista de la democracia en España (noviembre de 1975-diciembre de 1978)*, Barcelona, Espasa, 2018, p. 236.

[99] La mayor parte de estas "guerras agrarias" ya fueron analizadas en 1976 en el famoso "libro negro" sobre las luchas campesinas: ALONSO *et al.*, *Crisis agrarias…*

[100] Ibid., pp. 123-131.

[101] BERZAL DE LA ROSA, *ACOR: 60 años…*, pp. 13-14.

[102] Entrevista a Eusebio Orrasco, Valladolid, 23-6-2020

aumento de precio de la remolacha utilizando los cauces asamblearios que permitía la estructura sindical vertical[103].

Una de esas movilizaciones se produjo durante la campaña de recolección de 1967, cuando los grupos remolacheros de la cuenca del Duero se reunieron en Valladolid en una asamblea para reclamar mejores precios y acordaron, como medida de presión, "invitar a todos los remolacheros a la suspensión del arranque de la raíz, en tanto no se les den las razones que debidamente lo justifiquen"[104]. De este modo, a partir del día 4 de diciembre, se extendió por diversos puntos de la región una *huelga* de arranque de remolacha[105], la cual también tuvo seguimiento en algunos pueblos de la provincia de Valladolid, como Pollos[106]. Finalmente, el 8 de diciembre, y ante el cariz que tomaba la protesta, el Ministerio de Agricultura accedió a conformar una comisión mixta con participación de representantes de los cultivadores para estudiar soluciones a los problemas de la remolacha[107].

Otra movilización por la remolacha se produjo durante los años 1973 y 1974 cuando, bajo el lema "No sembrar remolacha", se organizó otra *huelga* de productores que tuvo eco en la prensa regional y culminó con una manifestación de cultivadores por la ciudad de Zamora[108].

A través de la documentación manejada sabemos que este conflicto también tuvo cierto seguimiento en Valladolid. Ya en febrero de 1973 se celebró una tensa asamblea del Grupo Provincial Remolachero durante la cual varios agricultores se quejaron abiertamente por los bajos precios de la remolacha, llegando a amenazar que: "Si no suben los precios, no sembramos. Los maestros nacionales han protestado y se les ha atendido, ¿por qué no se va a oír nuestra voz?"[109]. Pocos meses después, durante el invierno de 1973-1974, en la propia provincia de Valladolid, "algunos agricultores de San Román de Hornija y Casasola de Arión" secundaron la mencionada *huelga* de cultivadores y cesaron la entrega de remolacha a la azucarera de Toro, aludiendo que dicha fábrica "venía efectuando un descuento del 3% superior al reglamentario"[110].

---

[103] ALONSO *et al.*, *Crisis agrarias…*, pp. 123-131.

[104] *El Norte de Castilla*, 26-11-1967.

[105] *El Norte de Castilla*, 7-12-1967. Por ejemplo, en León esta *huelga* de entrega de remolacha motivó ceses temporales de actividad en algunas fábricas azucareras: Cfr. MARTÍNEZ PÉREZ, David, *Construyendo la democracia. Tardofranquismo, Transición política y la cuestión autonómica en la provincia de León (1962-1984)*, Tesis doctoral, León, Universidad de León, 2015, pp. 151-152.

[106] *El Norte de Castilla*, 15-12-1967.

[107] *El Norte de Castilla*, 8-12-1967.

[108] ALONSO *et al.*, *Crisis agrarias…*, pp. 126-127.

[109] *El Norte de Castilla*, 28-2-1973.

[110] AHPV, *Gobierno Civil*, Caja 1029, Carp. 7, 21-1-1974.

Todas estas "guerras agrarias" consiguieron romper el monopolio que tenía el sindicalismo vertical sobre la movilización agraria y fueron el semillero en el que germinaron las primeras organizaciones de agricultores bajo la influencia de la acción de activistas de partidos de la oposición antifranquista (PCE, PTE…) y/o miembros de movimientos progresistas de la Iglesia católica (principalmente, Juventud Agrícola y Rural Católica –JARC–)[111].

Las primeras organizaciones agrarias clandestinas fueron las Comisiones Campesinas, creadas bajo amparo del PCE en diversos puntos del país durante la primera mitad de los setenta[112]. Muchas de estas organizaciones dieron paso, con el tiempo, a la formación de Uniones de Campesinos o Uniones de Agricultores y Ganaderos (UAGAs)[113]. Entre ellas destacó la *Unió de Pagesos* de Cataluña, creada en 1974[114], y la cual, por ser pionera, se convirtió en el modelo en el que se inspiraron otras UAGAs similares que surgieron en el resto de España en los años siguientes[115].

Estos grupos de agricultores vinculados a organizaciones políticas y sindicales de la oposición antifranquista buscaron coordinarse a nivel nacional mediante la celebración de diversos encuentros de organizaciones campesinas. El más importante a nivel nacional tuvo lugar en el Colegio Familiar Rural de Tudela de Duero (Valladolid) el 1 de noviembre de 1975, adonde acudieron alrededor de cuarenta representantes de diversas organizaciones campesinas y jornaleras del país. Uno de los principales resultados de aquella reunión fue la elaboración de un dossier donde se analizaban los problemas del campo y los conflictos agrarios que se habían producido durante los últimos meses del franquismo (las "guerras agrarias"). Este dossier sería la base para la elaboración en 1976 del conocido "libro negro" de las luchas campesinas[116].

En la provincia de Valladolid también existió actividad de grupos de agricultores vinculados a la oposición antifranquista. Por ejemplo, sabemos que en abril de 1969 asistieron delegados vallisoletanos de Comisiones Campesinas a la IV Reunión

---

[111] MOYANO ESTRADA, *Corporatismo y Agricultura…*, pp. 197-198; SABIO ALCUTÉN, Alberto, "Cultivadores de democracia. Politización campesina y sindicalismo agrario progresista en España, 1970-1980", *Historia Agraria*, 38 (2006), pp. 79-80.

[112] ORTIZ HERAS, Manuel y SÁNCHEZ SÁNCHEZ, Isidro, "Aproximación a las Comisiones Campesinas en Castilla-La Mancha (1939-1988)", en LÓPEZ VILLAVERDE, Ángel Luis y ORTIZ HERAS, Manuel (coords.), *Entre surcos y arados. El asociacionismo agrario en la España del siglo XX*, Cuenca, Universidad de Castilla-La Mancha, 2001, pp. 212-235.

[113] SARTORIUS y SABIO, *El final de la dictadura…*, pp. 234-235.

[114] FERRER GONZÁLEZ y PUIG VALLVERDÚ, "Vivir de la tierra…".

[115] LÓPEZ SÁNCHEZ-CANTALEJO, Jesús, "Panorama sindical en el campo", *Agricultura. Revista agropecuaria*, 547 (1977), p. 867.

[116] Nos referimos a ALONSO *et al.*, *Crisis agrarias…* La información sobre el encuentro de Tudela de Duero en MOYANO ESTRADA, *Corporatismo y Agricultura…*, pp. 199-200.

General de las Comisiones Obreras[117]. Y pocos años más tarde, en el verano de 1972, fueron enviadas varias cartas a diversos agricultores de la provincia con un manifiesto firmado por Comisiones Campesinas que tenía el título "La remolacha, ¿es un cultivo problema?"[118]. Con todo, parece ser que esa primigenia organización campesina vallisoletana tuvo una actividad, por decirlo de algún modo, titubeante, ya que, por ejemplo, no envió ningún representante a la Asamblea General de Comisiones Obreras Agrícolas y Campesinas del Estado Español que se celebró en mayo de 1970[119].

Con todo, más allá de la mayor o menor consolidación de estas primeras Comisiones Campesinas de Valladolid, lo que es cierto es que durante los últimos años del franquismo hubo en la provincia cierta actividad de agricultores vinculados a la oposición antifranquista, como muestra la aparición en diversos pueblos de la provincia de algunos folletos y pasquines de propaganda antifranquista que exponían diversos problemas agrarios e insistían en la necesidad de conformar organizaciones agrarias libres para defender los intereses de los agricultores[120]. Entre ellos destacaron personajes como Maximiano ('Maxi') Rodríguez López, del PCE; Fernando Moráis de la Horra y José Antonio Rodrigo Cerda, del PTE; y Ángel Fernández Pérez, del PSOE.

Maxi Rodríguez, pertenecía a una familia de jornaleros de Castromonte que durante la II República estuvo muy vinculada a partidos y sindicatos de izquierdas, por lo que varios de sus familiares fueron víctimas de la represión franquista (su hermano fue *paseado* y su padre encarcelado). Con los años logró adquirir unas tierras y convertirse en labrador por cuenta propia y, junto a otros agricultores de su pueblo, fundó la Cooperativa San José Obrero. Durante el tardofranquismo se vinculó al PCE y llegó a ser miembro del Comité Provincial del partido en la clandestinidad[121]. Como activista agrario, impulsó el desarrollo de una táctica "entrista" para interferir en los sindicatos verticales agrarios. De este modo, sabemos que participó en asambleas del Grupo Provincial Remolachero, como la celebrada el 19 de febrero de 1972, donde

---

[117] En concreto, a esa reunión asistieron "delegados de las Comisiones Obreras Agrícolas y las Comisiones Campesinas de Aragón, Cádiz, Lérida, Sevilla, Toledo y Valladolid": ARIZA, Julián, *Comisiones Obreras*, Barcelona, Avance, 1976, p. 124.

[118] AHPV, *Gobierno Civil*, Caja 1029, Carp. 6, 7-1972.

[119] Adonde asistieron delegados de Andalucía, Cataluña, Aragón, Toledo, Albacete, Ciudad Real, Valencia, Logroño y Galicia. Cfr. FUENTES, María Candelaria y COBO ROMERO, Francisco, *La tierra para quien la trabaja: los comunistas, la sociedad rural andaluza y la conquista de la democracia (1956-1983)*, Granada, Universidad de Granada, 2016, p. 187.

[120] "Carta abierta a los hombres del campo. Redactada por un grupo de campesinos afectados", AHPV, *Gobierno Civil*, Caja 1031, Exp. 83, 7-1968; "La remolacha ¿es un cultivo problema?", AHPV, *Gobierno Civil*, Caja 1029, Carp. 6, 7-1972; "Contra las importaciones. Hacia la democracia", AHPV, *Gobierno Civil*, Caja 1029, Exp. 41, 10-1974.

[121] Notas biográficas sobre Maxi Rodríguez en *El Norte de Castilla*, 29-3-1977 y *El País*, 24-6-1989. A este respecto, según nos señaló César de la Fuente, Maxi Rodríguez era conocido en los círculos campesinos de la provincia como "el hombre del PCE en el campo" (Entrevista a César de la Fuente, Villaco, 18-6-2020).

tomó la palabra para lanzar "una viva crítica a la gestión del [presidente] señor [Adolfo] Sánchez García", lo que "provocó una acalorada contestación de éste y palabras de desagravio de los asambleístas que intervinieron a continuación"[122]. Teniendo en cuenta todos estos antecedentes, suponemos que, muy seguramente, Maxi Rodríguez estuvo detrás de algunos pasquines del PCE que circularon por la provincia de Valladolid en 1974 en donde se planteaban diversos problemas agrarios del campo castellano y criticaban la ineficaz política agraria del régimen y la incapacidad de los organismos verticales agrarios para defender los intereses de los agricultores, concluyendo que: "La España agrícola y ganadera, y Castilla en particular, están siendo asesinados por la política agraria del régimen"[123]. El prestigio de Maxi Rodríguez como activista agrario traspasó las fronteras provinciales, como muestra el hecho que fuera el prologuista del ya mencionado "libro negro" de las luchas campesinas que se gestó en el encuentro campesino celebrado en Tudela de Duero en noviembre de 1975[124].

Fernando Moráis y José Antonio Rodrigo, por su parte, eran militantes del PTE. Aunque no eran agricultores, sí tuvieron un contacto directo con el mundo rural. El primero, Fernando Moráis, era médico y durante varios años ejerció en el medio rural de la provincia. El segundo, José Antonio Rodrigo, trabajó en la Caja Rural de Burgos, por lo que también tuvo especial protagonismo en el impulso del movimiento agrario en aquella provincia[125]. Según los testimonios recabados, ambos promovieron la organización de reuniones y asambleas clandestinas alrededor de los años 1973 y 1974 que permitieron aglutinar y articular la acción de determinados grupos de agricultores descontentos de las comarcas de Peñafiel y del Valle del Esgueva[126].

Ángel Fernández Pérez era un agricultor de Medina de Rioseco que inició su militancia en el PSOE en 1963. Como tal, fue uno de los principales responsables de organizar un pequeño grupo socialista en Medina de Rioseco y la comarca de Tierra

---

[122] *El Norte de Castilla*, 20-2-1972.

[123] AHPV, *Gobierno Civil*, Caja 1029, Exp. 41, 17-12-1974. También se aludía, por ejemplo, a la necesidad de "irse a Valladolid con los tractores y la familia, todos unidos a exigir mejores precios para nuestros productos". El texto completo en el Texto 2 de los Anexos.

[124] ALONSO *et al.*, *Crisis agrarias…*, pp. 11-15.

[125] Sobre el movimiento agrario burgalés durante la Transición véase: REDONDO CARDEÑOSO, Jesús Ángel, "Unions and agricultural protests in inland Spain during the Transition: the example of Burgos province (1975-80)", *Rural History*, 33/1 (2022), pp. 119-135.

[126] Según Honorino Fernández, él y otros agricultores de Peñafiel tomaron contacto con Fernando Moráis a través de una médica de esa localidad y desde entonces comenzaron a organizar reuniones y asambleas clandestinas en pisos de Valladolid o casas de agricultores de la comarca (Entrevista a Honorino Fernández, Peñafiel, 22-7-2019). César de la Fuente, por su parte, relata cómo desde el año 1972 o 1973 existía un grupo de agricultores del Valle del Esgueva que realizaron reuniones para organizarse y crear una asociación agraria –incluso barajaron un nombre: Asociación Sindical Agraria–, pero nada se fraguó hasta la llegada de Fernando Moráis y José Antonio Rodrigo (Entrevista a César de la Fuente, Villaco, 18-6-2020).

de Campos durante el tardofranquismo[127]. Teniendo en cuenta estos antecedentes, muy probablemente tuvo mucha responsabilidad en la organización de algunas acciones menores de protesta clandestina que se produjeron en Medina de Rioseco durante los últimos meses de la dictadura, como fue la pegada de pegatinas de la Unión General de Trabajadores (UGT) en diversas puertas y escaparates de la localidad durante el verano de 1975[128]. Tras la muerte del dictador tuvo una destacada actividad política y sindical en la provincia[129]. Desde el punto de vista político ocupó cargos directivos tanto en el Comité Local del PSOE de su localidad, como en el Comité Provincial de Valladolid. Por ello fue uno de los impulsores del primer acto público que realizó el PSOE en la provincia durante la Transición: el mitin celebrado en Medina de Rioseco el 12 de septiembre de 1976 en el que participaron, además del propio Ángel Fernández, Gregorio Peces-Barba, Ciriaco de Vicente y Juan Colino[130]. Asimismo, fue candidato al congreso por el PSOE en las elecciones generales de 1977. Desde el punto de vista sindical, en octubre de 1976 fue elegido secretario general del sindicato agrario socialista, la Federación de Trabajadores de la Tierra (FTT) de la UGT[131], cargo que ocupó hasta 1980 cuando, por desavenencias con el sindicato y el partido, dimitió como secretario general de la FTT[132] y, poco más tarde, fue expulsado del PSOE[133].

Como ya hemos apuntado, junto a los activistas agrarios vinculados a partidos de izquierda, los sectores progresistas de la Iglesia Católica también fueron responsables de una notable acción democratizadora, tanto en el campo español en general[134], como en la provincia de Valladolid en particular[135].

---

[127] Este foco de organización socialista en Medina de Rioseco funcionaba, al menos, desde 1973: PELAZ LÓPEZ, José Vidal y GONZÁLEZ MARTÍN, Rodrigo, "Los partidos políticos y su implantación territorial en Castilla y León (1977-1983)", en REDONDO CARDEÑOSO (ed.), *La Transición en Castilla y León...*, p. 18.

[128] AHPV, *Gobierno Civil*, Caja 1703, Carp. 6, 10-6-1975 y 18-8-1975.

[129] Pequeña biografía de Ángel Fernández en *Diario Regional*, 5-6-1977. Algunos detalles también sacados de la entrevista a Juan Colino (Valladolid, 2-7-2019).

[130] *El Norte de Castilla*, 12-9-1976 y 14-9-1976.

[131] *El Norte de Castilla*, 19-10-1976. Sobre los primeros años de andadura de la FTT y la acción de Ángel Fernández al frente de la misma, véase HERRERA GONZÁLEZ DE MOLINA, *La construcción de la democracia...*, pp. 126-140.

[132] Ibid., p. 256.

[133] *El Norte de Castilla*, 17-6-1980.

[134] Por ejemplo, en Andalucía: HERNÁNDEZ BURGOS, Claudio y ROMÁN RUIZ, Gloria, "«Maestros de democracia con sotana»: los párrocos rurales y la construcción de la sociedad civil durante el tardofranquismo en la España meridional", *Bulletin of Spanish Studies*, XCVI/4 (2019), pp. 637-660; ROMÁN RUIZ, Gloria, "«Escuelas de democracia»: el tajo y la parroquia como espacios cotidianos de conflictividad durante el franquismo final en el campo andaluz", *Historia Agraria*, 79 (2019), pp. 187-216.

[135] SERRANO BLANCO, Laura, *Aportaciones de la Iglesia a la democracia desde la diócesis de Valladolid, 1959-1979*, Salamanca, Universidad Pontificia de Salamanca, 2006; BERZAL DE LA ROSA,

La acción de estos grupos católicos en el campo se desarrolló al amparo de las directrices establecidas por el papa Juan XXIII en su encíclica *Mater et Magistra* publicada en 1961, la cual tenía un epígrafe titulado: "La agricultura, sector deprimido". En este texto, *Il Papa buono* denunciaba los desequilibrios existentes entre la agricultura y la industria, y defendía la necesidad de aumentar el nivel de vida de la población agrícola para acercarlo al de los trabajadores de otros sectores. Para lograrlo proponía: por un lado, que las autoridades procuraran, entre otras cosas, mejores servicios públicos en el campo y precios garantizados para asegurar un nivel mínimo de vida a los profesionales del sector; y, por otro, impulsar y expandir el asociacionismo profesional agrario:

> Hay que advertir también que en el sector agrícola, como en los demás sectores de la producción, es muy conveniente que los agricultores se asocien, sobre todo si se trata de empresas agrícolas de carácter familiar. Los cultivadores del campo deben sentirse solidarios los unos de los otros y colaborar todos a una en la creación de empresas cooperativas y asociaciones profesionales, de todo punto necesarias, porque facilitan al agricultor las ventajas de los progresos científicos y técnicos y contribuyen de modo decisivo a la defensa de los precios de los productos del campo[136].

Siguiendo las directrices del Papa, sectores católicos progresistas de Valladolid desarrollaron una notable actividad en los pueblos de la provincia, destacando la acción de personas como María Luisa Jolín Moreno y Cristino González Velasco. María Luis Jolín fue, durante los años sesenta, presidenta del Movimiento Rural de Acción Católica en la diócesis de Valladolid, una organización que, apoyándose en la JARC, buscaba promover la educación y la cultura en ámbitos rurales en base al respeto de la libertad y la dignidad de las personas[137]. Cristino González, por su parte, fue un párroco que ejerció en ámbitos rurales de diversas regiones españolas, como Asturias, donde parece ser que fue uno de los promotores de la "guerra de la leche" de 1966[138]. Posteriormente, creemos que ya como seglar, siguió trabajando para mejorar las condiciones de vida y culturales del mundo rural vinculado a grupos

---

Enrique, *Sotanas rebeldes. Contribución cristiana a la transición democrática*, Valladolid, Diputación de Valladolid, 2007.

[136] JUAN XXIII, *Mater et magistra. Sobre el reciente desarrollo de la cuestión social a la luz de la doctrina cristiana*, Ciudad del Vaticano, 1961, https://www.vatican.va/content/john-xxiii/es/encyclicals/documents/hf_j-xxiii_enc_15051961_mater.html (consultado el 27-12-2021).

[137] DEL VALLE, Antonio, "Instituciones de educación de adultos", *Documentación Social*, 1 (1971), p. 71.

[138] GARCÍA RICO, Eduardo, "La guerra blanca", *Triunfo*, 23-7-1966, pp. 18-23.

católicos progresistas de nuestra provincia, llegando a ser presidente de las Escuelas Rurales[139] de Valladolid durante la segunda mitad de la década de los setenta[140].

El resultado más destacado de la acción de estos grupos católicos progresistas en la provincia de Valladolid fue la creación, principalmente por iniciativa de María Luisa Jolín, de los Colegios Familiares Rurales (CFR), para dotar de formación profesional agraria a los jóvenes de familias campesinas[141]. De este modo, a finales de la década de los sesenta, se fundaron CFR en Tudela de Duero, Medina de Rioseco, Mayorga de Campos, Mojados y Tordesillas. Este proyecto educativo culminó en 1969 con la fundación del Instituto Rural El Pino en Valladolid, que buscaba ofrecer estudios de bachillerato a jóvenes campesinos de la provincia. Algunos de estos centros educativos (como el colegio de Tudela de Duero o el Instituto El Pino) fueron foco para la promoción de valores democráticos en el ámbito rural vallisoletano como consecuencia de la acción de profesores vinculados a partidos o sindicatos de la oposición antifranquista o de algunos padres de alumnos concienciados. Es el caso de José Antonio Arias, agricultor de Sieteiglesias de Trabancos, que buscó impulsar la movilización agraria en la provincia a través de las Asociaciones de Padres de Alumnos de los CFR, animándoles a participar en las Hermandades o formar asociaciones agrarias para defender sus intereses[142].

De este modo, la acción de los CFR fue determinante para impulsar el sindicalismo agrario progresista a nivel provincial, regional[143] e, incluso, nacional, puesto que, como ya hemos visto, fue precisamente en el CFR de Tudela de Duero donde, al amparo de la JARC, se organizó y celebró el I Encuentro de Organizaciones Campesinas en noviembre de 1975.

En definitiva, a raíz de la acción de estas personas y grupos de agricultores, se crearon diversas organizaciones agrarias en Valladolid al margen del sindicalismo agrario vertical. Estas organizaciones tendrán un papel decisivo en el impulso de diversos conflictos agrarios que se producirán en la provincia durante el año 1976, los cuales culminarán a inicios de 1977 con la "guerra de los tractores".

---

[139] Las Escuelas Rurales fueron promovidas por el Secretariado de Cooperación al Desarrollo (de la Conferencia Episcopal) para realizar cursillos, charlas y reuniones con objeto de impulsar el desarrollo económico y social del campo (DEL VALLE, "Instituciones…", p. 71).

[140] Fruto de esta actividad, publicó algunos artículos sobre la situación social y cultural del campo español, por ejemplo: GONZÁLEZ VELASCO, Cristino, "La colonización cultural del campo", *Cuadernos para el Diálogo*, marzo 1975, pp. 71-73; y "El niño rural, olvidado de todos", *Documentación Social*, 37 (1979), pp. 171-183.

[141] Sobre el funcionamiento de los CFR: MUÑOZ PEINADO, Jesús, "Los colegios familiares rurales", *Revista Interuniversitaria de Formación del Profesorado*, 17/3 (2003), pp. 75-89.

[142] SERRANO BLANCO, *Aportaciones de la Iglesia…*, pp. 263-268.

[143] Por ejemplo, los CFR también fueron determinantes para impulsar el movimiento agrario en León (MARTÍNEZ PÉREZ, *Construyendo la democracia…*, p. 291) o Zaragoza (SABIO ALCUTÉN, *Labrar democracia…*, p. 35).

2. LA MOVILIZACIÓN AGRARIA EN LA PROVINCIA DE VALLADOLID DURANTE EL POSFRANQUISMO (DE NOVIEMBRE-1975 A ABRIL-1977)

La muerte del dictador en noviembre de 1975 abrió una nueva etapa histórica en España. Sin embargo, el esperado cambio de régimen no iba a ser tan inmediato, ya que, en un principio, durante las últimas semanas de 1975 y primeros meses de 1976, el panorama político no mudó en exceso. En efecto, Arias Navarro (como "albacea de Franco") siguió siendo presidente del Gobierno durante varios meses más; y las autoridades siguieron reprimiendo a movimientos políticos y sociales de oposición, como quedó patente durante el "invierno caliente" de 1976, que culminó en marzo con los dramáticos sucesos de Vitoria, donde la represión policial se saldó con la muerte de cinco huelguistas[144].

Según diversos autores, en este contexto de incertidumbre, la intensificación de la movilización de la sociedad civil en pro de la democracia fue determinante para que las autoridades, encabezadas por el rey Juan Carlos I y el presidente Adolfo Suárez, impulsaran las reformas políticas necesarias que liquidaran definitivamente el régimen dictatorial y establecieran una democracia plena[145], lo cual sólo se certificó muchos meses más tarde de la muerte del dictador, primero, con la celebración de elecciones libres en junio de 1977 y, segundo, con la promulgación de la nueva Constitución democrática en diciembre de 1978. Por todo ello, hay autores que no han

---

[144] MOLINERO e YSÀS, *La Transición...*, pp. 63-78; PINILLA GARCÍA, *La Transición...*, pp. 80-83.

[145] Por ejemplo: PÉREZ DÍAZ, Víctor, *La primacía de la sociedad civil. El proceso de formación de la España democrática*, Madrid, Alianza, 1993; SARTORIUS y SABIO, *El final de la dictadura...*; MARTÍN GARCÍA, "Oportunidades, amenazas…"; RADCLIFF, Pamela, "El ciclo de movilización ciudadana en la Transición española", *Alcores*, 14 (2012), pp. 23-48; MOLINERO e YSÀS, *La Transición...*, pp. 73-92.

dudado en calificar los dos-tres años inmediatamente posteriores a la muerte de Franco como "el final de la dictadura"[146].

Como ya hemos apuntado al inicio de este libro, numerosos investigadores han mostrado que los agricultores no fueron ajenos a la expansión de la movilización social que se produjo en el país tras la muerte del dictador. En efecto, durante 1976 y los primeros meses de 1977, se multiplicaron los conflictos en el campo español, los cuales alcanzaron su máximo apogeo con la denominada "guerra de los tractores" que se extendió por diversas provincias del país entre finales de febrero e inicios de marzo de 1977. Asimismo, en paralelo al desarrollo de estos conflictos, también fueron surgiendo numerosas organizaciones agrarias que, desde diversas posturas e influencias ideológicas, comenzaron a plantear de forma abierta y pública alternativas al sindicalismo vertical agrario. Buena parte de estas organizaciones se legalizaron al amparo de la Ley de Libertad Sindical de abril de 1977, convirtiéndose en Organizaciones Profesionales Agrarias (OPAs), que serán las entidades que asuman la representatividad de los agricultores durante la democracia.

2.1. Protestas agrarias durante la primera mitad de 1976: entre la lucha por los precios y la demanda de libertad sindical

Como hemos podido ver en páginas anteriores, a mediados de los años setenta el descontento de los agricultores españoles era más que patente, incluso entre aquéllos que defendían sin tapujos los principios del régimen. Buen ejemplo de ello es Rafael del Águila Goicoechea, uno de los procuradores que en noviembre de 1976 votó contra la Ley para la Reforma Política, el cual, como representante sindical de la Hermandad de Labradores y Ganaderos alzó la voz en las Cortes en julio de ese mismo año para clamar: "¿Cuándo va la Administración a tomar en serio el cálculo de los costes de producción agrarios?"[147].

En efecto, los agricultores tenían múltiples razones para estar descontentos, pero la principal de ellas seguía siendo la cuestión de los precios agrarios. A inicios de 1976, el Consejo General del FORPPA, siguiendo lo establecido por el Gobierno en abril de 1975[148], convocaba por primera vez unas reuniones para establecer los precios de los productos agrarios de la campaña venidera[149]. Esta negociación de precios

---

[146] SARTORIUS y SABIO, *El final de la dictadura…*
[147] *El País*, 17-7-1976.
[148] Véase *supra*.
[149] *El Norte de Castilla*, 14-1-1976.

era tan importante para el devenir de las economías de los agricultores que desde diversos ámbitos se la llegó a denominar "el convenio colectivo del campo"[150].

Sin embargo, las propuestas planteadas dentro del Consejo General del FORPPA fueron bastante dispares: mientras que los representantes de los ministerios de Hacienda y Comercio planteaban un incremento medio de los precios agrarios del 6,5%; los del Ministerio de Agricultura proponían un aumento del 11%; y los de la Hermandad Nacional de Labradores y Ganaderos del 19%[151]. En este contexto, los representantes agrarios decidieron abandonar la negociación "en señal de protesta por la ineficacia de dicho organismo en materia de fijación de precios remunerados para el campo" y "la falta de permeabilidad de la Administración, en particular de los ministerios de Hacienda y Comercio, en orden a las reivindicaciones del campo"[152].

La queja de los representantes agrarios que estaban en el FORPPA fue compartida por buena parte de los sectores agrarios del país, incluidos los organismos del sindicalismo vertical agrario de nuestra región. En efecto, a finales de febrero, representantes de las COSAs de las nueve provincias de la cuenca del Duero se reunieron en Ávila para solicitar al Gobierno que asumiese la subida de precios agrarios propuesta por la Hermandad Nacional de Labradores y Ganaderos, manifestando, además, "la intención y el deber de encontrarse al frente de los agricultores en la exigencia de sus derechos y reivindicaciones, en la indudable acción colectiva que realizará todo el campo español"[153]. De forma similar, pocos días más tarde, la Comisión Permanente de la COSA de Valladolid manifestó unánimemente "la conveniencia de recurrir de manera inmediata a la adopción de medidas públicas colectivas como expresión de su descontento", y su presidente, Ciriaco Vázquez de Prada, llegó a advertir que:

> ...de no producirse una rectificación de la política económica agraria, como un agricultor más y por su representación del sector, no vacilaría en ponerse a la cabeza de cualquier acción colectiva que, dentro de los cauces admitidos de hecho por el actual Gobierno, pudiese conducir a resolver el problema de los bajos precios agrarios ante la elevación totalmente desproporcionada que desde hace más de diez años vienen consiguiendo los sectores industria y servicios[154].

---

[150] SARTORIUS y SABIO, *El final de la dictadura...*, p. 211. Aunque este término se había utilizado esencialmente para referirse a los acuerdos laborales que establecían las condiciones laborales de los jornaleros, también fue acuñado por diversos sectores, como el PTE, para referirse a la negociación de precios agrarios de 1976: Cfr. "¿Quién negocia y fija los precios agrarios?", *El Correo del Pueblo*, 16-3-1976 (consultable en: http://biblioteca.andalucia.ccoo.es:8080/intranet-tmpl/prog/local_repository/documents/15262_7260.pdf).

[151] *El Norte de Castilla*, 22-2-1976.

[152] *El Norte de Castilla*, 11-2-1976.

[153] *El Norte de Castilla*, 20-2-1976.

[154] *El Norte de Castilla*, 26-2-1976.

A pesar de las quejas y advertencias, el Gobierno finalmente decretó a inicios de marzo una subida media de los precios agrarios del 9,69%[155]... una decisión que exacerbó aún más el descontento que existía entre los agricultores.

Los organismos del sindicalismo vertical agrario de Valladolid intentaron canalizar este descontento y, bajo el liderazgo de la COSA, organizaron una serie de asambleas comarcales entre los últimos días de marzo y primeros de abril en Peñafiel, Medina del Campo, Tordesillas, Medina de Rioseco, Villalón de Campos y Valladolid capital[156]. Estas asambleas tuvieron como resultado la elaboración y aprobación de un documento reivindicativo que recogía las demandas expuestas por los agricultores (extensión de los seguros sociales y seguros agrarios, inversión en infraestructuras agrarias, mejora de servicios públicos en el medio rural, etc.)[157], y entre ellas:

> Manifestar una total disconformidad y la consiguiente repulsa ante los precios fijados por el Gobierno para los productos agrarios, ya que significan una falta de equidad en el tratamiento que se da a los agricultores en relación a los restantes sectores del país, siendo así desoídas una vez más las razonadas peticiones del sector agrario y no haber tenido en cuenta los costos de producción[158].

En este tenso contexto, el Gobierno decretó en mayo una subida del 40% en el precio del pan[159]. Esta decisión fue la gota que colmó el vaso de la paciencia de los agricultores. Como dijo el periodista y escritor Ángel Lera de Isla: "No es extraño, pues que en el campo se haya recibido esa nueva y espectacular subida del precio del pan con indignación"[160]. En efecto, los agricultores consideraron que el Gobierno había sido muy injusto con ellos, puesto que, pocas semanas antes, no había atendido, ni de cerca, sus demandas de aumentar los precios agrarios (sólo) un 19%.

Reflejo de esta indignación son las numerosas quejas y protestas que denunciaban el agravio comparativo entre agricultores y panaderos enviadas a la prensa vallisoletana desde diversos pueblos de la provincia, como: Melgar de Abajo ("No ha caído bien la gran subida del precio del pan"), Berrueces ("Asombro ante la gran subida del pan"), Simancas ("Exagerada la subida del pan"), Torrelobatón ("Aquí también se comenta [...] la subida del precio del pan y la no relación con el precio del trigo") o Rueda ("Malestar general por la subida del pan")[161].

---

[155] *El Norte de Castilla*, 9-3-1976.

[156] Noticias sobre las asambleas en: *El Norte de Castilla*, 31-3-1976 y 7-4-1976; *Diario Regional*, 30-3-1976, 4-4-1976 y 13-4-1976.

[157] Véase el Texto 3 de los Anexos.

[158] *Diario Regional*, 4-4-1976.

[159] "Se establece en cuarenta pesetas el kilo de pan", *El Norte de Castilla*, 5-5-1976.

[160] LERA DE ISLA, Ángel, "La protesta del campo", *El Norte de Castilla*, 30-5-1976.

[161] En: *El Norte de Castilla*, 19-5-1976, 21-5-1976 y 27-5-1976; *Diario Regional*, 22-5-1976.

El descontento de los agricultores fue recogido por los organismos del sindicalismo vertical agrario de diversas provincias de la región, que también plantearon quejas públicas[162]. La propia COSA de Valladolid protestó "por la discriminación que sufre el agricultor en materia de precios" y acordó:

> … manifestar nuevamente la indignación del agricultor al observar la fuerte oposición de la Administración a la elevación de los precios de los productos agrarios que finalizó con el reducido incremento medio del 9,7 por 100 para la próxima campaña y la escasa oposición habida en la reciente fijación del precio del pan[163].

Finalmente, el 14 de mayo de 1976, las COSAs de la cuenca del Duero celebraron una reunión conjunta en la capital del Pisuerga donde, entre otras cosas, acordaron: "Manifestar su enérgica protesta por los criterios seguidos en la reciente elevación en el precio del pan, al considerar que no guarda relación con los aplicados para el trigo, creyendo que se ha creado una clara y nueva situación de agravio a todos los trabajadores"[164].

En definitiva, como estamos viendo, las decisiones que tomó el Gobierno en materia agraria durante la primera mitad del año 1976 ocasionaron un creciente descontento en el campo español en general, y castellano y leonés en particular, el cual, en un contexto de expansión de la conflictividad social como el que vivía el país, terminó materializándose en numerosas y diversas acciones de protesta colectiva. Éstas fueron principalmente de dos tipos: manifestaciones públicas de agricultores (organizadas e impulsadas por sectores agrarios conservadores, e incluso por organismos del sindicalismo vertical); y nuevas "guerras agrarias" (gestadas y promovidas, como había sucedido en años anteriores, por agricultores vinculados a partidos y grupos antifranquistas).

Las primeras manifestaciones de agricultores se celebraron los días 11 y 25 de mayo de 1976 por iniciativa de las COSAs de Tarragona y Lérida, las cuales, por entonces, ya estaban infiltradas por miembros de la *Unió de Pagesos*[165].

Pocas semanas más tarde, el 3 de julio, la propia Hermandad Nacional de Labradores y Ganaderos convocó una asamblea-protesta de agricultores en Madrid bajo el lema "Justicia para el campo". La protesta logró reunir en el Palacio de Deportes a

---

[162] Como hicieron las COSAs de Zamora (*El Norte de Castilla*, 11-5-1976) o Segovia (*El Norte de Castilla*, 3-6-1976).

[163] "El agricultor no percibe ningún beneficio del incremento en el precio del pan", *El Norte de Castilla*, 13-5-1976.

[164] "La COSA protesta por la subida del pan", *Diario Regional*, 15-5-1976.

[165] Según algunos autores (FERRER GONZÁLEZ y PUIG VALLVERDÚ, "Vivir de la tierra…", p. 96), estas manifestaciones lograron aglutinar, respectivamente, a 10.000 y 15.000 agricultores.

alrededor de 10.000 representantes de hermandades de labradores de toda España[166], incluidos algunos de Valladolid[167]. Allí, ante el mismo ministro de Relaciones Sindicales, Rodolfo Martín Villa –que presidía el acto por invitación–, quedó patente el descontento del agro español, especialmente por medio de las aplaudidas palabras del presidente de la Hermandad de Labradores y Ganaderos de Coreses (Zamora), Modesto Alonso Pelayo, quien denunció abiertamente:

> … la última desatención y discriminación del aparato administrativo con respecto a los agricultores: un escrupuloso estudio sobre los costes reales del cultivo agrícola exigía un aumento de precios del 28,5 por 100, y la Administración sólo concedió el 9,8. Al mismo tiempo, el trigo subió el 14,25 por 100 y a los dos meses se autorizaba la elevación del pan en un 40 por 100. Nos gustaría saber –añadió– a dónde van a parar las 29,50 pesetas que hay del costo de un kilo de trigo a 10,50 pesetas a un kilo de pan a 40 pesetas[168].

Es más, es digno de destacar que, junto a estas reivindicaciones exclusivamente económicas, en la asamblea también se oyeron algunas voces que pidieron "la constitución de un sindicato libre y paralelo a la Hermandad Nacional"[169].

A lo largo de aquel verano de 1976, se produjeron otras manifestaciones de agricultores en diferentes partes del país: de olivareros en Jaén[170]; de agricultores en Benejama (Alicante)[171] y Valencia[172]; o de cultivadores de melón en San Javier (Murcia)[173].

Este tipo de acciones de protesta también tuvieron repercusión en la cuenca del Duero. El día 30 de junio la COSA de Palencia organizó una manifestación de agricultores que, según la prensa, logró reunir a 15.000 manifestantes, encabezados por los principales dirigentes de los organismos verticales agrarios e importantes personalidades políticas y económicas de la provincia: José Paredes Barrigón, presidente de la COSA; José María Morrondo García, secretario de la COSA y procurador en Cortes; Severiano Hoyos Casen, presidente de la Cámara de Comercio e Industria, etc. Los manifestantes desfilaron por la calle Mayor portando pancartas con lemas

---

[166] "Diez mil agricultores se reúnen hoy en Madrid", *El País*, 3-7-1976.

[167] AHPV, *Gobierno Civil*, Caja 1706, Carp. 3, 10-6-1976.

[168] "Críticas enérgicas a la política agraria de la Administración", *El País*, 4-7-1976.

[169] Ídem.

[170] "Manifestación de los olivareros jienenses", *El País*, 20-8-1976.

[171] "Cinco mil agricultores protestaron en Alicante por la situación del campo", *El Norte de Castilla*, 29-8-1976.

[172] "Cuarenta y cinco mil agricultores protestan por la situación del campo valenciano", *El País*, 9-9-1976.

[173] "Se celebró, sin incidentes, la marcha amarilla de los meloneros de San Javier (Murcia)", *El Norte de Castilla*, 8-8-1976.

como: "Justicia para el campo", "No nos marchamos, nos echan", "El Rey prometió justicia", "El precio que no es justo es un insulto", "Trigo a 9,50, pan a 40 pesetas", "Cambiamos 100 hectáreas de terreno por panadería"… La marcha terminó frente al edificio del Gobierno Civil, en donde los agricultores entregaron un escrito dirigido al Gobierno central que incluía sus principales peticiones, como impulsar medidas para equiparar las rentas entre sectores, precios agrarios justos, Seguridad Social única…, advirtiendo, además, de "las graves consecuencias que pueden producirse de no ser atendidas las justas peticiones del sector"[174].

Ante el éxito de la protesta de los agricultores palentinos, pocos días más tarde, el 12 de julio, la COSA de Valladolid solicitó permiso para celebrar su propia manifestación bajo el mismo lema, "Justicia para el Campo", y reclamando: "RENTABILIDAD, justa para el campo; SEGURIDAD SOCIAL, justa para el campo; JORNALES justos para los trabajadores del campo"[175].

La manifestación se realizó el 30 de julio y tuvo un seguimiento masivo (la prensa habló de 25.000 manifestantes). También tuvo el apoyo de diversas organizaciones políticas y sociales, como la Unión del Pueblo Español[176], Comisiones Obreras[177] o la Asamblea Provincial de Jóvenes[178]. A la cabeza de la marcha se situó una cosechadora que portaba dos pancartas. En la superior se podía leer: "El campo está con el rey, que el rey esté con el campo". La inferior decía: "Esta máquina costaba en 1956, 70.000 kilos de trigo; en 1966, 100.000 kilos y en 1976, 280.000 kilos". Tras la cosechadora, y del mismo modo que sucedió en Palencia, la manifestación estuvo encabezada los principales cargos agrarios, políticos y económicos de la provincia: "don Fernando Velasco, presidente de la Diputación; don Pedro García del Pozo, presidente de la Cámara de la Propiedad Urbana; don Ciriaco Vázquez de Prada, presidente de la Cámara Oficial Sindical Agraria de Valladolid; don Anselmo de la Iglesia, consejero nacional; don Dionisio Martín Sanz, consejero nacional; don Adolfo Sánchez [García], procurador en Cortes; y el presidente de la Unión de Empresarios [Mariano Vázquez de Prada]". Detrás de ellos marcharon los manifestantes agrupados por comarcas y pueblos portando algunas pancartas "en las que se pedía precios justos, justicia para el campo, seguridad social para sus trabajadores y otras [peticiones] de similar significado". Junto a demandas específicamente económicas, se plantearon otras que pedían reformas democratizadoras: "Abajo el vertical, queremos precios justos" o "Sindicato campesino" (también se oyeron gritos de "Sindicatos libres"). La manifestación partió de la plaza Colón, recorrió la acera de Recoletos,

---

[174] *El Norte de Castilla*, 1-7-1976 y *Diario Regional*, 1-7-1976.

[175] Anuncio de la convocatoria de la manifestación en *El Norte de Castilla*, 25-7-1976. Véase la Imagen 1 de los Anexos.

[176] *El Norte de Castilla*, 25-7-1976.

[177] *El Norte de Castilla*, 27-7-1976.

[178] *El Norte de Castilla*, 30-7-1976.

la calle Santiago, Constitución (entonces, General Mola) y Duque de la Victoria, y desembocó en la plaza de Madrid. Allí, encima de la cosechadora, un agricultor dirigió un discurso a la multitud donde expuso las peticiones que se enviarían al Gobierno:

1. Hacemos patente el abandono en que se encuentra el campo y reclamamos del Gobierno una mayor atención a la grave situación económico-social del mismo, urgiendo la adopción de las medidas adecuadas para resolverlo.

2. Manifestamos nuestra más enérgica protesta por el criterio seguido hasta ahora en la fijación de los precios agrarios. Después de la subida autorizada a otros escalones de la alimentación, con incidencia directa en el consumidor, entendemos los labradores que la única preocupación que se ha mantenido en la Administración es la de disminuir nuestras rentas, traspasándolas a otros sectores a través de los precios. Exigimos que también se atiendan nuestros escandallos y, de acuerdo con ellos, se fijen los precios para la próxima campaña, a nivel provincial o regional.

En definitiva, que nuestros productos tengan un precio justo, que deberá revisarse de forma inmediata ante cualquier aumento de costo de producción.

3. Es inaplazable el que la renta de quienes dedicamos nuestras actividades a explotaciones agropecuarias, tanto empresarios como trabajadores, se equipare a la de los demás sectores.

4. Debe establecerse una Seguridad Social igual para todos los que trabajan.

5. Aplicación inmediata de las medidas aprobadas por el Consejo de ministros para paliar la situación catastrófica en los cultivos de secano. Para su debida eficacia es imprescindible se apliquen durante el mes de septiembre.

Resultando insuficientes para la supervivencia de las explotaciones más afectadas, es indispensable complementarlas con subvenciones adecuadas.

6. Intervención de los agricultores y ganaderos en las importaciones agrícolas, ganaderas y forestales.

7. Adaptación del medio rural a las condiciones exigibles en la vida actual (vivienda, servicios, sanidad, formación, etc.).

8. El campo siempre ha llevado sus reivindicaciones por el camino de la más rigurosa legalidad, pero se considera obligado a advertir lealmente de las graves consecuencias que pueden producirse de no ser atendidas las justas peticiones del sector.

Aunque durante su desarrollo hubo algunos incidentes entre organizadores y algunos manifestantes por los lemas de unas pancartas, la manifestación se disolvió pacíficamente a partir de la una y cuarto[179].

---

[179] Descripciones de la manifestación en "Impresionante manifestación del campo vallisoletano", *El Norte de Castilla*, 31-7-1976; y "Justicia para nuestro campo", *Diario Regional*, 31-7-1976. Una fotografía de la manifestación en la Imagen 2 de los Anexos.

En definitiva, del mismo modo que ocurrió en Palencia, la manifestación de agricultores que organizó la COSA de Valladolid fue un rotundo éxito, tanto por seguimiento como por repercusión mediática, y permitió mostrar claramente el descontento y frustración que existía entre los agricultores de la provincia.

La otra expresión de protesta que utilizaron los agricultores durante 1976 fue plantear "guerras agrarias" similares a las que se había producido desde 1973. Por ejemplo, a inicios de 1976, en el contexto de la conflictiva primera negociación de precios a la que nos referimos páginas atrás, se produjo una "guerra del maíz" que tuvo especial incidencia en Aragón, durante la cual se organizó una nueva tractorada[180]. La protesta de los agricultores aragoneses obtuvo el apoyo público de numerosas COSAs del país[181], como la de Valladolid que, en una reunión celebrada a inicios de febrero, acordó: "Mostrar su solidaridad con las justas reclamaciones de los agricultores aragoneses afectados por el problema del maíz, cursándose telegramas de adhesión al presidente de la Hermandad Nacional y al de la COSA de Zaragoza"[182].

Al calor de estas nuevas "guerras agrarias", y siguiendo el ejemplo de la *Unió de Pagesos* de Cataluña, a lo largo de 1976 se gestaron y crearon nuevas organizaciones de agricultores disidentes bajo el nombre de UAGAs (o Uniones de Campesinos), como fue la Unión de Agricultores y Ganaderos de Aragón, creada durante la propia "guerra del maíz" de inicios de 1976[183].

2.2. La creación de nuevas asociaciones agrarias al margen del sindicalismo vertical

Tras el encuentro campesino que se celebró en Tudela de Duero en noviembre de 1975, estas UAGAs y otros grupos de agricultores contestatarios, principalmente Comisiones Campesinas de distintas partes del país, continuaron organizando nuevas reuniones a lo largo de 1976 (en enero en El Escorial, en marzo en Toledo), impulsando la coordinación de todos los grupos y organizaciones de agricultores disidentes que estaban surgiendo en España. Finalmente, en el IV Encuentro de Organizaciones Campesinas, celebrado en Madrid el 14 noviembre de 1976, los asistentes acordaron promover la creación de una coordinadora de organizaciones campesinas. Este acuerdo se materializó un mes más tarde, el 12 de diciembre, cuando los representantes de 23 organizaciones de agricultores se volvieron a reunir en Madrid y

---

[180] SABIO ALCUTÉN, *Labrar democracia…*, pp. 28-39.

[181] *El Norte de Castilla*, 27-1-1976.

[182] *El Norte de Castilla*, 4-2-1976.

[183] SABIO ALCUTÉN, *Labrar democracia…*, pp. 28-39.

constituyeron la Coordinadora de Organizaciones de Agricultores y Ganaderos del Estado Español (COAG)[184].

Según el acta fundacional, en esta reunión participaron representantes de las siguientes organizaciones: Unión de Agricultores y Ganaderos de Segovia, Comisións Campesiñas Galegas, Unió de Pagesos de Catalunya, Unión de Agricultores y Ganaderos de Aragón, Unión de Agricultores y Ganaderos de Sevilla, Unión de Campesinos de Asturias, Unión de Agricultores y Ganaderos de la Alta Extremadura, Unión de Campesinos de La Mancha, Unión de Agricultores y Ganaderos de la Rioja, Unión de Agricultores y Ganaderos de Navarra, Unión de Agricultores y Ganaderos de Cuenca, Unión de Agricultores y Ganaderos de Ciudad Real, Promotora de la Unión de Ganaderos Montañeses (de Santander), Unió de Llauradors y Ramaders del País Valencià, Unión de Agricultores y Ganaderos de la Región Murciana, Unión de Campesinos de Zamora, Movimiento Campesino [de Base] de Valladolid, Comisiones Campesinas de Jaén, Comisiones Campesinas de Castilla y León, Unión de Agricultores y Ganaderos de Albacete, Asamblea de Campesinos Extremeños, Comisiones de Jornaleros de Andalucía, Comisiones Obreras del Campo de Andalucía. Asimismo, aunque no asistieron, también estaban invitados representantes de la Unión de Agricultores y Ganaderos de Toledo, las Comisiones Campesinas de Córdoba y las Comisiones Campesinas de Granada[185].

Por lo que a nosotros respecta, vemos cómo dos de las organizaciones que fundaron la COAG fueron el Movimiento Campesino de Base (MCB) de Valladolid y las Comisiones Campesinas (CC.CC.) de Castilla y León. Ambas organizaciones surgieron a finales de 1975 e inicios de 1976 en la provincia de Valladolid a raíz de la actividad de personas que, como ya vimos, venían trabajando en el agro provincial durante el tardofranquismo de la mano de partidos de izquierda (PCE, PTE) y grupos progresistas de la Iglesia católica (articulados en torno a los CFR).

El MCB se creó a finales de 1975 en una reunión celebrada en el Instituto Rural El Pino de Valladolid por agricultores de las comarcas occidentales de la provincia (Tierra de Campos y Montes Torozos) y del entorno rural inmediato de la capital provincial. En esta organización confluyeron, por intermediación de Cristino González Velasco, un diverso grupo de agricultores entre los que había algunos ligados a movimientos apostólicos de base (José Antonio Arias), pero también otros no católicos y vinculados con partidos de izquierda (Maxi Rodríguez)[186]. Las CC.CC., por su parte, se crearon en mayo de 1976 por agricultores de las comarcas orientales de la

184 MOYANO ESTRADA, *Corporatismo y Agricultura...*, pp. 199-202.

185 Copia del documento en FALCES YOLDI, José I., *Haciendo Unión, 1976-2004*, Valladolid, COAG-UCCL, 2006, p. 42.

186 Entrevista a José Antonio Arias García y Rafael Martín Fernández de Velasco, en FALCES YOLDI, *Haciendo Unión...*, p. 63. También en SERRANO BLANCO, *Aportaciones de la Iglesia...*, pp. 268-269.

provincia (Peñafiel y Valle del Esgueva) bajo la órbita de militantes del PTE (Fernando Moráis y José Antonio Rodrigo)[187].

Ambas organizaciones se gestaron en reuniones y asambleas semiclandestinas que, como señalan los propios protagonistas, se celebraban en la capital o pueblos de la provincia durante los últimos años y meses de la dictadura.

César de la Fuente, por ejemplo, nos refirió como las primeras reuniones que dieron el paso a la conformación de CC.CC. se celebraron:

> … en Valdearcos en la casa de Rafa. Y en Peñafiel en la trasera de… Pero era por las noches y totalmente clandestino. Teníamos que andar… nunca nos detuvieron. Y en Valladolid, en el piso de Pedro de Dios, que era ahí donde estaba el periódico *Libertad*… […] Y luego, en otra casa, en frente de San Benito. Ahí en la calle, esa de San Benito, por ahí también. Que no me acuerdo de quién era ese piso, pero… Las reuniones de Comisiones eran todas clandestinas y de noche… porque de día teníamos que trabajar, porque no éramos económicamente independientes[188].

Honorino Fernández, por su parte, también rememora algunas de esas reuniones donde se gestó la formación de CC.CC. y las precauciones que tomaban para evitar ser descubiertos por las fuerzas de orden público:

> Las primeras reuniones, pues mira, las hicimos… pues ya las organizaba yo y me ayudaba un chico de aquí que, por cierto, no era agricultor, tenía una tienda de ferretería y demás, pero éramos muy amigos […] y me ayudó mucho él, e iba conmigo a los sitios. Y una de las primeras reuniones que hicimos fue en el pinar, aquí, en la carretera de la Torre [de Peñafiel], en un pinar. Y luego las hacíamos en una nave que tenía en el pueblo, donde tengo la agricultura, porque yo la agricultura la tengo en Roturas […] Bueno pues ahí hacíamos las reuniones. Y luego después, en Valladolid, pues yo recuerdo que, efectivamente, algunos agricultores, pero era más gente del partido, te estoy hablando antes de la fusión como Unión de Campesinos […] nos reuníamos en alguna habitación, en Valladolid, en un piso, y a oscuras, para no conocernos nadie, claro, porque entonces te la jugabas. Y, por ejemplo, otro detalle era pues eran los teléfonos. Los teléfonos que teníamos apuntados, les teníamos o sumados o restados con un número determinado del DNI o de otro teléfono tuyo o tal, pero nunca llevábamos el teléfono auténtico. Y bueno, pues así se estuvo funcionando y luego después ya sí, aquí se enganchó bastante gente, quiero decir que a lo mejor en la… nos reuníamos 30 o 40 personas, e incluso más algunas veces…[189]

---

[187] "Constituidas desde mayo las Comisiones Campesinas de Valladolid", *El Norte de Castilla*, 20-6-1976.

[188] Entrevista a César de la Fuente, Villaco, 18-6-2020.

[189] Entrevista a Honorino Fernández, Peñafiel, 22-7-2019.

El MCB, por su parte, se gestó en reuniones y asambleas celebradas en los CFR o en el Instituto Rural El Pino, bajo la apariencia de reuniones de padres de alumnos; y también en algunas iglesias de Valladolid (San Ildefonso, San Andrés) o bares de confianza. En ellas, los asistentes también tomaban medidas de precaución para evitar el acoso policial: "siempre nos citábamos antes en otro lugar para evitar chivatazos y desde allí acudíamos al lugar elegido…"[190].

A través de la documentación del AHPV tenemos conocimiento detallado de una de las reuniones clandestinas organizada por el MCB en el bar La Torre de Medina de Rioseco en mayo de 1976, en la que participaron cuarenta y tres agricultores de numerosos pueblos de Tierra de Campos y Montes Torozos, entre ellos, Maxi Rodríguez y Ángel Fernández. La reunión, convocada para tratar asuntos agrarios (precios) y organizativos, terminó siendo disuelta por la guardia civil por carecer del correspondiente permiso. En los papeles incautados por los guardias podemos leer, entre otros asuntos, las motivaciones que llevaron a la conformación del MCB:

> El marco legal en que nos tenemos que mover está desprestigiado, pero ello no merma nuestro deseo de "estar en él", mas sí, como ya se apunta, los representantes que hoy tenemos cierran sus oídos o intentan boicotear, enturbiándolas nuestras acciones y nuestras críticas, que son las de la base, siempre queda el remedio de crear nuevos marcos donde movernos, separándonos de lo que hoy existe.
>
> No admitiremos nunca una determinada dirección ideológica. El campo tiene unos problemas específicos que han de resolver los campesinos y para esto no son colores de camisas o de emblemas los que necesitamos. Se nos han proporcionado siempre, aun sin pedirlas, cantidad elevada de eslóganes y muchas palabras triunfalistas y altisonantes, destinadas a embaucarnos, pero nuestros problemas campesinos no sólo están sin resolver, sino que aumentan cada día. El camino que hemos de seguir lo hemos aprendido a fuerza de trabajos físicos y privaciones de todas clases. Las promesas que se nos hicieron y se sigue haciéndonos nunca cristalizan en cosas buenas para nosotros. Por todo ello, el Movimiento Campesino [de Base] que se está poniendo en marcha hace declaración expresa de su apoliticismo sin excluir estar siempre junto a aquellos que mejor le comprendan y más le ayuden…[191]

Tras su creación, estas nuevas organizaciones iniciaron una destacada actividad, especialmente mediante la publicación de manifiestos con los que buscaban darse a conocer y plantear sus reivindicaciones ante la opinión pública.

Por ejemplo, en mayo de 1976, el MCB lanzó el *Manifiesto de la Cebada* que fue parcialmente publicado en *El Norte de Castilla*. El documento estaba firmado por

---

[190] Entrevista a José Antonio Arias García y Rafael Martín Fernández de Velasco, en FALCES YOLDI, *Haciendo Unión…*, pp. 62-65.
[191] AHPV, *Gobierno Civil*, Caja 1706, Carp. 1, 1-6-1976.

2.400 agricultores encabezados por una comisión[192] que pedían, principalmente: "tener la seguridad de que la cebada que hay en nuestro poder será recogida por el SENPA [Servicio Nacional de Productos Agrarios] antes del 31 de mayo, para que los que quieran y puedan alcancen todos los beneficios que el almacenamiento reporta". A preguntas del redactor de *El Norte de Castilla*, la comisión aludida señaló los orígenes y motivos que llevaron a la redacción del manifiesto:

> Conscientes de la pobreza a que hemos sido llevados y de que el aparato creado para nuestra defensa es inoperante, un grupo de campesinos promovió unas reuniones minoritarias de las que salió un escrito sobre la cebada que fue plenamente admitido en una reunión celebrada con posterioridad. Del escrito-estudio se hizo un resumen sobre el que se acordó recoger firmas en los pueblos para luego presentar una fotocopia de las mismas al presidente de la COSA y enviar el original al Ministerio de Agricultura[193].

Sin embargo, el manifiesto no fue bien recibido por los representantes del sindicalismo vertical agrario de la provincia que, como la propia comisión señalaba, "nos acusaron de subversivos"[194].

Por su parte, el grupo de agricultores aglutinado en torno al PTE que terminó conformando CC.CC., también publicó varios manifiestos durante la primera mitad de 1976. Ya en marzo, en el contexto de la negociación y establecimiento de los precios agrarios, el Comité Provincial del PTE repartió por diversas localidades de la provincia unos pasquines donde manifestaba su protesta por los precios decretados por el Gobierno: "Millones de agricultores de toda España estamos ante nuestro CONVENIO COLECTIVO que no acabará hasta que consigamos los precios mínimos y garantizados con los que cubrir costos para todas las producciones". En este mismo documento, el Comité Provincial del PTE también denunciaba la falta de representatividad de los organismos del sindicalismo vertical agrario y hacía un llamamiento a los agricultores para iniciar una protesta colectiva:

> … o seguimos como hasta hoy, perdiendo dinero […] o hacemos lo que está bien claro: SACAR LOS TRACTORES A LAS CARRETERAS y en esas condiciones de fuerza, negociar y conquistar los precios de producción mínimos, garantizados y rentables […]

---

[192] Integrada por: José María Salgado Rodríguez (de Barruelo del Valle); Andrés Calvo Valencia (de Cuenca de Campos); Aderito Pérez Calvo (de Cuenca de Campos); Jesús Yuste González (de Castrillo de Duero); Julián Herrero Alonso (de San Rafael de la Santa Espina); Manuel Pérez Marbán (de Tiedra); Antonio Aguado Aguado (de Valdearcos); Maximiano Rodríguez López (de Castromonte); Quirino Rojo Barrios (de La Parrilla-Tudela de Duero); José María Mucientes Martín (de Montealegre); e Hilario López Carretero (de Peñafiel).

[193] *El Norte de Castilla*, 7-5-1976.

[194] Ídem.

¿Cuál es el camino del éxito? Los compañeros maños nos lo han enseñado. Los agricultores de esta provincia junto con los castellanos y con los del resto de España debemos hacer lo mismo […] ¡TODOS A LA LUCHA POR NUESTRO CONVENIO! [...] ¡LOS TRACTORES A LA CARRETERA POR LA CONQUISTA DE PRECIOS MÍNIMOS GARANTIZADOS Y RENTABLES![195].

En esas mismas fechas, el Comité Provincial del PTE envió a diversos presidentes de hermandades de labradores de la provincia ejemplares del nº 34 de su periódico, *El Correo del Pueblo*[196], que trataba exclusivamente los problemas del campo español, y específicamente el asunto de los precios agrarios, y en donde, como apuntamos, el PTE planteó la negociación de precios como el "convenio colectivo del campo"[197].

Poco más tarde, en junio de 1976, este grupo de agricultores vinculados al PTE lanzó el manifiesto fundacional de las nuevas CC.CC. de Valladolid:

… los campesinos vallisoletanos estamos siendo víctimas de los intereses económicos de unos pocos monopolistas que dominan la banca, la industria transformadora, las redes de comercialización y el abastecimiento […]. Los monopolios imponen a todos los campesinos precios de ruina mientras nos cobran precios de escándalo por las materias primas y bienes de producción que les compramos[198].

En este mismo escrito, CC.CC. planteó demandas democratizadoras, denunciando "la nula representatividad de las Hermandades Nacionales y de las Cámaras Agrarias", y reclamando "la necesidad de unos cauces democráticos en los que estas situaciones encuentren auténticas vías de solución"[199].

En el propio mes de junio, CC.CC. de Valladolid hizo público un segundo documento que trataba los problemas generados en el campo por la sequía que vivía el país. En el mismo responsabilizaba al Gobierno de la situación: "las calamidades naturales que afectan a nuestro sector se vienen produciendo desde hace siglos, pero lo que denunciamos es que los gobernantes de nuestro país, ni las prevén, ni corrigen sus efectos, ni ponen bases para que no vuelva a producirse". Como solución, el documento reclamaba "acometer los grandes planes de regadío" e impulsar "un Seguro

---

[195] AHPV, *Gobierno Civil*, Caja 1706, Carp. 1, 23-3-1976. Véase la transcripción completa en el Texto 4 de los Anexos. Suponemos que estos pasquines son los mismos que, según *Diario Regional* (27-3-1976), se repartieron por Medina del Campo.

[196] AHPV, *Gobierno Civil*, Caja 1706, Carp. 1, 2-4-1976.

[197] *El Correo del Pueblo*, 16-3-1976.

[198] Extractos del manifiesto en: *El Norte de Castilla*, 20-6-1977 y *Diario Regional*, 25-6-1977. También en FALCES YOLDI, *Haciendo Unión…*, pp. 35-37.

[199] Ídem.

Nacional de Cosechas y Ganados que previese esas catástrofes naturales, ya que el seguro del SENPA, sólo cubre riesgos de incendio y pedrisco"[200].

Con todo, la actuación más importante de CC.CC. durante estas fechas fue su participación en la manifestación de agricultores que, como hemos visto un poco más arriba, convocó la COSA vallisoletana para el 30 de julio de 1976. En efecto, a pesar de ser convocada por el máximo órgano provincial del sindicalismo vertical agrario, CC.CC. apoyó públicamente la acción de protesta y animó a "acudir todos a este acto" considerando que la manifestación representaba "una oportunidad para que todos los campesinos hagamos unánime nuestra protesta por la situación desastrosa a la que nos han llevado los monopolios apoyados en una política agraria que defiende únicamente los intereses de éstos"[201].

Es más, según César de la Fuente, él y otros miembros de CC.CC. consiguieron infiltrarse en las asambleas y reuniones que convocó la COSA para preparar y organizar la manifestación, en las cuales plantearon la necesidad de que la protesta tuviera un claro carácter reivindicativo:

> … a la manifestación esa íbamos un primo mío, de Amusquillo, y yo, y el otro no me acuerdo… íbamos tres. Y [decían]: "los chavales, qué bien, qué cabeza tienen, qué bien piensan. Todo bien, todo bien". […] La declaración de la asamblea en principio iba a ser reivindicativa. Y queríamos que fuese, porque luego nos quitaron las pancartas. […] Fue la Cámara la que lo organizó todo. Y ya te digo, que nosotros estuvimos participando en la organización, pero cuando llegó la hora de la verdad nos mandaron a… […] Me convocaban a mí. Mi primo, que era 6 años menor que yo, era estudiante, estaba en la universidad o estaba en el colegio todavía, y me convocaban a mí y… ¡si iba todo bien!… daba gloria. Estábamos acojonados de lo bien que iba. Cuando veníamos para casa decíamos: "joder, ¿será verdad? ¿Va a ser verdad esto?". Y claro que no. Luego ya el último día a la hora de la verdad, pues nosotros íbamos a llevar un montón de pancartas y cosas y dijeron que ni hablar[202].

Según la prensa, en la manifestación participaron alrededor de 1.000 miembros de CC.CC. procedentes de Valladolid y Segovia, los cuales portaron pancartas "solicitando sindicatos libres". Estos lemas no fueron bien vistos por los organizadores, porque consideraban que contradecían el talante apolítico de la protesta, lo que originó los incidentes que mencionamos páginas atrás[203]. Así lo recuerda Félix Sacristán, por entonces vinculado a CC.CC., quien estuvo implicado en uno de esos enfrentamientos:

---

[200] Ídem.

[201] "Las Comisiones Campesinas a favor de la manifestación", *Diario Regional*, 23-7-1976.

[202] Entrevista a César de la Fuente, Villaco, 18-6-2020.

[203] *El Norte de Castilla*, 31-7-1976.

… la manifestación esa del 76… esa manifestación la convocó la Cámara Agraria de Valladolid […]. Ellos la convocaron, y nosotros nos metimos con una pancarta de Comisiones Campesinas, y se montó un pollo de la hostia, porque vino la policía… […] pedíamos libertad, sindicatos, libertad, y todo el asunto que entonces se estaba pidiendo […]. Libertad para sindicatos agrarios y toda esa historia, que también entonces ya empezaba […]. Lo que sí que surgió un altercado que estuve yo en él. Hubo dos. Al principio, cuando íbamos a manifestarnos, pues no nos querían dejar. Y había un señor que estaba calvo y se puso un poco valiente delante de mí y yo oye, en ese momento, con 28 años, le casqué un palo en la cabeza, y fue darle en la cabeza y le salió un chorro de sangre enorme. […] Y luego al llegar, en la acera de Recoletos, al número 5 o el 7, entró la policía y nos quería requisar pues la pancarta. Nosotros, tiesos, nos queríamos mantener y la policía sacó los palos, las vergas, y nos cascó unos palos de tres pares de cojones. Que llegué con el hombro negro desde la espalda hasta el pipe[204].

Pocos días más tarde de celebrarse la manifestación, CC.CC. lanzó un nuevo manifiesto denunciando la actitud de la COSA en la preparación y desarrollo de la protesta, acusándola de coartar la libertad de expresión de los campesinos:

Toda actividad del Comité Ejecutivo de la Cámara Oficial Sindical Agraria durante la preparación de la manifestación del día 30, ha sido encaminada a coartar la libre expresión de los campesinos en dicha manifestación porque, a pesar de lo que ha querido aparentar la COSA que podíamos manifestarnos de forma libre y autorizada, no ha sido así. La COSA se volvió contra los acuerdos de la comisión organizadora de la manifestación, que se había pronunciado por la libre actuación de las comarcas. […] La COSA recurrió a la fuerza pública y utilizó sus piquetes contra los campesinos, rompiendo y eliminando algunas pancartas de varias comarcas. Algunos agricultores fueron agredidos. Este comportamiento muestra, una vez más, cómo entienden los dirigentes de los sindicatos actuales la libertad de manifestación y la participación de todos en la solución de los problemas del campo[205].

Con todo, a lo largo de ese año el panorama asociativo del agro vallisoletano no sólo se removió como consecuencia de la aparición pública de organizaciones de agricultores "subversivos", como los denominó la COSA, sino que también por la creación de asociaciones de agricultores por parte de sectores agrarios conservadores que se querían desmarcar del verticalismo.

Por ejemplo, en marzo de 1976, se planteó la creación de una Asociación Libre de Jóvenes Agricultores, con el objetivo de integrar:

---

[204] Entrevista a Félix Sacristán, Cogeces del Monte, 3-7-2019.
[205] *El Norte de Castilla*, 5-8-1976.

… a todos aquellos jóvenes de uno y otro sexo que, trabajando en la agricultura, ganadería o labores domésticas en los pueblos, sientan inquietudes y estén dispuestos a contribuir al logro de unas comunidades rurales más abiertas, aumentando su nivel cultural y promocionando la participación de la Juventud en la ordenación de la vida comunitaria […] [y] hacer oír su voz y contribuir a la resolución de sus problemas[206].

Al mes siguiente, en abril de 1976, se presentó la Asociación Regional Agraria (ARA), una organización de ámbito nacional creada por iniciativa de altos técnicos agrarios con el objetivo de integrar "a todos los agricultores profesionales, demócratas, independientes y moderados"[207]. Su principal líder fue Alberto Ballarín Marcial, profesor universitario de derecho agrario que trabajó en Madrid y Zaragoza y, posteriormente, senador por la UCD entre 1977 y 1982[208].

ARA tuvo cierto eco en Valladolid de la mano de personajes como Antonio D. Soldevilla o Federico Muñoz Durán. Antonio D. Soldevilla, también profesor de derecho agrario, fue, como ya vimos, asiduo colaborador en la sección *Campo* de *El Norte de Castilla*, donde se mostró públicamente partidario de modificar la estructura sindical agraria del país, puesto que, aunque reconocía "la labor que las Cámaras Agrícolas españolas han hecho por la defensa de la agricultura española", no obviaba que "como Organismo Oficial, siempre ha estado coartada por la más poderosa Voz Ministerial". Frente al verticalismo proponía un modelo de estructura sindical similar al que existía en otros países de Europa Occidental, basada en "organizaciones profesionales agrarias que defienden a los empresarios y que cuentan en los parlamentos con representantes elegidos en la base que llevan la voz de cada región y sus propios problemas agrícolas"[209].

Federico Muñoz Durán, por su parte, era ingeniero agrónomo. Durante los años sesenta y setenta, trabajó como gerente del Plan de Tierra de Campos, fue director general de Colonización y Ordenación Rural y director general del IRYDA[210]. Posteriormente se convirtió en el principal promotor de ARA en Castilla y León y, como tal, encabezó una gira por diversas ciudades y pueblos de la región para dar a conocer la nueva asociación, entre cuyos fundamentos destacaban esencialmente dos: "el

---

[206] *El Norte de Castilla*, 23-3-1976. No tenemos certeza de que esta organización estuviera vinculada con el movimiento Jóvenes Agricultores pero, según Eusebio Orrasco, promotor de Jóvenes Agricultores en Valladolid, muy probablemente hubiera alguna relación entre ambas siglas (Entrevista a Eusebio Orrasco, Valladolid, 23-6-2020).

[207] LÓPEZ SÁNCHEZ-CANTALEJO, "Panorama sindical…", p. 865.

[208] Breve reseña biográfica sobre Alberto Ballarín Marcial en: https://bit.ly/32GW2nG (consultada el 27-10-2021).

[209] SOLDEVILLA, Antonio D., "Necesidad de una Asociación Regionalista Agraria", *El Norte de Castilla*, 6-6-1976.

[210] *El Norte de Castilla*, 6-6-1976.

repudio de la colectivización marxista; [...] [y] la consecución de una más alta cota económica y social para el campo"[211].

En ese mismo año 1976 también se empezó a conformar en Valladolid un grupo vinculado al movimiento Jóvenes Agricultores de la mano de Eusebio Orrasco García. Según su propio testimonio, contactó con el movimiento por intermediación del presidente de la COSA, Ciriaco Vázquez de Prada, que le telefoneó para que asistiera a una reunión que se iba a celebrar en Madrid con Felipe González de Canales y José María Giralt, entre otros, en la que se empezó a plantear la posibilidad de transformar el movimiento en un sindicato[212]. A partir de entonces, el propio Eusebio Orrasco, con unos pocos colaboradores, llevó a cabo una campaña con el objetivo de crear una sección provincial de Jóvenes Agricultores, como "una asociación de carácter voluntario, estrictamente profesional y reivindicativo que persigue la promoción y defensa de los intereses de los jóvenes empresarios agrícolas"[213]. A pesar de los esfuerzos, la documentación manejada muestra que durante nuestro período de estudio Jóvenes Agricultores tuvo una actividad muy limitada en Valladolid de tal modo que, como reconoce el propio Eusebio Orrasco, en sus principios no se registró como asociación porque el movimiento sólo lo conformaban él y pocos más, no llegándose a constituir legalmente como OPA hasta febrero de 1981[214].

En definitiva, como vemos, tras la muerte del dictador, los agricultores de la provincia de Valladolid impulsaron durante toda la primera mitad de 1976 una incipiente movilización al margen del sindicalismo vertical . Esta movilización implicó tanto a sectores agrarios progresistas, que crearon nuevas organizaciones como MCB o CC.CC., como a sectores conservadores de carácter reformista, como muestra la aparición de asociaciones como ARA o Jóvenes Agricultores. Sin duda, esta efervescencia asociativa es buena muestra de que algo se estaba moviendo en los círculos agrarios vallisoletanos para superar la estructura sindical agraria creada por el régimen franquista.

2.3. Conflictos agrarios en la segunda mitad del año 1976

Tras la exitosa manifestación de agricultores de julio, y a lo largo de la segunda mitad de 1976, tanto los organismos del sindicalismo vertical agrario de Valladolid, como las nuevas asociaciones y organizaciones agrarias que se crearon en la provincia al margen de ellos, siguieron planteando públicamente diversas reivindicaciones,

---

[211] "ARA y la mejora del medio rural", *El Norte de Castilla*, 8-6-1976.

[212] Entrevista a Eusebio Orrasco, Valladolid, 23-6-2020.

[213] *Diario Regional*, 23-6-1977.

[214] ORRASCO GARCÍA, Eusebio, *Historia de ASAJA Valladolid*, Valladolid, Eusebio Orrasco, 2021, pp. 15-23.

esencialmente mejores precios y/o condiciones de comercialización de diversos productos agrarios.

Primero fue el trigo. A mediados del mes de agosto, las COSAs de la cuenca del Duero intentaron revitalizar el descontento creado en el mes de mayo en el agro regional por el agravio comparativo que, como vimos, produjo el decreto gubernamental que fijó el precio del pan. Para ello, en una reunión celebrada en Soria, los representantes de las COSAs de la región propusieron realizar un plante en la entrega de trigo:

> Ante el trato injusto dado por la Administración en la fijación del precio del trigo y no aceptando los agricultores la nueva clasificación de los tipos de cultivo más frecuentes en la región, se recomienda el aplazamiento en la entrega del cereal [...] [hasta que] se fijen unos precios justos[215].

Aunque esta propuesta no tuvo un seguimiento destacado en Valladolid, sí fue secundado por agricultores de otros puntos de la región, como Madrigal de las Altas Torres (Ávila)[216] o Aranda de Duero (Burgos), donde los representantes de las hermandades manifestaron públicamente su "indignación por tener que entregar cuatro kilos de trigo para comprar un kilo de pan"[217].

En la propia reunión de Soria, los representantes de las COSAs también "acordaron solidarizarse con las manifestaciones celebradas por los agricultores en Palencia y Valladolid" y amenazaron con "realizar manifestaciones conjuntas y simultáneas en todas las provincias de la cuenca del Duero si no se atienden las justas reivindicaciones en paridad con los demás sectores"[218].

Tras el trigo siguió la patata. Ya a finales de julio, agricultores de Navarra suspendieron la recogida de patata ante los bajos precios del producto[219]. El eco del problema se dejó sentir en Valladolid el 10 de agosto, cuando la Agrupación de Cultivadores de Patata de la COSA de esta provincia acordó: "Aconsejar a todos los cultivadores que no efectúen venta de patatas a precios inferiores a las ocho pesetas kilo"[220]. Esta decisión fue ratificada poco después por los máximos dirigentes de la propia COSA[221] y apoyada por agricultores de Tordesillas y su comarca[222]. Días más tarde, el problema se proyectó a escala regional cuando, en una reunión de

---

[215] *El Norte de Castilla*, 18-8-1976.

[216] "CORREO ESPONTÁNEO. Siempre el problema del trigo", *El Norte de Castilla*, 5-9-1976.

[217] *El Norte de Castilla*, 14-10-1976.

[218] "Se recomienda a los agricultores que aplacen la entrega del trigo", *El Norte de Castilla*, 18-8-1976.

[219] *El Norte de Castilla*, 25-7-1976.

[220] *El Norte de Castilla*, 10-8-1976.

[221] *El Norte de Castilla*, 17-8-1976.

[222] *El Norte de Castilla*, 20-8-1976.

cultivadores celebrada en Burgos, "se adoptó el acuerdo de que el precio de venta de la patata de consumo […] será de 7,70 pesetas kilo"[223].

En el otoño le tocó el turno a la remolacha. A finales de octubre, agricultores de Zamora y Salamanca iniciaron una *huelga* de entrega de remolacha a las azucareras por su "disconformidad con los precios que les abonan"[224]. Este conflicto tuvo un notable seguimiento mediático y al calor del mismo se creó la primera UAGA en Castilla y León: la Unión de Campesinos Zamoranos[225]. El conflicto también tuvo cierta repercusión en otras provincias castellanas, como Burgos[226], y españolas, como Granada[227].

El problema de la remolacha también preocupó a los agricultores de diversos puntos de la provincia de Valladolid[228], como Villabrágima, donde los agricultores estaban "disgustados por el elevado tanto por ciento de descuento, como también por ese rendimiento de baja riqueza"[229]. A pesar de todo, en la provincia la *huelga* de entrega de remolacha sólo fue secundada por agricultores de San Román de Hornija, quienes entregaban la remolacha en la azucarera de Toro. Según los informes, el motivo de su protesta era que "ésta [fábrica] ha abonado varios remolques de remolacha al 14% de riqueza, mientras que a otros e incluso a remolacha de la misma finca le han dado el 11%, lo que ha originado el malestar entre los labradores"[230].

Con todo, más allá del planteamiento de conflictos y reivindicaciones para demandar mejores precios y/o condiciones de comercialización de diversos productos agrarios, los cuales venían sucediéndose desde los primeros años setenta hasta los primeros meses de 1976, cabe destacar que durante la segunda mitad de este último año se multiplicaron las voces en el agro provincial que no sólo criticaban la falta de legitimidad representativa del sindicalismo vertical agrario, sino que también reclamaron abiertamente la democratización de los órganos de representación de los agricultores y el establecimiento de la libertad sindical.

Así, en agosto de 1976, en un artículo de opinión publicado en *El Norte de Castilla* se decía:

> ¿Qué han hecho la COSA y la Hermandad Nacional ante semejante expolio? Quizás alguna alusión en sus rituales escritos. Pero hacer, lo que se dice hacer, dar cauce a la ira

---

[223] *El Norte de Castilla*, 22-8-1976.

[224] Sobre el conflicto remolachero: *El País*, 31-10-1976, 2-11-1976, 5-11-1976, 6-11-1976, 7-11-1976, 13-11-1976 y 14-11-1976; *El Norte de Castilla*, 22-10-1976, 23-10-1976, 27-10-1976, 28-10-1976 y 10-11-1976

[225] *El Norte de Castilla*, 16-11-1976.

[226] *El Norte de Castilla*, 2-11-1976.

[227] *El País*, 4-11-1976.

[228] *El Norte de Castilla*, 27-10-1976.

[229] *El Norte de Castilla*, 18-11-1976.

[230] AHPV, *Gobierno Civil*, Caja 1706, Carp. 3, 16-10-1976 y 2-11-1976.

profunda de los hombres del campo, o dar con los propios huesos en la cárcel, de eso nada. Lo primero, lo fundamental, lo sagrado era conservar el tibio calor de los sillones pegadito a las nobles posaderas. Pero, dimisiones por no estar de acuerdo..., de eso nada.

Y ahora vienen diciendo que representan. ¿Qué representan? Lo que están haciendo es volver a apuntalarse sobre unos agricultores hartos de sequía –sequía de agua, de dinero, de justicia–, haciéndoles ir a manifestaciones masivas[231].

Por esas mismas fechas se publicaron en la prensa nuevas quejas por la falta de respeto a la libertad de reunión después de que la guardia civil disolviera una asamblea de agricultores que se celebraba en Remondo (municipio segoviano colindante con Íscar) donde se discutía el asunto de los precios. Uno de los agricultores que acudieron a dicha asamblea envió una carta a la prensa provincial donde denunció "coacciones y amenazas graves, por asistir a tal reunión" y reclamó el derecho de los agricultores a la libertad de reunión:

> Si se habla de reforma política, pluralismo y libertad, no se puede impedir que la gente se reúna a tratar sus problemas, ni acusar a los que asisten a reuniones, como en Remondo. Las declaraciones de concordia y democracia del nuevo Gobierno, si son verdaderas, deben permitir que el agricultor, y cualquier ciudadano, se reúna sin miedo ni impedimentos; que sea posible plantear los problemas del campo sin coacciones (el tratar de ocultarlos sólo agrava las cosas); que, en definitiva, las declaraciones de democracia se correspondan con la realidad[232].

Pocas semanas más tarde, un grupo de 80 agricultores envió otra carta a los periódicos vallisoletanos donde, por un lado, mostraban su solidaridad con el autor de la anterior misiva, y por otro, denunciaban que los asistentes a la reunión de Remondo "sufrieron interrogatorios, coacciones y demás" y que "la fuerza pública intentó encontrar fines políticos inexistentes". Del mismo modo que sucedió con el caso anterior, esta carta terminaba reclamando el derecho de libre reunión para los agricultores:

> Queremos discutir los problemas del campo y la información es absolutamente necesaria, máxime cuando se trata de un sector tan lamentablemente marginado, tanto cultural como socialmente. Los campesinos se han reunido y seguirán reuniéndose oficial o extraoficialmente. Si las autoridades deniegan permisos para hablar (hace algunos días fue suspendido un coloquio en Cuéllar sobre la agricultura y su problemática), se hablará hasta en las plazas, porque lo menos que se puede pedir es que el campo sea tratado como el resto de la sociedad[233].

---

[231] GARCÍA, Juan, "¿Quién representa a los agricultores?", *El Norte de Castilla*, 22-8-1976.

[232] *El Norte de Castilla*, 27-7-1976 y *Diario Regional*, 25-7-1976.

[233] *El Norte de Castilla*, 28-8-1976 y *Diario Regional*, 25-8-1976.

Este descontento por la falta de representatividad de las Hermandades de Labradores y Ganaderos también se manifestó en declaraciones particulares, como muestran los coloquios que organizó el *Diario Regional* con agricultores de diversos pueblos de la provincia. En Cogeces del Monte, por ejemplo, un agricultor dijo: "Estamos ya cansados de que se nos traicione. De que quien parecía que defendía nuestros intereses a la hora de la verdad sólo ha demostrado defender los suyos"[234]. Y en Peñafiel, por su parte, los agricultores entrevistados manifestaron:

> –¿Para qué sirve la Hermandad de Labradores y Ganaderos? ¿Para qué sirve la COSA? Nos hacen creer que sirven para algo, pero a mi juicio, para nada. […]
>
> –En teoría la Hermandad debería ser para nuestra defensa, la del labrador y el ganadero. Pero la verdad es que, aunque quisiera, no tiene autoridad para hacer nada. Eso, además de que el presidente de la Hermandad debería ser un labrador auténtico, de los que más tuvieran que perder, y de esa forma aportaría más y haría más por los humildes. […]
>
> –Yo pienso que la pega que tenemos es que los organismos del agricultor nos los han impuesto, no los hemos puesto nosotros. Tanto la Hermandad de Labradores como el FORPPA, como todos, nos los han impuesto. Nosotros no hemos mandado nada. Llevamos cuarenta años y el agricultor no ha tenido ni una opción, ninguna libertad. Nos han dicho: "Oye, que hay que votar por el presidente de la Hermandad"; "¿Y quién va a ser…?"; "Pues va a ser fulano"; "¡Bueno, pues fulano!". Y así el presidente de la Hermandad es siempre el mismo, cuando no lo eligen desde Valladolid[235].

Las quejas por la falta de legitimidad representativa de los organismos del sindicalismo vertical agrario y las reivindicaciones que pedían la democratización de la estructura sindical en el campo fueron inmediatamente recogidas por las organizaciones agrarias que, de un modo u otro, se habían organizado en la provincia al margen del sindicalismo vertical durante los primeros meses de 1976, tanto desde ámbitos conservadores de carácter reformista, como sectores vinculados a la oposición antifranquista.

Por ejemplo, desde los primeros, Adolfo Sánchez García, procurador en Cortes y presidente del SR, que ya vimos que planteó algunas críticas al régimen durante la primera mitad de los setenta, reclamó en julio de 1976 a través de las páginas de *El Norte de Castilla* una reforma sindical que permitiera la creación de sindicatos horizontales, libres e independientes en el campo:

> Esperamos una "Reforma Sindical" que reconozca una "libertad de asociación" –tanto para los trabajadores como para los empresarios–; que establezca unos auténticos

---

[234] "«Estamos ya cansados de que nos traicionen»", *Diario Regional*, 13-11-1976.
[235] "«Ya es hora de que se oiga la voz de la agricultura»", *Diario Regional*, 11-12-1976.

cauces de representación; con unos "órganos de encuentro", con representación legítima, dirigidos si fuese preciso por la Administración, y con un concepto claro de nuestra realidad socio-económica.

Tenemos ya, que reconocer, que nuestra organización sindical agraria del futuro, ha de ser distinta de la actual. Aunque mucho de lo actual resulte fácilmente aprovechable.

Pero es ineludible, la separación total de trabajadores y empresarios, así como la de estos con el Gobierno[236].

Desde los sectores izquierdistas, las CC.CC., utilizando un lenguaje más combativo, también reclamaron el fin a la estructura sindical vertical y el establecimiento de la libertad sindical en el campo:

Para nosotros, los campesinos, es evidente que el Sindicato oficial no defiende nuestros intereses. En él, sólo podemos elegir representantes en la primera fase. Después, los cargos de las Cámaras y de la Hermandad Nacional son nombrados a dedo mediante el sistema de ternas. El Sindicato actual está regido por los empresarios, pese a que los pequeños y medianos agricultores y ganaderos, es decir, los autónomos, somos la inmensa mayoría. […] lo que sí sirve es la libertad sindical, que es lo que estamos pidiendo todos los que estamos sindicados bajo las actuales estructuras, porque los campesinos no aceptamos lo de que "cambie algo para que todo siga igual", sino que debemos alcanzar el derecho de formar nuestro propio sindicato. […] único, para defendernos de los monopolios; independiente del Gobierno, de los partidos y asociaciones políticas; democrático, con todos los cargos elegidos por la base; horizontal, sin los comerciantes e industriales[237].

Es decir que, junto a reivindicaciones puramente económicas, que ya habían articulado la movilización agraria durante los últimos años del franquismo (y, entre ellas, principalmente la demanda de aumento de precios agrarios), tras la muerte del dictador se hicieron cada vez más visibles las reivindicaciones democráticas dentro del discurso del agro español –y provincial–, especialmente el reconocimiento de libertad sindical que permitiera a los agricultores defender sus intereses frente a la Administración y otros sectores económicos por medio de sindicatos libres y horizontales.

Toda esta movilización agraria que se gestó a lo largo de 1976 alcanzó su culmen a inicios de 1977, cuando se produjo la protesta agraria más importante de la Transición y también, con mucha seguridad, de la historia reciente de España. Nos referimos a la "guerra de los tractores" de febrero-marzo de 1977.

---

[236] SÁNCHEZ GARCÍA, Adolfo, "Atención del campo y a sus problemas", *El Norte de Castilla*, 9-7-1976.

[237] *El Norte de Castilla*, 18-8-1976.

2.4. La "guerra de los tractores": el punto de inflexión de la movilización agraria durante la Transición

2.4.1. La gestación de la protesta: de la "guerra de la patata" a la "guerra de los tractores"

Más allá del descontento generalizado que, como vemos, existía en amplios sectores agrarios del país, la chispa que provocó el estallido de la "guerra de los tractores" fue una nueva crisis por la patata.

Éste era un producto que generaba multitud de problemas a los agricultores porque, al no estar regulado por el Gobierno, su precio oscilaba enormemente al amparo de los vaivenes de la oferta y la demanda. Lo explicaba muy claramente un colaborador palentino de *El Norte de Castilla*:

> Si vienen bien las cosas y hay una abundante cosecha, los precios bajan tan rápidamente que es más productivo dejar el tubérculo en el campo, ya que no tiene salida. Al año siguiente, se siembra menos y los precios suben como la espuma. Vuelven a aumentar la superficie sembrada y es tal la cantidad de patatas en el mercado que hay que emplearlas para alimento del ganado. Es decir, acertar en esto del mercado de la patata y su comercialización, está resultando más difícil que una quiniela de catorce[238].

Esta explicación se cumplió al pie de la letra en 1976 cuando, ante los buenos precios que tenía la patata a principios de año, aumentó considerablemente su superficie de cultivo[239], lo que, con el paso de los meses, generó excedentes y, consecuentemente, caída de los precios. En este sentido, ya vimos como a mediados de año se produjeron algunos conflictos por el bajo precio de la patata, los cuales tuvieron especial incidencia en Navarra, y cierta repercusión en provincias castellanas y leonesas, incluida Valladolid[240].

Los problemas de excedentes no se resolvieron durante el otoño, por lo que a finales de año se reprodujeron nuevos conflictos: en Orense, agricultores de la comarca de La Limia acordaron dejar de vender 150.000 toneladas de patatas en respuesta al bajo precio que les ofrecían los almacenistas[241]; y en Canarias, donde existía

---

[238] *El Norte de Castilla*, 25-5-1976.

[239] *El País*, 5-6-1976.

[240] Véase *supra*.

[241] *El País*, 5-12-1976. Los conflictos por la patata en La Limia fueron comunes en esos años: SANTIDRIÁN ARIAS, Víctor M., "Resistencia fiscal y 'guerras agrarias'. La movilización del campesinado gallego ante la lógica industrializadora", en LANERO TÁBOAS (ed.), *Por surcos y calles...*, pp. 121-122.

un stock de 3.000 toneladas sin salida comercial, los agricultores afectados organizaron reuniones y asambleas donde acordaron, primero, solicitar la suspensión de importaciones de este tubérculo, y, segundo, en caso de no ser atendidas sus demandas, "aprovechar la fecha del 15 de diciembre –la del referéndum [sobre el Proyecto de Ley para la Reforma Política]– para arrojar las patatas sobre las carreteras y autopistas de las islas"[242]. Con la llegada del nuevo año los agricultores de La Puebla (Mallorca) amenazaron con realizar una marcha de tractores si el Gobierno no autorizaba la exportación de patatas[243].

Los ecos de estos conflictos llegaron a Castilla y León. A mediados de noviembre se celebró en Valladolid una asamblea de representantes de cultivadores de patata de diversas provincias españolas que acordaron reclamar al Gobierno una autorización para exportar patata a Europa (donde había escasez de este producto). Según expresaba Ciriaco Vázquez de Prada: "… hay un excedente de patatas que tienen en estos momentos una salida extraordinaria y con buenos precios. El Ministerio de Comercio está un poco reacio a facilitar la exportación porque teme el desabastecimiento del mercado nacional, pero la exportación es una gran solución para el excedente"[244].

El Gobierno respondió a estas demandas autorizando en enero de 1977 la exportación de 15.000 toneladas[245], lo cual era, a todas luces, una medida insuficiente porque por aquellas mismas fechas había en el conjunto de país unas 700.000 toneladas almacenadas, especialmente en las provincias de León (130.000 Tm), Burgos (100.000 Tm) y Logroño (70.000 Tm)[246]. Por ello no es extraño que, a mediados de febrero, representantes de las COSAs de estas tres provincias, junto a otros de las COSAs de Valladolid y de Guadalajara, volvieran a solicitar al Gobierno una nueva autorización para exportar 60.000 toneladas más[247].

En este contexto, ante la lentitud e inoperancia de las acciones reivindicativas que se realizaban por cauces oficiales, algunos grupos de agricultores comenzaron a plantear acciones de protesta más combativas: "En la Rioja, los agricultores amenazan con adoptar una línea dura de medidas de fuerza, y en la zona de Castilla la Vieja, en la patatera cuenca del Duero, comienzan a levantarse voces en el mismo sentido"[248]. Es más que probable que detrás de esas *voces* estuvieran algunas de las UA-GAs que integraban COAG la cual, por aquellos días, ya había planteado "convocar

---

[242] *El País*, 9-12-1976.

[243] *El País*, 9-1-1977.

[244] *El Norte de Castilla*, 22-10-1976.

[245] *El Norte de Castilla*, 18-1-1977.

[246] Estas cifras son recogidas de *El Norte de Castilla*, 13-1-1977 y 16-1-1977, y *ABC*, 16-2-1977.

[247] *El País*, 16-2-1977.

[248] *El Norte de Castilla*, 16-1-1977.

una jornada de movilización pacífica para demostrar la fuerza y expansión de sus organizaciones"[249].

Y es que en esas mismas fechas, principios de 1977, se acumulaban los problemas en el campo y, como consecuencia de ello, aumentaba el descontento de los agricultores. A los problemas generados por la crisis de la patata se sumaron otros dos asuntos. Primero, la apertura de una nueva negociación anual de precios agrarios, donde se volvieron a plasmar las grandes diferencias de criterio existentes entre representantes agrarios y gubernamentales dentro del Consejo General del FORPPA[250]. Segundo, en el contexto de una creciente tensión política como consecuencia del incremento de la actividad terrorista de extrema derecha (Matanza de Atocha) y de extrema izquierda (secuestros de Antonio María Oriol y el general Emilio Villaescusa), el Gobierno desautorizó la celebración de algunas asambleas de agricultores convocadas por uniones de campesinos, como la UAGA de Aragón[251] o la de La Rioja[252].

Este último hecho fue la gota que colmó el vaso. En efecto, el 20 de febrero, dos días después de que las autoridades no autorizasen la asamblea de agricultores que iba a celebrarse en Santo Domingo de la Calzada para tratar el asunto de la patata, más de dos mil agricultores de La Rioja –y algunos de la zona de Belorado (Burgos)– se reunieron en Rodezno y acordaron por unanimidad sacar los tractores a las carreteras. De este modo, en la mañana del día 21 de febrero, centenares de agricultores apostaron sus tractores en los arcenes de la carretera nacional (N-120) que unía Nájera, Santo Domingo de la Calzada y Belorado[253]. Ese mismo día, cientos de agricultores de la zona de Astorga-La Bañeza también sacaron sus tractores a las carreteras de León[254].

El Gobierno intentó neutralizar la protesta autorizando la exportación de 20.000 toneladas de patatas más[255]... pero además de ser nuevamente una medida insuficiente, llegaba tarde. La falta de soluciones eficientes a los problemas del campo español había propagado un descontento generalizado entre los agricultores. Por ello, lo que en principio podía haber sido sólo una "guerra de la patata", similar a otras "guerras agrarias" que se habían producido hasta ese momento, se transformó casi de inmediato en una "guerra de los tractores", donde los agricultores no sólo reclamaron la mejora del precio

---

[249] *El País*, 11-1-1977.

[250] *El País*, 15-1-1977 y 15-2-1977.

[251] *El País*, 19-2-1977; SABIO ALCUTÉN, *Labrar democracia...*, p. 49.

[252] LANGREO, Alicia, "Del campesino al empresario agrario: los conflictos actuales del medio rural", en GARCÍA LEÓN, María Antonia (ed.), *El campo y la ciudad (Sociedad rural y cambio social)*, Madrid, MAPA, 1996, p. 61; SABIO ALCUTÉN, "Cultivadores de democracia...", p. 88.

[253] *El País*, 22-2-1977 y *El Norte de Castilla*, 22-2-1977. Sobre la "guerra de los tractores" en Burgos, véase: REDONDO CARDEÑOSO, "Unions and agricultural...", pp. 123-125.

[254] *El Norte de Castilla*, 22-2-1977. Sobre la "guerra de los tractores" en León, véase MARTÍNEZ PÉREZ, *Construyendo la democracia...*, pp. 292-298.

[255] *El País*, 26-2-1977.

de un cultivo concreto, sino reformas en el conjunto de la política agraria del Gobierno, incluyendo las estructuras del sindicalismo agrario. Esta percepción fue ampliamente compartida por observadores de la opinión pública:

> De un análisis global, se deduce que el levantamiento agrícola que estos días está polarizando la atención del país, debe enmarcarse dentro de un movimiento espontáneo que tiene como causa el deplorable estado en que se encuentra el medio rural que ha tenido que soportar, poco menos que estoicamente, no sólo el peso de la inflación y el desarrollo industrial y urbano de este país, sino que, además, ha estado y continua estando manipulado por unos órganos que a la hora de plasmar las reales necesidades del campo no han demostrado la suficiente representatividad e identificación con las auténticas reivindicaciones del sector. Una vez más se ha producido ese claro distanciamiento entre la parte oficial, con unos intereses muy concretos, y la España real[256].

En efecto, los agricultores que iniciaron la "guerra de los tractores" en La Rioja no sólo reclamaron una solución para el problema de la patata ("la intervención de todas las patatas por parte de la Administración al precio de 8,10 pesetas en febrero, y 8,40 pesetas en marzo"[257]) sino también toda una batería de medidas de carácter económico, social y asociativo:

> … libertad de reunión y de organización para el sindicato campesino; Seguridad Social completa, igual para todos y con una única categoría, ambulatorios y asistencia médica adecuada en las cabeceras de comarca; instalaciones escolares suficientes a nivel de enseñanza media y profesional; precio para el trigo de 14,50 pesetas/kilo; para la cebada, once pesetas; para la avena, once pesetas; para la remolacha, un centro de recepción en Nájera; que los contratos se hagan antes de sembrar y que se especifique el precio de la remolacha; que el cartón de fábrica sea cheque para cobrar; precio para la leche entre 17,12 y veinte pesetas/litro; para el vino, se rechaza el actual consejo regulador por estar controlado por grandes monopolios, y se propone un consejo regulador controlado y dirigido por los agricultores; para el cerdo, 92,09 pesetas/kilo en vivo y 110 pesetas en canal; para la ternera añojo, 120 pesetas en vivo; para el cordero de veintiocho a treinta kilogramos, 125 pesetas en vivo[258].

Tras la consolidación del conflicto en las provincias de León, Burgos y Logroño, a partir de los días 27 y 28 de febrero las protestas se extendieron por media España produciéndose tractoradas de diversa intensidad en el resto de provincias de Castilla

---

[256] DÍAZ GUELL, Carlos, "Manifestaciones campesinas: algo más que la patata", *El País*, 26-2-1977. Una visión similar en JOVELLANOS, "La libertad sindical y los tractores en las carreteras", *ABC*, 27-2-1977.

[257] *El Norte de Castilla*, 22-2-1977.

[258] *El País*, 22-2-1977.

y León, en Navarra y Álava, Santander y Asturias en la Cornisa Cantábrica, las tres provincias aragonesas, Lérida y Tarragona en Cataluña, varias provincias levantinas, e incluso en algunas comarcas de Extremadura, Castilla-La Mancha y Andalucía. En total, según diversas fuentes, salieron entre 40.000 y 100.000 tractores en 28 provincias del país[259]. De este modo, la movilización de los agricultores adquiría carácter nacional.

Muchas de estas acciones de protesta fueron impulsadas o controladas por organizaciones vinculadas a COAG, que sintetizó la gran diversidad de demandas planteadas por los agricultores en tres reivindicaciones generales:

1.º Libre derecho de reunión y asociación de los agricultores.

2.º Seguridad Social igual a la de los restantes sectores.

3.º Revisión de los precios agropecuarios, en la que los agricultores tengan opción de fijar un justiprecio para sus productos[260].

La protesta sorprendió a propios y extraños. No sólo por su magnitud, como muestran las cifras expuestas, o sus demandas, que incluía la democratización de la estructura sindical vertical, sino también porque tuvo su epicentro en las provincias de la mitad norte de la España interior (Tabla 1), donde predominaban los pequeños y medianos agricultores con explotaciones familiares, un grupo social que, como apuntara Luis Apostua, era considerado uno de los pilares sociales de la España conservadora:

… los hombres que se han lanzado a las carreteras forman la espina dorsal de la derecha clásica española; el área de la protesta ha corrido desde Navarra hacia Ciudad Real por toda la submeseta norte. Era el mapa electoral de la derecha agrarista de los años treinta, el feudo de la CEDA y de don José Mª Gil Robles[261].

Como refleja la tabla 1 y el propio texto de Apostua, uno de los principales focos de la "guerra de los tractores" fueron las provincias de Castilla y León[262], hasta el punto de que el mismísimo Miguel Delibes llegó a afirmar: "… en medio siglo no he

---

[259] MOYANO ESTRADA, *Corporatismo y Agricultura*…, pp. 206-208; LANGREO, "Del campesino…", pp. 61-63. El caso concreto de Aragón en: SABIO ALCUTÉN, *Labrar democracia*…, pp. 50-51.

[260] *El País*, 1-3-1977.

[261] Citado en ARRIBAS, José María y GONZÁLEZ, Juan Jesús, "El sindicalismo de clase en la agricultura familiar (Las Cuencas del Ebro y del Duero)", *Agricultura y Sociedad*, 31 (1984), p. 131.

[262] REDONDO CARDEÑOSO, Jesús Ángel, "La 'guerra de los tractores' de 1977 en Castilla y León", en REDONDO CARDEÑOSO (ed.), *La Transición en Castilla y León*…, pp. 133-150.

asistido en mi región a otra explosión de cólera colectiva que la invasión de las carreteras por los tractores en la primavera de 1976 [sic]…"[263].

Provincias	N° de tractores que intervinieron	Censo de tractores (1975)	% del total
Álava	3.500	3.718	94
Burgos	8.500	11.211	76
León	5.600	10.605	53
Logroño	5.800	5.132	113
Navarra	8.900	10.192	87
Palencia	6.400	6.844	93
Segovia	3.500	5.615	62
Valladolid	6.500	11.086	59
Zamora	6.500	7.663	85
TOTAL	55.200	72.066	77

Tabla 1. Principales provincias involucradas en la "guerra de los tractores" de 1977[264]

2.4.2. La "guerra de los tractores" en la provincia de Valladolid

Como podemos intuir por lo dicho en el punto anterior, a inicios de 1977 el
descontento por los problemas de la patata también era patente en el agro vallisoletano. Buena muestra de ello es la mesa redonda que organizó *Diario Regional* en
enero de aquel año con cuatro cultivadores de Tordesillas, entre ellos Marcelo Morchón, presidente de la Hermandad Sindical de la villa, que explicaba así la situación:

> El problema aquí es que si no se autoriza la exportación esto se derrumba. Se van
> a estropear muchísimas patatas y se van a arruinar muchos agricultores. Este año la ma-
> yor parte de la cosecha está en manos de las cooperativas, o lo que es lo mismo, en manos

---

[263] DELIBES, Miguel, *Castilla, lo castellano y los castellanos*, Barcelona, Planeta, 1979, p. 16. Aunque
Delibes señala en su texto el año 1976, evidentemente es un error (de memoria o tipográfico), y sin duda
se refiere a la tractorada de 1977, puesto que antes de esta fecha no se produjo ninguna protesta de este
tipo en la región.

[264] *El Trabajador del Campo*, n° 1, marzo 1977. Tomado de HERRERA GONZÁLEZ DE MOLINA,
La construcción de la democracia…, p. 97. El propio autor especifica que: "La tabla se reproduce tal y
como aparece en la fuente. Se trata de la principal publicación de la FTT por lo que es posible que, con
el objetivo de mostrar la fuerza de las manifestaciones, el censo de tractores esté algo infraestimado. El
caso de Logroño puede indicar simplemente que tractores de otras provincias acudieron a las concentraciones de Logroño".

de los agricultores, que aún la tienen sin cobrar. El año pasado que casi toda la producción estaba en manos de los almacenistas valieron lo que ellos quisieron y se pudieron exportar. Ahora que las tenemos nosotros no se autoriza la exportación[265].

Otros grupos y asociaciones agrarias de la provincia plantearon quejas similares. Así, en el mismo mes de enero de 1977, el presidente de la Agrupación Provincial de la Patata reclamaba que "las exportaciones se tienen que multiplicar y autorizarlas sin demorar fechas", quejándose de la falta de respuesta a las demandas de los agricultores por parte de la Administración y de las propias COSAs:

> Esto puede ser el fin de un asunto que podría estar resuelto favorablemente para todos si no hubiera sido porque la Administración en ningún momento lo tomó en consideración, y porque, también hay que decirlo, los presidentes de las Cámaras se han reunido infinidad de veces, para poder paliar el chaparrón con el que ahora se encuentran viendo que se avecinaba, sin que pudieran hacer más gestiones que volver una y otra vez a Madrid[266].

La incapacidad de la COSA para plantear otras acciones reivindicativas que no fuera acudir a reuniones donde no se solucionaba nada, incrementó la desesperación en el agro provincial, incluidos los sectores conservadores reformistas. Buena muestra de ello es el testimonio de Vicente Martín Calabaza quien, pocas horas antes de que comenzara la tractorada en La Rioja, dijo: "Señores presidentes, si no pueden o no saben sacar las castañas del fuego, dimitan, y dejen paso a otras [personas] más responsables, pues el momento no está para bromas ni admite espera, está en juego nuestra propia supervivencia. De seguir así, tarde, mal y nunca"[267].

Con este clima de opinión, no es extraño que distintos sectores y grupos de agricultores de la provincia manifestaran públicamente su apoyo a los agricultores que sacaron sus tractores a las carreteras de Logroño, Burgos y León nada más conocer el inicio de las protestas. En efecto, el día 22 de febrero, los presidentes de la Agrupación Provincial de la Patata de Valladolid y de la Cooperativa Patatera de la Cuenca del Duero, junto a "algunos agricultores", manifestaron públicamente "que Valladolid se solidariza con los campesinos que habían sacado sus tractores a la carretera", y añadían: "estamos cansados de ir a reuniones a Madrid para no resolver nada; a partir de ahora tendrá que venir la Administración a los centros de producción"[268].

Al día siguiente, la FTT-UGT de Valladolid, en una de sus primeras intervenciones públicas, hacía "un llamamiento a todos los agricultores de la provincia para

---

[265] *El Norte de Castilla*, 22-1-1977.

[266] *El Norte de Castilla*, 26-1-1977 y *Diario Regional*, 26-1-1977.

[267] MARTÍN CALABAZA, Vicente, "Tarde, mal y nunca", *El Norte de Castilla*, 20-2-1977.

[268] *El Norte de Castilla*, 22-2-1977.

que tomen conciencia de la situación en que se encuentra el sector y se solidaricen con los agricultores de las provincias vecinas", asumiendo como propias las reivindicaciones que planteaban los agricultores que protestaban en las carreteras: "libertad sindical y constituir un sindicato que defienda nuestros intereses y precios justos para nuestros productos"[269]. Poco después, Ángel Fernández, secretario general de la FTT-UGT, incidía en sus declaraciones:

> En realidad, el problema que ha provocado las movilizaciones de campesinos en León y Logroño trasciende las dificultades de comercialización de la patata. Estas dificultades son graves, porque hay sesenta mil toneladas en los almacenes y de no encontrar salida, pueden pudrirse, pero son una consecuencia más de una crisis de fondo que ahora toca techo. El campo carece de los canales mínimamente representativos que permitan a los agricultores exponer sus problemas, presionar a la Administración. [...] Ni las Cámaras Oficiales Agrarias –dice–, ni las Hermandades, cuentan con la representatividad, con la capacidad de actuación como para intervenir con eficacia frente al hecho de unos precios políticos que no se corresponden con los costos reales de producción. En las últimas semanas, he recorrido doce provincias y he comprobado hasta qué punto los agricultores necesitan unas estructuras adecuadas, no marcadas por intereses creados. Urge la unidad de todos en torno a unos sindicatos libres que defiendan a los trabajadores del campo[270].

La situación en la provincia se hizo más tensa en los días 25 y 26 de febrero, cuando se celebraron sendas asambleas en Medina de Rioseco donde se conformó una nueva Asociación de Agricultores y Ganaderos que se definía como una organización de carácter "profesional, libre, apolítica, independiente y democrática". Aunque esta nueva asociación estaba presidida por Mariano Vázquez de Prada Juárez, presidente de la Unión de Empresarios de la COSA (que, a su vez, era hermano del presidente de la Caja Rural, Pedro Vázquez de Prada Juárez; y primo del presidente de la COSA, Ciriaco Vázquez de Prada Costilla), de acuerdo con sus propias declaraciones, "la nueva Asociación de empresarios agrícolas no tiene nada que ver con tal organismo", sino todo lo contrario, se había creado porque "la Cámara Oficial Sindical Agraria se había inhibido en el problema".

Además de crear esta nueva asociación agraria, los agricultores reunidos el día 26 en Medina de Rioseco acordaron secundar las protestas iniciadas en Logroño, Burgos y León: "una amplísima representación de la casi totalidad de los pueblos de la provincia determinó unánimemente que se saliera con los tractores a la carretera

---

[269] *El Norte de Castilla*, 23-2-1977.
[270] *El Norte de Castilla*, 24-2-1977.

para hacer una demostración de nuestra unidad y fuerza reivindicativa"[271]. Las reivindicaciones que motivaron esta decisión fueron difundidas mediante octavillas que se distribuyeron por algunos pueblos de la Tierra de Campos:

OPERACIÓN REIVINDICACIONES AGRARIAS VALLADOLID

Salimos a la carretera por la injusticia que padece el campo.

PEDIMOS:

Rentabilidad y Seguridad Social.

PRECIOS:

Trigo.............   14,50 pesetas mínimo.

Cebada.........   11,   ídem.   ídem.

Patata: Solución definitiva de su comercialización.

Remolacha: Que se mantenga la no contingentación prometida.

Seguridad Social: La misma para la Rama General.

Nuevos regadíos: Libertad de siembra de todos los cultivos y superficies.

Concentración parcelaria: Urgente realización de las pendientes en la provincia.

Tarifas eléctricas: Especiales para el campo, por la temporada de utilización.

Ganadería: Precios en función de los costes[272].

De este modo, a primeras horas de la mañana del 28 de febrero, miles de agricultores de Valladolid ocuparon con sus tractores (según la prensa entre 5.000 y 6.000 vehículos) los arcenes de las principales carreteras nacionales en diversos puntos de la provincia (Mapa 2):

> En la carretera N-403, localidad de Alcazarén, 200. Carretera N-601, localidad de Portillo, 200; en Medina de Rioseco, 280 y en Becilla de Valderaduey, 220. Carretera N-122, en localidad de Quintanilla de Onésimo, 800. Carretera N-620, en inmediaciones de esta capital, 90, y en Alaejos, 225. Carretera N-VI, en Medina del Campo, 150; en Tordesillas, 360 y en Villardefrades 200[273].

---

[271] *El Norte de Castilla*, 1-3-1977 y *Diario Regional*, 1-3-1977. Véase una transcripción completa del manifiesto de constitución de la Asociación de Agricultores y Ganaderos y la convocatoria de la tractorada en el Texto 5 de los Anexos.

[272] AHPV, *Gobierno Civil*, Caja 1048, Carp. 17, 28-2-1977. Aunque el informe oficial atribuye este panfleto a las CC.CC., creemos que es un error, porque el propio manifiesto de constitución de la Asociación de Agricultores y Ganaderos (Texto 5 de los Anexos) recoge esas reivindicaciones.

[273] AHPV, *Gobierno Civil*, Caja 1048, Carp. 19, 1-3-1977. Véanse las Imágenes 3 y 4 de los Anexos.

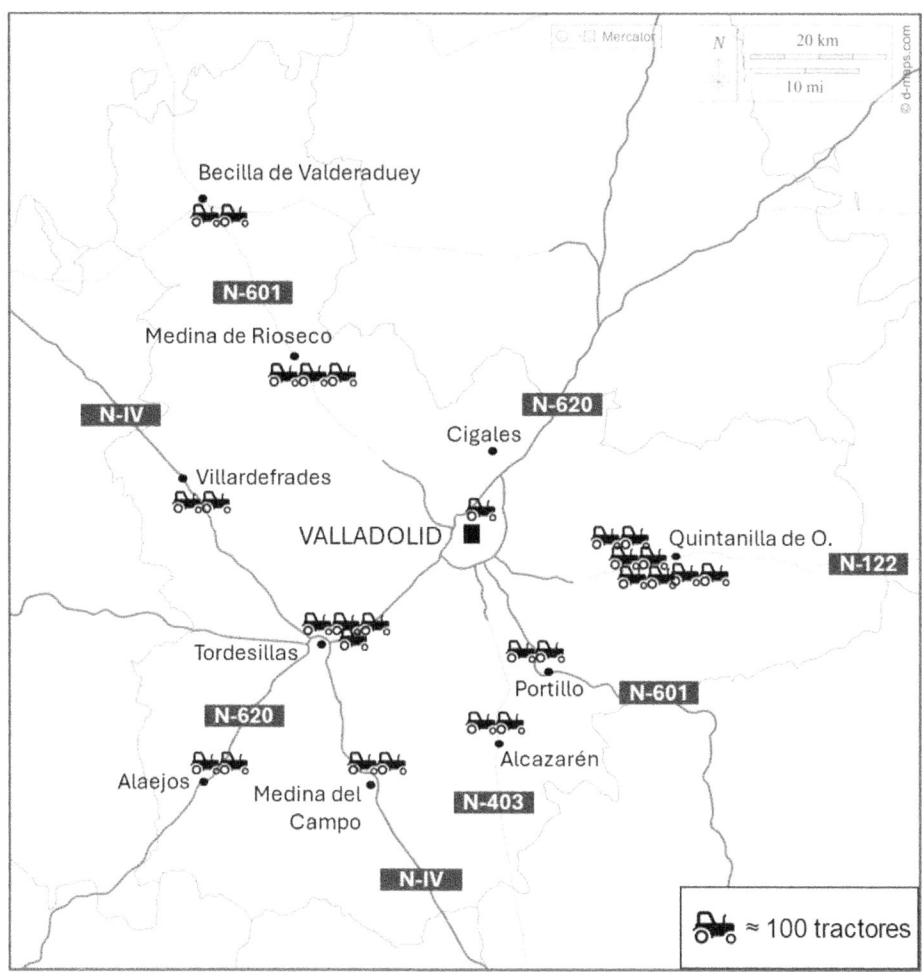

Mapa 2. La "guerra de los tractores" de 1977 en Valladolid

Los convocantes de la protesta dieron instrucciones para organizar las distintas concentraciones de tractores que se establecieron en las carreteras: "en cada punto existirá un jefe de grupo con enlaces para mantener contacto con la dirección de la operación. Para la debida coordinación, los presidentes de hermandad establecerán contacto con el respectivo jefe de grupo". Sin embargo, la elección de los jefes de las colas de tractores fue el resquicio que encontraron los agricultores de organizaciones ajenas al verticalismo para tomar el control de las protestas y comenzar a actuar al margen de los organizadores. Por ejemplo, en Medina de Rioseco, "donde las asambleas mostraban unas discusiones más radicalizadas", se puso de manifiesto la división entre:

… los representantes oficiales, que insistían en que había que esperar a la conclusión de las negociaciones que desarrolla una representación oficial de los agricultores, y la de los que insistían en la necesidad de nombrar dos representantes por cada pueblo para, si en el plazo de veinticuatro horas la representación oficial no había conseguido una respuesta positiva, empezar las gestiones "a espaldas de la COSA".

Mientras los primeros abandonaron la asamblea, quienes sustentaban el segundo criterio acordaron proceder al nombramiento de los dos representantes por pueblo. Inmediatamente una comisión se dirigió a los distintos puntos de la concentración para informar a los agricultores[274].

La lucha por tomar control de las colas también se reprodujo en otros puntos, como en Quintanilla de Onésimo, donde los agricultores eligieron representante a Honorino Fernández, de CC.CC.[275]; o en la concentración que se produjo en la salida de Valladolid por la carretera de Burgos, donde eligieron a César de la Fuente como representante de la cola, también de CC.CC., quien rememora este hecho de la siguiente manera:

Yo me acuerdo que ya estábamos entonces un poco organizados. A nosotros nos mandaron ir… que lo hizo la Cámara… nos mandaron ir a Valladolid, a la gasolinera de la carretera de Burgos. Había una gasolinera que era una cooperativa. […] Nos mandaron ir allí. Llegamos nosotros a la cola y la Cámara había dicho que el jefe de la cola era Marino Vaca, de Olmos. Yo le conocía a Marino porque trabajamos juntos en la cooperativa del Valle de Esgueva. Él fue el primer presidente y yo el primer secretario. Y entonces le dije: "Oye, ¿a ti quién te ha puesto? Entonces yo creo que lo mejor es que ahora nos reunamos todos y a ver quién es el jefe de la cola. Y punto". Y salí yo. Salí de jefe…[276]

La tensión aumentó cuando, no se sabe muy bien por orden de quién, los manifestantes comenzaron a cruzar los tractores en las carreteras y cortaron el tráfico en diversos puntos de la provincia. Este hecho determinó la evolución de los acontecimientos, porque, según una nota del gobernador civil: "obliga a la autoridad a usar todos los medios a su alcance para restablecer cuanto antes el libre tránsito por las carreteras"[277].

---

[274] *El Norte de Castilla*, 1-3-1977.

[275] Entrevista a Honorino Fernández Sanz, en FALCES YOLDI, *Haciendo Unión…*, p. 136. Una carta enviada por un grupo de agricultores a la prensa también refleja la tensión que se produjo por la elección de los representantes de los agricultores en la protesta desarrollada en Quintanilla de Onésimo (*Diario Regional*, 4-3-1977 y *El Norte de Castilla*, 5-3-1977).

[276] Entrevista a César de la Fuente, Villaco, 18-6-2020.

[277] *El Norte de Castilla*, 1-3-1977.

En efecto, al día siguiente, 1 de marzo, fuerzas antidisturbios intervinieron para disolver las concentraciones de tractores. En algunos lugares lograron su objetivo de manera pacífica, pero en otros puntos, como en Tordesillas, Villardefrades, Arrabal de Portillo, Alcazarén y Quintanilla de Onésimo, la policía empleó la fuerza. En Arrabal de Portillo, por ejemplo, los agricultores denunciaron que los guardias civiles cargaron contra ellos ("nos tiraron balas de goma y botes de humo"), les golpearon ("nos persiguieron a través de las tierras [...] a otro le dieron un golpe en la espalda, a otro le alcanzó un bote de humo") y produjeron daños materiales a los tractores ("Varios tractores fueron volcados en las cunetas, a uno se le rompió la dirección, a otro le partieron los faros [...]. A mi tractor le cortaron el cable del hidráulico [...], partieron lunas"). Escenas similares se produjeron en Villardefrades ("Quitaron los tractores y nos obligaron a huir por el campo y por las calles del pueblo. Arremetieron contra los que se quedaron rezagados o se montaron en sus vehículos") o Quintanilla de Onésimo ("La policía cargó [...], disparó balas de goma, botes de humo y rompió las lunas y faros de numerosos tractores")[278].

La acción policial se saldó con el arresto de: Ciriaco Vázquez de Prada, presidente de la COSA; Mariano Vázquez de Prada, presidente de la Unión de Empresarios; Pedro Vázquez de Prada, presidente de la Caja Rural; Ruperto Martín García, presidente de la Hermandad de Labradores y Ganaderos de Muriel de Zapardiel; y Ángel Fernández Pérez, agricultor de Medina de Rioseco y secretario general de la FTT-UGT[279].

La violenta intervención de las fuerzas del orden público quedó marcada en la memoria de los agricultores que participaron en la protesta, como reflejan algunas de las declaraciones que recogimos, como la de Félix Sacristán:

> ... nos bajamos con los tractores a Quintanilla. Estuvimos, pues, un día. Y al día siguiente, sobre las once de la mañana apareció la policía y claro, a desalojar, y nosotros nos queríamos mantener tiesos [...]. Yo me vine a comer a casa. Dejé allí el tractor. Y cuando fui aquello fue un desastre: los tractores apartados por todas las partes. Yo fui con un señor que se llamaba Antonio, que pertenecía a Valladolid, creo que era lo que era la Hermandad, [...] y fuimos con su coche, porque yo le dije que no había que quitar los tractores, y dijo él: "pues quitad los tractores porque os les van a destrozar". Y dijo: "ven conmigo, verás". Y nos fuimos hasta Arrabal de Portillo. Cuando llegamos a Arrabal de Portillo estaba la gente sentada por allí comiendo y dice: "Quitad los tractores porque ya veis dónde están los nuestros". Había tractores que estaban tirados en los pozos. A otros les habían cortado hasta los latiguillos de las palas, y ya como se hizo el

---

278 *El Norte de Castilla*, 2-3-1977 y *Diario Regional*, 2-3-1977.
279 *Diario Regional*, 3-3-1977.

mediodía, y en el intervalo de ir con este señor a Arrabal a ver cómo estaban, cuando volví ahí ya al mediodía ya les habían apartado todos[280].

La contundente intervención de las fuerzas del orden público hizo que el propio día 1 de marzo los agricultores disolvieran todas las tractoradas que se habían formado en Valladolid, de tal modo que ésta fue la primera provincia donde se puso fin a la "guerra de los tractores".

El conflicto continuó algunos días más en otras provincias del país por donde se había extendido la protesta, en la mayor parte de los casos hasta los días 5 o 6 de marzo, cuando la casi totalidad de las tractoradas se disolvieron después de que la COAG solicitara a los agricultores que retiraran sus vehículos ante las promesas del Gobierno de iniciar negociaciones con los distintos representantes agrarios para discutir las reivindicaciones planteadas[281].

Con todo, a pesar del fin prematuro de la "guerra de los tractores" en Valladolid, durante los siguientes días siguieron apareciendo en la prensa regional numerosas quejas procedentes de diversos pueblos de la provincia (Tordesillas, Villalón, Fresno el Viejo, Villagarcía…)[282] que mostraban el profundo descontento que llevó a los agricultores vallisoletanos a secundar de forma masiva la "guerra de los tractores".

2.4.3. Consecuencias de la "guerra de los tractores"

La magnitud y extensión de la "guerra de los tractores" hizo que, a nuestro entender, la protesta fuera un éxito a corto y medio plazo, principalmente por tres razones: primero, porque logró exponer ante la opinión pública nacional los problemas que arrastraban los agricultores del país; segundo, porque, a raíz de este éxito mediático, el Gobierno y los distintos partidos políticos comenzaron a atender las demandas agrarias; y, en tercer lugar, porque esta protesta fue el punto de inflexión que desencadenó la crisis y desmantelamiento definitivo del sindicalismo vertical agrario y la consolidación y expansión de un nuevo sindicalismo agrario de carácter horizontal, libre y democrático.

En primer lugar, la "guerra de los tractores" logró exponer ante la opinión pública nacional los problemas de la agricultura y, específicamente, los problemas

---

[280] Entrevista a Félix Sacristán, Cogeces del Monte, 3-7-2019. César de la Fuente, por su parte, refleja esa misma sensación de abatimiento que se extendió entre los agricultores tras la intervención policial: "… una sensación de que nos han matado. De que nos han hundido a palos. Ya te digo, a nosotros en Valladolid no nos dieron, pero dieron en muchos sitios. El sitio que más fue ahí en Quintanilla y… entonces… dejaron mal" (Villaco, 18-6-2020).

[281] *El País*, 5-3-1977 y 6-3-1977, y *El Norte de Castilla*, 6-3-1977.

[282] *El Norte de Castilla*, 8-3-1977 y 10-3-1977.

socioeconómicos que, como ya hemos detallado, arrastraban los agricultores desde hacía varios años. En palabras de Alicia Langreo: "en los días que duró [la "guerra de los tractores"], todo el país fue por primera vez realmente consciente de la presencia de este colectivo"[283]. En efecto, las protestas de los agricultores coparon las cabeceras de los noticiarios de aquellos días, tal y como se puede ver a través de los principales periódicos de tirada nacional, como *El País* o *ABC*, que llevaron en sus portadas las imágenes de los tractores apostados en los arcenes las carreteras[284].

Esta atención mediática motivó, sin duda, que numerosos sectores de la vida política y social del país que hasta ese momento apenas se habían fijado en los problemas del agro, mostraran ahora públicamente su apoyo a las protestas y demandas de los agricultores. Por ejemplo, en el caso de Valladolid, la "guerra de los tractores" tuvo el apoyo público de diversas organizaciones políticas y sindicales de izquierda, como el PCE, el PTE, la ORT, las Juventudes Socialistas o CC.OO., pero también de partidos políticos conservadores, como Alianza Popular. Del mismo modo, los agricultores de la provincia contaron con la solidaridad de otras organizaciones y asociaciones muy diversas: el Colegio Regional de Ingenieros Agrónomos de Valladolid, la Asociación de Mujeres Trabajadores, la Asociación Universitaria para el Estudio de los Problemas de la Mujer, el Comité de Extensión de la Facultad de Filosofía y Letras de la Universidad de Valladolid, una representación de alumnos del INEA[285]… y también de algunos grupos de estudiantes universitarios que, en apoyo a los agricultores, protagonizaron pequeñas manifestaciones ("saltos") en diferentes puntos de la ciudad[286]. Incluso el arzobispo de Valladolid, José Delicado Baeza, se hizo eco de las protestas campesinas y, recordando la encíclica *Mater et Magistra* del papa Juan XXIII, reclamó a las autoridades que satisficieran "las legítimas demandas de los agricultores: las referentes, sobre todo, a los precios justos en los productos, a la seguridad social y a la representatividad real con interlocutores válidos para defender sus propios intereses"[287].

En segundo lugar, el amplio seguimiento y repercusión mediática que tuvo la "guerra de los tractores" propició, sin duda, que el Gobierno y los partidos políticos se hicieran eco de las reivindicaciones planteadas por los agricultores, especialmente las referidas a libertad sindical y mejores precios agrarios, que integraron tanto en sus

---

[283] LANGREO, "Del campesino…", p. 63.

[284] Véase, por ejemplo, https://elpais.com/hemeroteca/elpais/portadas/1977/02/22/ o https://www.abc.es/archivo/periodicos/abc-madrid-19770302.html (Consultados el 27-12-2021).

[285] *El Norte de Castilla*, 1-3-1977, 2-3-1977, 3-3-1977, 4-3-1977, 5-3-1977, 6-3-1977; y *Diario Regional*, 1-3-1977 y 2-3-1977.

[286] *El Norte de Castilla*, 6-3-1977.

[287] "CARTAS DEL ARZOBISPO. La voz de los tractores", *Diario Regional*, 6-3-1977.

respectivos programas partidistas[288], como en los grandes acuerdos políticos de con-
senso que se concretaron en 1977 y 1978.

De este modo, por un lado, la libertad sindical fue reconocida en abril de 1977
con la promulgación de la Ley 19/1977 "sobre regulación del derecho de asociación
sindical" la cual se venía debatiendo en las Cortes desde el mes de enero del mismo
año. En dicha ley se establecía que:

> Los trabajadores y empresarios podrán constituir en cada rama de actividad, a es-
> cala territorial o nacional, las asociaciones profesionales que estimen convenientes para
> la defensa de sus intereses respectivos. […]
> Los trabajadores y los empresarios tendrán derecho a afiliarse a las referidas aso-
> ciaciones, con la sola condición de observar los estatutos de las mismas[289].

La libertad sindical se consolidó con la aprobación del Real Decreto-Ley
31/1977, de 2 de junio, que derogaba la sindicación obligatoria y el pago de la cuota
sindical[290], lo que, en la práctica, supuso la disolución del sindicalismo vertical en
todos los sectores económicos.

Por su parte, el asunto de los precios agrarios fue incluido en los Pactos de la
Moncloa, firmados en octubre de 1977:

> El Gobierno regulará conjuntamente los precios agrícolas con antelación suficiente
> para orientar la campaña; para ello se tendrán en cuenta los siguientes criterios:
> 1. La política de precios agrarios y la fijación conjunta de precios para la próxima
> campaña se elaborará con la participación de las distintas Organizaciones y Sindicatos
> Agrarios, representativos de los intereses del sector.
> 2. Se analizarán los niveles comparativos de renta del Sector Agrícola y de los
> demás sectores mediante la correspondiente investigación estadística y se procurará que
> las diferencias entre tales niveles no se incremente en lo sucesivo. Además, se arbitrarán
> las medidas necesarias para que el agricultor sea el beneficiario directo de las subven-
> ciones a los productos agrarios[291].

---

[288] Véase: BALDRICH CABALLÉ, Juan, *Programas agrarios de partidos políticos españoles*, Madrid,
Editorial Agrícola Española, 1977.

[289] "Ley 19/1917, de 1 de abril, sobre regulación del derecho de asociación sindical", *BOE*, nº 80, 4-4-
1977, pp. 7510-7511 (https://www.boe.es/eli/es/l/1977/04/01/19).

[290] "Real Decreto-ley 31/1977, de 2 de junio, sobre extinción de la sindicación obligatoria, reforma de
estructuras sindicales y reconversión del Organismo autónomo «Administración Institucional de Servicios   Socio-Profesionales»",   *BOE*,   nº   136,   8-6-1977,   pp.   12901-12902
(https://www.boe.es/eli/es/rdl/1977/06/02/31).

[291] PRESIDENCIA DEL GOBIERNO, *Los Pactos de la Moncloa: texto completo del acuerdo económico y del acuerdo político. Madrid, 8-27 octubre 1977*, Madrid, Presidencia del Gobierno, 1977, p. 54.

Es decir, el Gobierno no sólo se comprometió a fijar los precios agrarios contando con la participación y opinión de las nuevas organizaciones agrarias que habían
surgido al calor de la Ley de Libertad Sindical, sino también a tomar las medidas
necesarias para corregir la "crisis de rentas" que padecían los profesionales del
campo.

Pero, sin duda, el mayor éxito de la "guerra de los tractores" se produjo cuando
las Cortes Constituyentes incluyeron la cuestión de la renta agraria en la Constitución
de 1978, obligando a los gobiernos a establecer las medidas necesarias para mejorar
el nivel de renta de los trabajadores del sector primario (artículo 130) teniendo en
cuenta, para ello, la opinión de sindicatos y organizaciones profesionales (artículo
131):

> Artículo 130.
> 1. Los poderes públicos atenderán a la modernización y desarrollo de todos los sectores
> económicos y, en particular, de la agricultura, de la ganadería, de la pesca y de la artesa-
> nía, a fin de equiparar el nivel de vida de todos los españoles. [...]
> Artículo 131.
> 1. El Estado, mediante ley, podrá planificar la actividad económica general para atender
> a las necesidades colectivas, equilibrar y armonizar el desarrollo regional y sectorial y
> estimular el crecimiento de la renta y de la riqueza y su más justa distribución.
> 2. El Gobierno elaborará los proyectos de planificación, de acuerdo con las previsiones
> que le sean suministradas por las Comunidades Autónomas y el asesoramiento y cola-
> boración de los sindicatos y otras organizaciones profesionales, empresariales y econó-
> micas. A tal fin, se constituirá un consejo, cuya composición y funciones se desarrollarán
> por ley[292].

En tercer lugar, la "guerra de los tractores" impulsó de forma definitiva, primero,
la crisis del sindicalismo vertical agrario, claramente desprestigiado por su pacato
papel en la movilización; y, segundo, la expansión de nuevas asociaciones y organizaciones agrarias horizontales e independientes. En efecto, en paralelo al discurrir de
las protestas en las carreteras, y durante las semanas siguientes, se crearon a lo largo
y ancho de toda España más de trescientas asociaciones y organizaciones agrarias[293],
vinculadas tanto a partidos de la oposición antifranquista (PSOE, PCE), como a partidos conservadores (UCD, AP).

Un buen ejemplo de ello es el caso de la propia provincia de Valladolid donde,
en paralelo al desarrollo de las tractoradas, durante esos últimos días de febrero e
inicios de marzo se crearon varias asociaciones agrarias. Ya vimos cómo los días 25
y 26 de febrero se celebraron unas asambleas de agricultores en Medina de Rioseco

---

[292] "Constitución española", *BOE*, nº 311, 29-12-1977 (https://www.boe.es/eli/es/c/1978/12/27/(1)/con).
[293] MOYANO ESTRADA, *Corporatismo y Agricultura…*, p. 170.

bajo el amparo de la Unión de Empresarios de la COSA donde se creó la Asociación de Agricultores y Ganaderos, cuyos promotores calificaron como una asociación "profesional, libre, apolítica, independiente y democrática", desmarcándola de la estructura del sindicalismo vertical[294].

Pocos días más tarde, el 28 de febrero, otro grupo de agricultores, entre los que estaban Vicente Martín Calabaza o Adolfo Sánchez Martín (hijo de Adolfo Sánchez García), formaron la Asociación Empresarial Provincial Agraria (AEPA), que definieron como una asociación agraria "Libre, Autónoma, Representativa, Democrática, Participativa, Reivindicativa, Dialogante, Unitaria, Formativa, Recreativa, Informativa, Comunitaria". Según el escrito que facilitaron a los medios de comunicación, esta asociación agraria pretendía ser una alternativa tanto a "la Organización Sindical Verticalista [que] se desmorona" porque "Las Cámaras y Hermandades en los últimos años no han participado suficientemente en la defensa de los intereses de los agricultores y ganaderos"; como a la citada Asociación de Agricultores y Ganaderos, que consideraban un instrumento de "los dirigentes de la Hermandad [que] quieren jugar una alternativa para seguir con su posición de privilegio en el sindicalismo agrario"[295].

Un día antes, el día 27 de febrero, también se reunieron en Valladolid representantes de organizaciones campesinas integradas en COAG procedentes de Ávila, Burgos, Palencia, Segovia, Soria, Valladolid y Zamora. Allí crearon la Coordinadora Regional de Organizaciones Campesinas de Castilla y León en base a un programa mínimo común que tenía como objetivo esencial la formación de "un sindicato campesino […] democrático, unitario, independiente y asambleario", denunciando "el intento de manipulación de este movimiento [la «guerra de los tractores»] por parte de la COSA"[296].

Al amparo de esta Coordinadora Regional se produjo el definitivo acercamiento y fusión de las dos organizaciones agrarias de Valladolid que estaban en COAG, el MCB y las CC.CC, para conformar, en marzo de 1977, una nueva organización agraria denominada Unión Campesina de Valladolid (UCV). La primera noticia que recoge la prensa sobre esta nueva organización data de finales de ese mismo mes de marzo, cuando Maxi Rodríguez, en una carta a *El Norte de Castilla*, explica el proceso y motivos que llevaron a su conformación:

> La historia de los Movimientos de Base en la provincia adquiere cierta importancia a lo largo del año 1976, durante el cual hacen su aparición el Movimiento Campesino de Base, Comisiones Campesinas que se desintegran por exceso de politización probablemente y, al extinguirse ésta, queda en pie un grupo de independientes en las comarcas

---

[294] *El Norte de Castilla*, 1-3-1977 y *Diario Regional*, 1-3-1977.

[295] *El Norte de Castilla*, 1-3-1977 y *Diario Regional*, 1-3-1977.

[296] *El Norte de Castilla*, 1-3-1977.

de Peñafiel y Valle Esgueva que se fija como objetivo principal lograr la unidad de todos los Movimientos, por la cual a su vez se halla trabajando el Movimiento Campesino de Base.

La unidad se ha logrado en la Unión de Campesinos de Valladolid, que se define como de carácter estrictamente profesional, alejada de los partidos políticos, "abierta, independiente, democrática y autónoma" y opuesta por convencimiento a que la COSA siga siendo la cabeza visible del campesinado por considerar que no ha cubierto debidamente la defensa de los intereses campesinos que durante tan largos años ha tenido a su cargo[297].

Todas estas asociaciones y organizaciones agrarias surgidas durante la "guerra de los tractores" conformarán la base sobre la que se construyó el nuevo panorama sindical agrario que dominó el país y la provincia de Valladolid durante los primeros años de la nueva democracia en España.

---

[297] *El Norte de Castilla*, 29-3-1977.

3. EL NUEVO PANORAMA SINDICAL AGRARIO DE LA DEMOCRACIA (1977-1982)

Como acabamos de señalar en unos pocos párrafos atrás, la "guerra de los tractores" fue un auténtico punto de inflexión en la evolución del sindicalismo agrario en el país, ya que, por un lado, certificó la crisis de los organismos del sindicalismo vertical agrario y, por otro, consolidó la expansión de nuevas asociaciones y organizaciones agrarias horizontales, libres y democráticas que configuraron un nuevo, pero complejo, panorama sindical agrario.

En efecto, como ya señaló en su momento Moyano Estrada, las más de trescientas asociaciones y organizaciones agrarias que se legalizaron al amparo de la Ley de Libertad Sindical de abril de 1977 vivieron durante los meses siguientes un complejo proceso de federaciones, confederaciones, fusiones, absorciones, etc. que aglutinó la mayor parte de ellas en torno a cinco grandes centrales sindicales agrarias de ámbito nacional: la Confederación Nacional de Agricultores y Ganaderos (CNAG), el Centro Nacional de Jóvenes Agricultores (CNJA), la Unión de Federaciones Agrarias de España (UFADE), la Coordinadora de Organizaciones de Agricultores y Ganaderos (COAG) y la Federación de Trabajadores de la Tierra de la UGT (FTT-UGT)[298]. Éstas fueron las cinco OPAs que dominaron y articularon el panorama sindical agrario español entre finales de la década de los setenta y primeros años ochenta.

La consolidación de todo este proceso se produjo con las elecciones a Cámaras Agrarias celebradas el 21 de mayo de 1978, cuando esas cinco grandes OPAs de ámbito nacional (y las asociaciones que las conformaban) se convirtieron definitivamente en los legítimos representantes sindicales de los agricultores ante la Administración.

A lo largo de las páginas siguientes vamos a ver como se fue conformando todo este nuevo panorama sindical agrario, primero, a nivel nacional, y, después, en el caso concreto de la provincia de Valladolid.

---

[298] MOYANO ESTRADA, *Corporatismo y Agricultura...*, pp. 169-172.

3.1. La conformación del panorama sindical agrario en España[299]

Lógicamente, hubo notables diferencias entre las distintas asociaciones y organizaciones que conformaron el nuevo panorama sindical agrario que surgió en el país tras la dictadura franquista. En este sentido, Moyano Estrada ya diferenció en su momento tres grandes tendencias organizativas dentro del nuevo sindicalismo agrario democrático atendiendo a los discursos reivindicativos y las relaciones político-ideológicas que destacaron en cada una de las cinco grandes centrales sindicales agrarias del país.

En primer lugar, identificó un sindicalismo agrario "de clase", integrado por COAG y FTT-UGT, caracterizado por defender los intereses de los pequeños y medianos agricultores con explotaciones familiares frente a los de grandes empresarios agrarios y la industria agroalimentaria. En segundo lugar, reconoció un sindicalismo de tipo "empresarial", representado por CNAG, que integraba, mayormente, a grandes propietarios que concebían la agricultura como una mera actividad empresarial, y a los agricultores como unos empresarios más. En tercer lugar, hubo un sindicalismo "reformista", en torno a CNJA y UFADE, que, aunque también concebía la actividad agraria como un negocio, incluía dentro de su programa la defensa de los intereses específicos de los agricultores familiares frente a la Administración y a otros sectores económicos[300].

Todos los sindicatos agrarios compartían una demanda común: la regulación de los precios agrarios para garantizar la rentabilidad de las explotaciones agrarias y, de ese modo, solucionar la "crisis de rentas" que arrastraban los profesionales del sector desde los años sesenta. Sin embargo, también plantearon otras reivindicaciones que determinaron las diferencias entre cada una de las tendencias organizativas mencionadas. En efecto, si el sindicalismo "empresarial" centraba su acción casi exclusivamente en la reivindicación de precios agrarios garantizados, los sindicatos "reformistas" exigían que la mejora de los precios agrarios debía acompañarse de otras políticas públicas específicas para impulsar la modernización de las explotaciones familiares y mejorar la calidad de vida en el medio rural, como medidas económicas (créditos, seguros…) y de fomento (extensión de regadíos, concentraciones parcelarias, servicios públicos en los pueblos…). Por su parte, los sindicatos "de clase" pedían que todas las políticas públicas específicamente agrarias se focalizaran especialmente en las pequeñas y medianas explotaciones familiares y que, además,

---

[299] Si no se especifica lo contrario, la mayor parte de la información y datos recogidos en este epígrafe proceden de: LÓPEZ SÁNCHEZ-CANTALEJO, "Panorama sindical…"; GONZÁLEZ RODRÍGUEZ, Juan Jesús, "Las Organizaciones Profesionales Agrarias", *Papeles de economía española*, 16 (1983), pp. 286-301; MOYANO ESTRADA, *Corporatismo y Agricultura…*; SABIO ALCUTÉN, "Cultivadores de democracia…"; DE LA FUENTE BLANCO, Gloria, *Los sindicatos agrarios: nuevos modelos organizativos en la España comunitaria*, Madrid, Universidad Complutense de Madrid, 1990.

[300] MOYANO ESTRADA, *Corporatismo y Agricultura…*, pp. 169-193.

los gobiernos implementaran otras medidas complementarias que redujeran los costes de producción (control de precios de insumos agrarios, rebajas fiscales…). Asimismo, los sindicatos "de clase" sumaron a estas demandas económicas, reivindicaciones de carácter político y democrático, concretamente, el desmantelamiento de las Cámaras Agrarias por considerar que eran unos organismos antidemocráticos heredados del sindicalismo vertical que socavaban la libre actividad sindical[301].

Con todo, en nuestro caso, desde la perspectiva que da el paso de los años, y tal y como ya han planteado otros historiadores[302], consideramos que, frente a la propuesta planteada por Moyano Estrada, el panorama sindical agrario de la Transición se puede estructurar en dos grandes tendencias de acuerdo con las influencias político-ideológicas que tuvieron las distintas asociaciones y organizaciones agrarias. De este modo, por un lado, hubo un sindicalismo agrario conservador, integrado por CNAG, CNJA y UFADE, que surgió desde ámbitos agrarios vinculados, en mayor o menor grado, con organismos del sindicalismo vertical y que, posteriormente, estuvo bajo la influencia política de UCD y AP. Esas tres OPAs vivirán a lo largo de la segunda mitad de los años 80 un proceso de unificación que culminará en 1989 con la conformación de la Asociación Agraria Jóvenes Agricultores (ASAJA). Por otro lado, hubo un sindicalismo agrario progresista, compuesto por COAG y FTT-UGT, que se conformó al amparo de la oposición antifranquista y que en buena medida terminaron bajo la influencia de los partidos de izquierda, PSOE y PCE.

Estas influencias políticas eran patentes, incluso para las autoridades, como bien muestra el informe "reservado" que realizó el Instituto de Relaciones Agrarias por encargo del Gobierno de cara a las elecciones a Cámaras Agrarias de mayo de 1978, donde estimaban el grado de influencia que tenían los partidos políticos en las principales OPAs del país:

> Confederación Nacional [CNAG], 50% UCD y 50% AP; FISA [precedente de UFADE], 100% UCD; Coordinadora [COAG], 50% PSOE y 50% PCE; Sindicato Independiente (1), 100% UCD; Sindicatos Independientes (2), 100% PCE; FTT, 100% PSOE[303].

---

[301] Ibid., pp. 174-175, 181-182 y 190-191.

[302] Cfr. SABIO ALCUTÉN, "Cultivadores de democracia…", pp. 91-94.

[303] Según el propio informe, los Sindicatos Independientes (1) incluían a "organizaciones profesionales generalmente en la línea ideológica de UCD" y los Sindicatos Independientes (2) englobaban a "organizaciones profesionales ideológicamente identificadas con PCE, PTE, ORT, etc.". En "Informes reservados de la Administración sobre filiación política de los representantes de cámaras agrarias", *El País*, 20-12-1978. También en MOYANO ESTRADA, *Corporatismo y Agricultura…*, pp. 270-272.

La influencia política-ideológica de los sindicatos agrarios quedó reflejada en su acción sindical: mientras los sindicatos conservadores concebían la agricultura como una mera actividad económica y al agricultor como el dueño de un negocio (ya fuera empresario o autónomo), y por lo tanto, consideraban que su acción sindical debía centrarse en la defensa de los intereses económicos del sector y de sus profesionales; los sindicatos progresistas consideraban que la sociedad rural se dividía en clases sociales (empresarios, agricultores familiares y trabajadores asalariados) y que su acción sindical debía centrarse en la defensa de los intereses económicos y sociales de los agricultores con explotaciones familiares.

3.1.1. Los sindicatos agrarios conservadores: CNAG, CNJA y UFADE

Como decimos, los sindicatos conservadores que surgieron en la Transición se gestaron en ámbitos agrarios relacionados, en mayor o menor grado, con las estructuras del sindicalismo vertical agrario.

En el caso de la Confederación Nacional de Agricultores y Ganaderos (CNAG), sus orígenes se remontan a 1976 cuando, ante la deriva reformista que estaba tomando el país y la patente amenaza de desarticulación del sindicalismo vertical, dirigentes de la Unión Nacional de Empresarios Agrícolas (integrada en la Hermandad Nacional de Labradores y Ganaderos) comenzaron a plantear la necesidad de crear asociaciones agrarias al margen (pero aprovechando la infraestructura) de las COSAs. De este modo, desde inicios de 1977, se crearon distintas Asociaciones de Agricultores y Ganaderos (ASAGAs) de ámbito provincial que, junto a otras asociaciones agrarias sectoriales (la Unión del Olivar Español o la Asociación General de Ganaderos del Reino), formaron a finales de junio de 1977 la CNAG. Casi de inmediato, la CNAG confirmó su carácter empresarial, y participó en la formación de la Confederación Española de Organizaciones Empresariales (CEOE) el 29 de junio de 1977[304].

En sus principios, CNAG tuvo especial implantación entre los grandes propietarios de la España latifundista (Andalucía Occidental, Extremadura) y entre grandes y medianos agricultores de algunas provincias agrarias del norte de España (Valladolid, Salamanca, Zaragoza).

No obstante, cabe destacar que, a pesar de sus orígenes verticalistas, la dirección de la CNAG fue ocupada durante sus primeros años por personas vinculadas a

---

[304] Sobre la CNAG, véase: GONZÁLEZ RODRÍGUEZ, Juan Jesús, *La patronal agraria. Estrategias de política agraria y de negociación colectiva*, Madrid, Fundación Juan March, 1986.

sectores reformistas. Es el caso de Adolfo Sánchez Martín (de Valladolid)[305], que fue nombrado presidente, y Javier López de la Puerta (de Sevilla), vicepresidente[306], los cuales estuvieron vinculados políticamente con UCD: el primero como concejal de Valladolid en 1979 y candidato al Congreso en las elecciones de 1982; y el segundo como candidato en las elecciones al Parlamento de Andalucía en 1982.

El origen del Centro Nacional de Jóvenes Agricultores (CNJA) se remonta, como ya apuntamos, a los últimos años del franquismo cuando Fernando Sanz-Pastor Mellado (yerno del presidente de la Hermandad Nacional de Labradores y Ganaderos, Luis Mombiedro de la Torre) y Felipe González de Canales promovieron la creación de un movimiento de Jóvenes Agricultores similar al que existía en Francia, con objeto de reformar el sindicalismo agrario desde dentro de las propias estructuras del verticalismo. Esta idea se concretó en 1972 con la creación de la Agrupación Nacional de Jóvenes Agricultores en el seno de la Hermandad Nacional de Labradores y Ganaderos[307]. En 1977, con la aprobación de la Ley de Libertad Sindical, el movimiento dio un paso adelante y decidió constituirse como OPA con el nombre de CNJA, copiando el nombre del sindicato homónimo que ya existía en Francia: el *Centre National des Jeunes Agriculteurs*.

La creación y desarrollo del CNJA contó con el claro apoyo de dirigentes de la UCD y funcionarios del Ministerio de Agricultura[308], los cuales buscaban contrarrestar la influencia que tenía AP en CNAG y el PSOE y el PCE en COAG. Con todo, a pesar de estos importantes apoyos, el CNJA no tuvo una gran implantación en el país durante sus primeros años de existencia, más allá de constituir algunos centros importantes en Cataluña y Galicia[309] y en algunas provincias de Castilla-La Mancha y Andalucía[310].

Por ello, desde su creación, el CNJA tuvo dos principales estrategias organizativas. En primer lugar, extender su presencia por el país mediante la creación y promoción de centros provinciales. Es decir que, a diferencia de CNAG y COAG, que se crearon de *abajo a arriba* a partir de la unión de asociaciones u organizaciones provinciales preexistentes, el CNJA se construyó de *arriba a abajo*: es decir, primero

---

[305] Como ya hemos dejado apuntado, y profundizaremos más adelante, Adolfo Sánchez Martín fue uno de los promotores y primer secretario de la Asociación Empresarial Provincial Agraria (AEPA) que se creó al amparo de los sectores agrarios conservadores reformistas de Valladolid.

[306] Sobre la actitud aperturista de Javier López de la Puerta y la ASAGA de Sevilla, véanse las notas a pie de página en MOYANO ESTRADA, *Corporatismo y Agricultura...*, pp. 230-231.

[307] Véase *supra*.

[308] Hasta el punto de que, por ejemplo, el propio ministro de Agricultura, Jaime Lamo de Espinosa, clausuró el Congreso Europeo de Jóvenes Agricultores que se celebró en 1979 en Barcelona (*El Norte de Castilla*, 8-12-1979).

[309] Sobre el movimiento Jóvenes Agricultores en Galicia, véase: DÍAZ GEADA, *O campo en movemento...*, pp. 111-115.

[310] Como es el caso de Almería: FERRER GÁLVEZ, "El sindicalismo 'reformista'…"

se creó la asociación de ámbito estatal y, después, ésta impulsó el establecimiento y expansión de centros provinciales.

En segundo lugar, intentaron crear una asociación *hermana* que acogiera a los agricultores mayores de 35 años y atrajera a los sectores agrarios conservadores que no se habían integrado en la CNAG. Para ello, primero buscaron un acercamiento entre CNJA y ARA (de Alberto Ballarín), que culminó con la creación de la Federación Independiente de Sindicatos Agrarios (FISA) en marzo de 1978[311]. Sin embargo, esta organización se desintegró al poco de nacer como consecuencia de enfrentamientos internos. Poco después, en octubre de ese mismo año, el CNJA y otros sindicatos agrarios independientes de diversas provincias y regiones españolas crearon la Unión de Federaciones Agrarias de España (UFADE)[312]. A pesar de ello, como veremos inmediatamente, UFADE no tardó en desvincularse del CNJA como consecuencia de desavenencias personales, de tal modo que ambas organizaciones iniciaron caminos independientes no exentos de enfrentamientos. Un tercer intento para constituir una asociación matriz que acogiera a sus afiliados *adultos* se produjo en 1983, cuando el CNJA se refundó en el Centro Nacional de Jóvenes Agricultores-Federación Nacional de Sindicatos Agrarios (CNJA-FNSA) para conformar un sindicato agrario organizado en dos ramas: CNJA, para los agricultores menores de 35 años, y la FNSA, para los militantes mayores de 35 años[313]. A pesar de todo, la predominancia de la rama juvenil sobre la adulta fue patente y FNSA apenas tuvo actividad propia e independiente. Por ello, a lo largo de los años 80 el CNJA realizó nuevos acercamientos a UFADE. De estos intentos resultó, en 1986, la conformación de la Federación de Organizaciones Agrarias en Castilla y León, fruto de la fusión de las secciones de UFADE y Jóvenes Agricultores que existían en estas regiones[314].

Los intentos del CNJA para constituir una asociación que englobara a todos los agricultores sin discriminación de edad no culminó completamente hasta 1989 cuando, como apuntamos páginas atrás, las OPAs conservadoras (CNJA, UFADE, CNAG) conformaron la actual ASAJA.

La Unión de Federaciones Agrarias de España (UFADE), como acabamos de ver, nació en octubre de 1978 por el acuerdo alcanzado entre el CNJA y otros sindicatos agrarios conservadores de ámbito provincial y regional[315]. La mayoría de ellos

---

[311] *El País*, 30-3-1978.

[312] *El Norte de Castilla*, 28-10-1978 y *Diario Regional*, 28-11-1978.

[313] *El País*, 18-4-1983. Con ello, el CNJA pretendía asumir totalmente (incluso en las siglas) el modelo sindical francés, donde la mayoría de pequeños y medianos agricultores conservadores se agrupaban en torno a dos organizaciones autónomas: una juvenil, el ya conocido *Centre National des Jeunes Agriculteurs* (también CNJA), y otra adulta, la *Fédération Nationale des Syndicats d'Exploitants Agricoles* (FNSEA): MOYANO ESTRADA, *Sindicalismo y política agraria...*, pp. 105-139.

[314] DE LA FUENTE BLANCO, *Los sindicatos agrarios...*, p. 189; FALCES YOLDI, *Haciendo unión...*, p. 186.

[315] *El Norte de Castilla*, 28-10-1978 y *Diario Regional*, 28-11-1978.

representaban a pequeños y medianos agricultores familiares conservadores de la mitad norte de España que no se identificaban con los intereses de grandes propietarios y empresarios agrarios que defendía CNAG. Una de las asociaciones más importantes que conformó UFADE fue la Federación Regional de Agricultores y Ganaderos de la Cuenca del Duero, creada en diciembre de 1977 por diversas asociaciones agrarias de las provincias de Ávila, Burgos, Palencia, Valladolid, Salamanca, Segovia, Soria, Zamora y Valladolid (como veremos, APAG y AEPA)[316]. La trascendencia que tuvo la Federación de la Cuenca del Duero en la conformación de UFADE quedó reflejada cuando el secretario de la primera, el palentino Álvaro Inclán Alonso, fue elegido primer presidente de la nueva OPA nacional[317].

Del mismo modo que sucedió con CNJA, en la formación de UFADE tuvo mucha influencia la acción de personalidades vinculadas a UCD que buscaban crear una asociación agraria que contrarrestase la influencia de AP en CNAG y de los partidos de izquierda en COAG. Fue el caso, por ejemplo, de Justo de las Cuevas, diputado por UCD entre 1977 y 1982, quien desde 1974 había sido presidente de la COSA de Santander y, posteriormente, uno de los promotores del Sindicato Independiente de Agricultores y Ganaderos de Santander, organización fundadora de UFADE; o de Manuel García Iglesias, integrante del Comité Ejecutivo de la UCD en Valencia, que había sido miembro de la COSA de esa provincia y, posteriormente, el principal promotor de la Asociación Valenciana de Agricultores, también organización fundadora de UFADE. Sin embargo, como acabamos de apuntar, UFADE se desvinculó prontamente del CNJA e inició una trayectoria propia e independiente.

UFADE sólo tuvo una presencia destacada en algunas regiones del país como Valencia, Santander, Castilla y León y, asimismo, en algunas comarcas de Cataluña (en las que, curiosamente, se mantuvo el proyecto conjunto CNJA-UFADE, a pesar de su ruptura a nivel nacional).

Buena parte de esta limitada implantación en el país se explica por la falta de unidad interna que acusó UFADE debido, principalmente, a que las asociaciones que la integraban tenían (y defendían) una amplia autonomía de acción, lo que en no pocas ocasiones derivó en importantes conflictos internos dentro de la organización que incluso provocaron la escisión de sus asociaciones más importantes: en 1978 CNJA y en 1980 la Federación Regional de Agricultores y Ganaderos de la Cuenca del Duero. A pesar de todo, UFADE logró sobrevivir como OPA de ámbito estatal por intereses meramente estratégicos: por un lado, el interés de los gobiernos de UCD de tener una asociación afín en el panorama sindical agrario español; y, por otro, el deseo de las asociaciones agrarias que la integraban de mantener una representación en los organismos estatales que establecían los acuerdos de política agraria.

_____

[316] *El Norte de Castilla*, 9-12-1977.
[317] *El Norte de Castilla*, 6-12-1978.

3.1.2. Los sindicatos agrarios progresistas: COAG y FTT-UGT

El sindicalismo agrario español de tendencia progresista se articuló en torno a dos organizaciones, COAG y FTT-UGT, las cuales surgieron en 1976 al socaire de movimientos políticos y sociales de la oposición antifranquista.

Como ya apuntamos, la Coordinadora de Organizaciones de Agricultores y Ganaderos (COAG) se conformó en diciembre de 1976 por 23 organizaciones campesinas de diversas partes de España. Aunque todas estas organizaciones (UAGAs, Uniones de Campesinos, Comisiones Campesinas) fueron creadas por grupos de agricultores vinculados a partidos comunistas de distinta tendencia (PCE, PTE, ORT…) y/o a movimientos cristianos de base, la COAG terminó bajo la esfera de influencia del PCE y PSOE. El grado de influencia que cada uno de estos dos partidos tuvo sobre la COAG dependió de factores territoriales y de la evolución de la vida política del país. Por lo que se refiere a los factores territoriales, el PCE tuvo más influencia en las UAGAs de las regiones del sur de España (donde la COAG tenía menos implantación), mientras que el PSOE tuvo mayor influencia en las UAGAs de las regiones del norte del país (donde la COAG tenía más implantación). Respecto a la evolución de la vida política, el PCE tuvo mayor influencia en los inicios de la COAG, pero con el paso del tiempo, y de los resultados electorales, el PSOE aumentó progresivamente su influencia en la organización.

El impulso definitivo de la COAG se produjo tras su determinante papel en la "guerra de los tractores" de febrero-marzo de 1977, lo que la convirtió en la OPA más influyente del país durante los últimos años setenta. Buena muestra de ello es que fue la OPA con mayor implantación territorial, destacando especialmente su presencia en Cataluña, Comunidad Valenciana, las provincias del valle del Ebro (Álava, La Rioja, Navarra, Aragón) y algunas provincias septentrionales de la cuenca del Duero (León, Burgos, Zamora).

Los inicios de la COAG estuvieron marcados por dos elementos. Primero, su decidida apuesta por una estrategia reivindicativa combativa, de tal modo que esta organización fue la que impulsó la mayor parte de las protestas agrarias en España hasta 1980, entre las que destacaron las denominadas "jornadas de lucha en el campo", que analizaremos con mayor detalle en su momento. Segundo, la progresiva proliferación de disputas internas causadas y/o estimuladas por la heterogeneidad ideológica, la dinámica asamblearia de su funcionamiento o la plena autonomía de acción que tenían las uniones que la integraban. La principal manifestación de estas disputas internas fue la multiplicación de continuos debates organizativos como, por ejemplo, sobre la estructura que debía tener la organización –en forma de confederación, como defendía el PCE; o de coordinadora, como defendía el PTE y las uniones más autónomas, como la *Unió de Pagesos* de Cataluña–; o sobre la composición de sus bases –si debía de incluir, o no, a los trabajadores del campo–. Estas disputas y debates internos terminaron por originar importantes crisis organizativas, como

quedó de manifiesto en la I Asamblea de la COAG celebrada en 1980[318], que provocaron, pocos años más tarde, las escisiones de algunas de las uniones más significativas y combativas, como la Unión de Agricultores y Ganaderos de Navarra[319] o la
Unión de Campesinos Leoneses[320].

La Federación de Trabajadores de la Tierra (FTT-UGT)[321], por su parte, se creó
en el XXX Congreso de la UGT celebrado en abril de 1976 por el expreso deseo de
dirigentes del PSOE y la UGT que querían reconstruir la vieja Federación Nacional
de Trabajadores de la Tierra (FNTT) de los años treinta. La renacida organización
tomó forma concreta en octubre de ese año cuando se nombró un Comité Ejecutivo
encabezado por el riosecano Ángel Fernández como secretario general y, posteriormente, cuando la organización se legalizó al amparo de la Ley de Libertad Sindical
de abril de 1977. La creación y expansión de la FTT-UGT se basó, por un lado, en la
memoria y recuerdo histórico de la antigua FNTT y, por otro, en la estructura organizativa del PSOE y la UGT, sobre todo a raíz de los éxitos electorales que auparon
al partido socialista a ser la segunda fuerza política del país. Por ello, la implantación
de la FTT-UGT se limitó, en gran medida, a regiones agrarias donde la FNTT ya
había tenido una notable implantación durante los años treinta y donde el PSOE obtuvo buenos resultados en las elecciones de la segunda mitad de los setenta, esto es,
Andalucía, Extremadura, Castilla-La Mancha y la región valenciana.

Con todo, tras los primeros meses de expansión, la FTT-UGT acusó una limitada capacidad de crecimiento consecuencia, principalmente, de dos factores. En primer lugar, la fuerte y consolidada implantación que tenían las UAGAs de COAG en
las provincias agrarias de la mitad norte de España, que impidió que la FTT-UGT
pudiera expandirse más allá de las tradicionales regiones rurales de influencia socialista. Este obstáculo provocó importantes debates internos dentro del socialismo entre, por un lado, la UGT, que defendía la necesidad de potenciar la FTT-UGT en todo
el país, y, por otro, un sector crítico del PSOE, encabezado por Joaquín Almunia y
Juan Colino, que consideraban que esa estrategia era un error, porque suponía com-
petir con unas UAGAs que ya estaban fuertemente implantadas, y proponían, como
alternativa, abrir vías de diálogo y colaboración con los grupos socialistas que ya
existían dentro de COAG, que eran especialmente importantes en las UAGAs de la
mitad norte del país[322]. Como solución a este debate, el Comité Ejecutivo Federal del

---

[318] Más allá de la bibliografía general ya mencionada, un estudio específico sobre los primeros años de
COAG en: ARRIBAS y GONZÁLEZ, "El sindicalismo de clase…".

[319] *El País*, 23-11-1983.

[320] *El País*, 7-1-1984.

[321] Gran parte de lo dicho sobre la FTT-UGT procede del estudio de referencia sobre esta organización:
HERRERA GONZÁLEZ DE MOLINA, *La construcción de la democracia…*.

[322] Según el testimonio del propio Juan Colino: "… la UGT se dirigía a trabajadores por cuenta ajena y
aquí en Castilla y León el trabajador por cuenta ajena, sólo, como tal, no existía en el campo… entonces
yo siempre auguré muy poco éxito aquí en Valladolid a la UGT-Trabajadores de la Tierra […] siempre

PSOE de marzo de 1982 tomó una solución salomónica y permitió que los militantes socialistas pudieran afiliarse a las UAGAS en las provincias donde no existía sección de la FTT-UGT o ésta era muy débil[323].

El segundo factor fue el carácter interclasista de FTT-UGT que, desde su crea-ción, apostó por integrar en su seno tanto a trabajadores agrícolas como a pequeños y medianos agricultores, los cuales, no pocas veces, tenían intereses contrapuestos. Esto creó una dicotomía interna que causó notables conflictos, lo que obligó a la or-ganización a abandonar paulatinamente su condición interclasista y realizar un pro-ceso de división. El primer paso se inició en 1980 y culminó en 1982, cuando la FTT-UGT se dividió orgánicamente creando en su interior dos secciones sindicales: el Sindicato de Obreros Agrícolas (SOA), que agrupaba a los trabajadores agrícolas; y la Unión de Pequeños Agricultores (UPA), que integraba a los agricultores autóno-mos. El segundo y definitivo paso se dio en 1987, cuando UPA se desgajó definiti-vamente de la FTT-UGT y se configuró como una OPA totalmente independiente, perviviendo como tal hasta nuestros días.

3.2. La conformación del panorama sindical agrario en Valladolid[324]

Del mismo modo que ocurrió a nivel nacional, la "guerra de los tractores" cer-tificó la crisis del sindicalismo vertical agrario en la provincia de Valladolid y dio paso a la configuración de un nuevo panorama sindical agrario, aunque con algunas peculiaridades específicas respecto al resto del país.

En efecto, a raíz de la Ley de Libertad Sindical de 1977 se legalizaron en la provincia hasta siete organizaciones agrarias. Cuatro de ellas tuvieron vocación ge-neralista y buscaron agrupar a todo tipo de agricultores, mientras que las otras tres tuvieron carácter sectorial, ya que limitaron su acción sindical a determinados secto-res agropecuarios. Dentro de los sindicatos agrarios generalistas hubo dos organiza-ciones de tendencia conservadora (APAG y AEPA) y otras dos de tendencia progresista (UCV y el Comité Provincial de la FTT-UGT). Por su parte, dentro de las

---

dije que con esas siglas teníamos muy poco que hacer cuando al mismo tiempo acababan de nacer las Uniones de Campesinos, tanto de León, como de Valladolid, de Zamora… Y yo en aquel tiempo, en el 77, 78, era más partidario de que, en vez de crear la UPA de UGT, que nos esforzáramos en reforzar lo que ya había, que eran las uniones de campesinos. Mi tesis no salió adelante" (entrevista a Juan Colino, Valladolid, 2-7-2019). El debate también en: HERRERA GONZÁLEZ DE MOLINA, *La construcción de la democracia…*, pp. 248-255.

[323] En concreto, fueron aquellos territorios donde FTT-UGT tuvo peores resultados en las elecciones a Cámaras Agrarias de 1978: Cataluña, Aragón, La Rioja, Navarra, Asturias, Cantabria, León, Burgos, Soria, Baleares, Sevilla y algunas comarcas de Valencia.

[324] Este epígrafe es una versión revisada y ampliada del artículo: REDONDO CARDEÑOSO, Jesús Án-gel, "Lluvia de siglas en el campo: el sindicalismo agrario en la provincia de Valladolid durante la Tran-sición (1975-1980)", *Historia y Política*, 44 (2020), pp. 337-368.

organizaciones agrarias de carácter sectorial hubo dos sindicatos ganaderos (la sección provincial de la Asociación General de Ganaderos del Reino –AGGR–, de tendencia conservadora; y la Unión de Ganaderos de Valladolid –UGV–, progresista) y una organización remolachera (la refundación del viejo SR).

Algunas de estas organizaciones agrarias vallisoletanas tuvieron un papel destacado en el complejo proceso de conformación de federaciones, confederaciones, fusiones, etc. que configuró el nuevo panorama sindical agrario español durante los años 1977 y 1978, y que culminó en la creación de cinco grandes centrales sindicales agrarias del país (CNAG, CNJA, UFADE, COAG y FTT-UGT).

Asimismo, cabe destacar que, desde el punto de vista político, y del mismo modo que ocurrió a nivel nacional, las OPAs provinciales fueron objeto de deseo de los partidos políticos, que intentaron influenciar en ellas no sólo para atraerse el apoyo electoral de sus afiliados (y de los agricultores en general) sino también para captar a algunos de sus líderes e integrarlos en sus cuadros en formación[325].

3.2.1. Los sindicatos agrarios (generalistas)

Como acabamos de señalar, tras la Ley de Libertad Sindical de abril de 1977, se legalizaron cuatro OPAs generalistas en Valladolid: APAG, AEPA, UCV y el Comité Provincial de la FTT-UGT. Sin embargo, a efectos prácticos, podríamos decir que sólo las tres primeras tuvieron una actividad destacada, puesto que la FTT-UGT siempre tuvo una afiliación marginal en la provincia.

3.2.1.1. Asociación Provincial de Agricultores y Ganaderos (APAG)

APAG fue una de esas ASAGAs que surgieron desde finales de 1976 en diversas provincias del país al amparo de la Unión Nacional de Empresarios Agrícolas. En efecto, la primera expresión de APAG fue la Asociación de Agricultores y Ganaderos que, como vimos, se conformó en dos asambleas celebradas en Medina de Rioseco los días 25 y 26 de febrero de 1977 durante la "guerra de los tractores", siendo presidida por Mariano Vázquez de Prada, quien también era presidente de la Unión de Empresarios de la COSA (y, asimismo, como señalamos, primo del presidente de la COSA, Ciriaco Vázquez de Prada).

---

[325] SABIO ALCUTÉN, *Labrar democracia…*, pp. 40-41. Esa táctica que buscaba captar a prohombres de distintos sectores económicos y sociales para conformar cuadros políticos fue especialmente utilizada en Castilla y León por UCD: PELAZ LÓPEZ y GONZÁLEZ MARTÍN, "Los partidos políticos...", pp. 30-31.

Como sucedió con otras asociaciones homólogas de otras provincias, la nueva ASAGA vallisoletana intentó desmarcarse de la COSA ("la nueva Asociación de empresarios agrícolas no tiene nada que ver con tal organismo") para aprovechar el descontento existente en el agro y reposicionarse en el nuevo panorama sindical agrario que se abría con la Transición[326].

La conformación definitiva de APAG se concretó en una serie de asambleas convocadas por la Unión de Empresarios de la COSA durante los últimos días de marzo en diversos puntos de la provincia (Tordesillas, Medina de Rioseco, Medina del Campo, Peñafiel, Mayorga de Campos, Nava del Rey, Villalón, Olmedo y Valladolid capital), con objeto de que "los presidentes de Hermandad y los presidentes de la Unión de Empresarios de cada comarca" pudieran realizar "un cambio de impresiones en relación con el tema de asociacionismo empresarial agrario, ante la posible reforma de la actual estructura sindical"[327].

Finalmente, APAG se legalizó a inicios de mayo, contando, según sus propias cifras, con más de dos mil asociados. En la nota de prensa que anunciaba su legalización, APAG se autodefinía como una asociación "libre, independiente, apolítica y democrática" y establecía como sus principales fines:

a) Defender los intereses económicos, sociales y profesionales de sus asociados, dentro de una economía de libre iniciativa.

b) Asumir la representación de sus asociados en sus relaciones con otras asociaciones, sindicales y demás grupos y entidades de signo análogo.

c) Fomentar la formación profesional y cultural de los mismos.

d) Incorporar a la juventud a las tasas agropecuarias.

e) Estimular la promoción y creación de instituciones de toda naturaleza que puedan ser útiles o convenientes para el mejor cumplimiento de sus fines, participando incluso en los mismos.

f) Cualesquiera otros fines lícitos que puedan considerarse de interés para los asociados dentro del espíritu que inspira la constitución de la asociación[328].

Pocas semanas más tarde, el 9 de julio de 1977, APAG celebró su asamblea constitutiva donde se ratificó a Mariano Vázquez de Prada como presidente, y se planteó la primera acción reivindicativa de la nueva asociación: enviar un telegrama al Ministerio de Agricultura solicitando una "urgente actualización precios productos agrarios que termine injusta discriminación sector"[329]. Esta acción resume perfecta-

---

[326] Véase *supra*.

[327] AHPV, *Gobierno Civil*, Caja 749, Exp. s/n, 21-3-1977.

[328] *Diario Regional*, 11-5-1977.

[329] *El Norte de Castilla*, 10-7-1977 y 13-7-1977.

mente la estrategia reivindicativa que asumió APAG durante sus primeros años de existencia: demandar mejores precios agrarios mediante vías institucionales y nego-ciadas. Es decir, continuó con la estrategia reivindicativa del sindicalismo vertical agrario.

APAG tuvo una clara influencia de los sectores más conservadores de la pro-vincia. Como decía un informe del Gobierno Civil realizado de cara a las elecciones a Cámaras Agrarias de 1978, los líderes de APAG eran "de derechas o en algún caso de la derecha de las derechas"[330]. En este sentido, por ejemplo, ya señalamos como según algunas informaciones el presidente de esta asociación, Mariano Vázquez de Prada Juárez, formaba parte de "una familia vallisoletana conocida por sus ideas ul-traderechistas"[331]. La querencia ultraderechista de algunos dirigentes de APAG era bien conocida en los ámbitos agrarios de la provincia, como nos confirmó Eusebio Orrasco: "los de APAG eran gente más mayor, eran más, más… podíamos decir eran más de extrema derecha… [...] Porque ahí en APAG era todo de fachas, eran todos de Fuerza Nueva"[332]. Otros miembros de APAG, sin embargo, principalmente cargos intermedios, eran más moderados y se vincularon activamente con Alianza Popular (AP). Es el caso del ya referido Antonio D. Soldevilla, profesor de Derecho Agrario del INEA y asiduo colaborador en *El Norte de Castilla*, que fue candidato de AP al Senado en las elecciones de 1977 y, posteriormente, vocal de APAG en la Cámara Agraria provincial tras las referidas elecciones de 1978; o Marcelo Morchón, que no sólo fue uno de los impulsores de APAG y vicepresidente de la Cámara Agraria pro-vincial en 1978 como representante de esa formación, sino también fue procurador de AP en las primeras Cortes de Castilla y León en 1983.

3.2.1.2. Asociación Empresarial Provincial Agraria (AEPA)

La otra OPA generalista conservadora de Valladolid fue AEPA, que también surgió en el contexto de la "guerra de los tractores" de la mano de sectores agrarios conservadores reformistas encabezados por Vicente Martín Calabaza y Adolfo Sán-chez Martín, los cuales participaron en la tractorada que se organizó en Cigales. Se-gún sus promotores, AEPA surgió como una asociación agraria "Libre, Autónoma, Representativa, Democrática, Participativa, Reivindicativa, Dialogante, Unitaria, Formativa, Recreativa, Informativa, Comunitaria" que pretendía ser una alternativa a "la Organización Sindical Verticalista [que] se desmorona", pero también, a la Aso-ciación de Agricultores y Ganaderos, que consideraban un instrumento de "los diri-gentes de la Hermandad [que] quieren jugar una alternativa para seguir con su

---

[330] AHPV, *Gobierno Civil*, Caja 1707, Exp. 47, "Informe Cámaras Agrarias", 23-6-1978.

[331] *El País*, 19-4-1984. Véase *supra*.

[332] Entrevista a Eusebio Orrasco, Valladolid, 23-6-2020.

posición de privilegio en el sindicalismo agrario"[333]. Según el testimonio del propio Adolfo Sánchez Martín, la motivación que llevó a este grupo de agricultores a formar AEPA era conformar una organización agraria que sustituyera al sindicalismo vertical "por algo a imagen y semejanza europea"[334].

A los pocos días de su creación, el 10 de marzo de 1977, el propio Adolfo Sánchez Martín expuso las motivaciones y el programa sindical de AEPA en un acto público celebrado en el INEA adonde asistieron alrededor de 60 personas. Primero, recalcó que AEPA era una asociación "libre, democrática, participativa, reivindicativa, dialogante, unitaria, formativa, informativa y comunitaria". Segundo, insistió que pretendía ser una asociación "apolítica" y alternativa de las organizaciones agrarias promovidas por "los sindicatos oficiales y de las centrales sindicales obreras". Tercero, dijo que AEPA pretendía integrar a todos "empresarios agrarios", aclarando que "el propietario de la tierra que no fuera agricultor y que no quisiera la tierra más que como un valor especulativo no tendría nada que hacer en esta asociación". Finalmente, presentó sus reivindicaciones básicas:

> … paridad de las rentas agrarias con las de otros sectores de producción, la reforma de la política educacional agraria, la equiparación a nivel sindical, la reforma y actualización de la legislación agraria, precios mejores y acordes con la realidad para los productos agrícolas, créditos, inversiones, reforma de las estructuras agrarias, seguro de cosechas al menos para productos básicos, fomento de la ganadería extensiva, cauces más cortos para la comercialización de los productos de la tierra, equilibrio del desarrollo regional agrario, urbanismo rural y favorecimiento de la investigación agropecuaria[335].

A lo largo de los meses de marzo y abril de 1977, los promotores de AEPA siguieron exponiendo las motivaciones, ideas y reivindicaciones que tenía la nueva asociación ante la opinión pública por diversos medios. Entre ellos destacan los numerosos artículos que escribieron en periódicos provinciales Vicente Martín Calabaza[336], o el mismo Adolfo Sánchez Martín[337], donde, por ejemplo, especificaron su concepto de "empresario agrario":

> ... todos los agricultores y ganaderos, de la grande, mediana o pequeña empresa, tengan o no trabajadores fijos y que dirijan explotaciones de tipo unipersonal, familiar, sociedad mercantil, sociedad cooperativa o grupo de explotación común. Es evidente

---

[333] Véase *supra*.

[334] GONZÁLEZ RODRÍGUEZ, Juan Jesús, "Entrevista a Adolfo Sánchez Martín", *Agricultura y Sociedad*, 31 (1984), p. 202.

[335] *El Norte de Castilla*, 11-3-1977.

[336] MARTÍN CALABAZA, Vicente, "En vosotros está", *El Norte de Castilla*, 27-3-1977.

[337] *El Norte de Castilla*, 27-3-1977, 3-4-1977 y 10-4-1977; *Diario Regional*, 5-4-1977 y 14-4-1977.

que tan empresario es el agricultor autónomo de pequeña empresa, como el gerente de una gran cooperativa ganadera o de explotación en común de la tierra[338].

Definitivamente, AEPA celebró su asamblea constituyente el 21 de junio de 1977, con Vicente Martín Calabaza y Adolfo Sánchez Martín como presidente y secretario provisionales. En la misma, el presidente expuso que la asociación acogía "todas las ideologías, a excepción del marxismo. [Porque] No podemos consentir por ningún concepto que se pueda atentar contra la propiedad privada". Aunque los Estatutos fueron aprobados por unanimidad de los asistentes, hubo algunas voces que, en clara referencia a APAG, reclamaron la "conveniencia de una sola asociación", para evitar la división de los sectores agrarios conservadores de la provincia ante el impulso de los sindicatos agrarios "de clase"[339]. Esta división, como veremos, determinará en gran medida la existencia y evolución de las dos OPAs conservadoras vallisoletanas.

Finalmente, desde el punto de vista político, como indica el ya citado informe del Gobierno Civil realizado para las elecciones a Cámaras Agrarias de 1978, se podía calificar a AEPA "como de Centro"[340]. Buena muestra de ello es que varios de sus principales dirigentes tuvieron una especial relación con UCD. Es el caso del propio Adolfo Sánchez Martín, promotor y secretario de AEPA, que, como ya apuntamos, fue concejal por UCD en el Ayuntamiento de Valladolid desde 1979 y, posteriormente, candidato al Congreso por el mismo partido en las elecciones de 1982.

*   *   *   *

A modo de paréntesis, y para concluir con el repaso por las OPAs conservadoras vallisoletanas que surgieron durante la Transición, debemos mencionar, aunque sea brevemente, a la sección provincial de Jóvenes Agricultores que, como vimos, fue promovida por Eusebio Orrasco, por intermediación del presidente de la COSA, Ciriaco Vázquez de Prada. Sin embargo, como también dijimos, a pesar de que Jóvenes Agricultores sí realizó alguna aparición pública en la provincia[341], durante los últimos años setenta tuvo una actividad muy limitada y, de hecho, no llegó a constituirse legalmente como organización hasta febrero de 1981[342].

---

[338] *El Norte de Castilla*, 27-3-1977.

[339] *El Norte de Castilla*, 24-6-1977 y *Diario Regional*, 24-6-1977. Aunque en este caso no tenemos cifras de su afiliación, Adolfo Sánchez Martín señaló a la altura de 1984 que AEPA tenía en torno a "dos mil y pico socios" (GONZÁLEZ RODRÍGUEZ, "Entrevista a…", p. 208).

[340] AHPV, *Gobierno Civil*, Caja 1707, Exp. 47, "Informe Cámaras Agrarias", 23-6-1978.

[341] *Diario Regional*, 23-6-1977.

[342] ORRASCO GARCÍA, *Historia de ASAJA…*, pp. 15-23.

3.2.1.3. Unión Campesina de Valladolid (UCV)

La UCV fue, sin duda, el principal exponente del sindicalismo agrario progresista en la provincia. Su creación también se enmarcó en el contexto de la "guerra de los tractores" cuando, al amparo de la Coordinadora Regional de Organizaciones Campesinas de Castilla y León, culminaron con éxito las conversaciones que desde finales de 1976 venían realizando el MCB y las CC.CC. para conformar una única organización vallisoletana dentro de COAG[343].

La primera referencia que tenemos de UCV fue un manifiesto que la organización envió a diversos agricultores de la provincia a principios del mes de marzo de 1977, donde criticaba la actuación de la COSA y de la Asociación de Agricultores y Ganaderos durante la "guerra de los tractores", condenaba la represión violenta de las fuerzas del orden público durante esa protesta y pedía que los cargos sindicales y políticos de los pueblos de la provincia dimitieran como muestra de solidaridad con los agricultores agredidos[344].

Pocas semanas después, en una reunión celebrada el 1 de mayo de 1977 en el Instituto Rural El Pino de Valladolid, los integrantes de la UCV decidieron legalizar la organización al amparo de la Ley de Libertad Sindical, lo que ejecutaron al día siguiente, 2 de mayo. La UCV se calificó como "un movimiento campesino de base desligado de los partidos políticos" que pretendía defender "los intereses del campo" y perseguir "la elevación de los niveles social, cultural, profesional y humano del campesinado", rechazando públicamente "la acusación de «comunistas», que […] les habían hecho los «caciques»", ya que "en su seno caben todas las ideologías"[345].

En esta misma asamblea, los asistentes decidieron crear un Secretariado Provincial como máximo órgano directivo, compuesto por cinco miembros provisionales: Rafael Martín Fernández de Velasco, Manuel Pérez Marbán, Antonio Sanz Gutiérrez y dos figuras ya conocidas, Maxi Rodríguez y José Antonio Arias[346]. Es significativo que todos ellos estuvieran vinculados al MCB (y ninguno a CC.CC.), lo que da a entender que el MCB fue la organización que dio el impulso y configuración definitiva a la UCV. Esto probablemente se debió a que, según muestran diversos indicios, por aquellos instantes CC.CC. estaba viviendo una crisis organizacional causada por

---

[343] En el acta fundacional de COAG de diciembre de 1976 se especifica que: "del Movimiento Campesino de Valladolid no pudo asistir un campesino ya que el mismo día tenían una asamblea para tratar la unificación de los distintos movimientos existentes" (FALCES YOLDI, *Haciendo Unión...*, p. 42). La creación de la Coordinadora Regional en *El Norte de Castilla*, 1-3-1977.

[344] "A los labradores de Valladolid", AHPV, *Gobierno Civil*, Caja 1048, Carp. 17, 17-3-1977.

[345] *El Norte de Castilla*, 3-5-1977. En el caso de la UCV, tampoco tenemos datos sobre el número de militantes que tuvieron en sus primeros años, pero sí sabemos que en 1982 contaba con 600 socios (FALCES YOLDI, *Haciendo Unión...*, p. 134).

[346] FALCES YOLDI, *Haciendo Unión...*, pp. 52-53. Véase la Imagen 7 de los Anexos.

la oposición de los militantes del PTE a la fusión de ambas organizaciones (en contra de la opinión de los propios agricultores que formaban parte de CC.CC.)[347].

De hecho, la directiva de la UCV reconoció la importancia que tuvieron los movimientos católicos de base, y en concreto los CFR, en la conformación de su organización, nombrando socia número 1 de forma honorífica a María Luisa Jolín[348].

En un escrito que envió la UCV a los agricultores de la provincia para darse a conocer, la organización se autocalificó como "Profesional […], Independiente […], Autónoma […], Democrática […] [y] Reivindicativa", que pretendía tener carácter de clase y "agrupar a pequeños y medianos labradores para que puedan defender mejor sus intereses profesionales, sin excluir a los grandes labradores que quieran apoyar". Dentro de su programa sindical, la UCV daba especial importancia a la lucha "para que los precios de lo que compramos y vendemos estén equiparados", pero también asumía otras demandas, como:

> Que no haya un solo labrador sin regadío. Que no haya ni un solo labrador sin complemento ganadero. Que la contratación de pastos, hierbas y rastrojeras sea libre, dependiendo solo de la voluntad de los contratistas. Que el beneficio obtenido en el campo, vuelva a invertirse en el medio rural, para mejorar la vida de los pueblos, evitar la emigración y la ruina. Que, en la tierra arrendada para el cultivo, se puedan introducir transformaciones y mejoras por el arrendatario, y que al final del arriendo el propietario esté obligado a pagar por las mejoras que les hayan hecho. Que las aparcerías sean reguladas igual que los arrendamientos, de forma que el propietario de la tierra solo obtenga el equivalente a una renta. Que el acceso del cultivador a la propiedad de la tierra que cultiva sea objeto preferente del Gobierno. Que el Gobierno preste la atención debida a los pueblos dotándoles del mismo nivel asistencial que a las ciudades[349].

Como se puede entrever en los párrafos anteriores, en la UCV hubo influencia política de diversas organizaciones de izquierdas. Ya hemos hecho referencia al papel que tuvo el PTE (de la mano de activistas como Fernando Moráis) y el PCE (a través de Maxi Rodríguez) en la conformación de las dos organizaciones (CC.CC. y MCB)

---

[347] Según Maxi Rodríguez: "Comisiones Campesinas que se desintegran por exceso de politización probablemente y, al extinguirse ésta, queda en pie un grupo de independientes en las comarcas de Peñafiel y Valle Esgueva que se fija como objetivo principal lograr la unidad de todos los Movimientos, por la cual a su vez se halla trabajando el Movimiento Campesino de Base" (*El Norte de Castilla*, 29-3-1977). Por su parte, según Honorino Fernández: "Aquí [en Peñafiel] el que lideró el inicio [de CC.CC.] como tal, políticamente hablando, fue Moráis. Luego después ya se descabalgó o, bueno, le descabalgamos, porque él tenía unas ideas que en el campo que, pues la verdad, entonces no se podían hablar. […] pero [los agricultores] no querían hablar de siglas y menos de siglas de izquierdas […]. Y yo le decía: «mira, con esta tesis en el campo no podemos trabajar» […]. Y bueno, pues ya te digo que se hizo la fusión y Fernando Moráis se mantuvo al margen…" (Entrevista a Honorino Fernández, Peñafiel, 22-7-2019).

[348] FALCES YOLDI, *Haciendo Unión…*, p. 38.

[349] Documento reproducido en FALCES YOLDI, *Haciendo Unión…*, p. 53.

que formaron la UCV. Asimismo, como muestran diversos testimonios recogidos, en la UCV se pudo percibir una creciente influencia socialista, que se fue incrementando con los éxitos electorales del PSOE y la crisis del resto de partidos de izquierda (especialmente del PCE). Un ejemplo de ello es Honorino Fernández quien, por un lado, fue elegido coordinador de la UCV en 1982 y, por otro, fue diputado provincial por el PSOE desde 1983[350]. De hecho, como nos manifestó Juan Colino, dirigente provincial del PSOE en aquellos años, el partido intentó canalizar la influencia que tenían en la UCV para impulsar su presencia en el campo vallisoletano[351] ya que, como veremos inmediatamente, el Comité Provincial de la FTT-UGT era una organización marginal en el panorama sindical agrario de la provincia.

3.2.1.4. Comité Provincial de la Federación de Trabajadores de la Tierra (FTT-UGT)

La otra OPA progresista de carácter generalista que existió en Valladolid fue el Comité Provincial de la FTT-UGT. Como ya apuntamos, el origen de la FTT-UGT tuvo mucho que ver con el deseo del PSOE y la UGT para reconstituir la vieja FNTT. En esta labor tuvo un papel especial Ángel Fernández, agricultor de Medina de Rioseco, militante socialista durante el tardofranquismo y, a partir de 1976, secretario general de la FTT-UGT. Sin embargo, como también hemos observado, a pesar del destacado papel que tuvo Ángel Fernández en la configuración de la FTT-UGT a nivel estatal, esta organización tuvo una presencia residual en la provincia de Valladolid.

La primera acción pública que hizo FTT-UGT en Valladolid fueron las declaraciones a la prensa que realizó el propio Ángel Fernández durante la "guerra de los tractores" de febrero-marzo de 1977, quien, recordemos, fue arrestado durante las protestas[352]. Pero a partir de entonces, la actividad y presencia de esta organización en la provincia decayó ostensiblemente[353], y en gran medida se limitó a la organización de algunas reuniones o charlas patrocinadas por la UGT para dar a conocer su alternativa sindical en el campo[354], como sucedió en Medina de Rioseco o Medina

---

[350] Entrevista a Honorino Fernández, Peñafiel, 22-7-2019.

[351] Entrevista a Juan Colino, Valladolid, 2-7-2019.

[352] Véase *supra*.

[353] A pesar de que Ángel Fernández señala en unas declaraciones en 1978 que la FTT-UGT de la provincia tenía alrededor de 1.000 afiliados (*Diario Regional*, 30-3-1978 y 3-10-1978), debemos tomar estos números con mucha cautela, ya que, como señalan los estudios especializados (HERRERA GONZÁLEZ DE MOLINA, *La construcción de la democracia*…, pp. 165-171), estas cifras provienen de estimaciones sobredimensionadas que hacía la propia organización.

[354] *Diario Regional*, 25-7-1978.

del Campo[355]. De hecho, la constitución del Comité Provincial de la FTT-UGT no se concretó hasta octubre de 1978[356], mucho tiempo después de haberse constituido el resto de las OPAs provinciales. La presencia de la FTT-UGT de Valladolid se redujo aún más desde 1980, después de que Ángel Fernández dimitiera como secretario general de la organización.

Debido a la escasa implantación de la FTT-UGT, la provincia de Valladolid fue uno de los lugares donde se manifestaron más palpablemente los debates internos que surgieron dentro del socialismo entre quienes defendían la necesidad de trabajar para potenciar secciones propias de la FTT-UGT y los que consideraban que era mejor trabajar junto a las uniones de la COAG, que tenían mayor implantación en las provincias del norte de España[357]. Incluso, llegaron a surgir rumores de fusión entre el Comité Provincial de la FTT-UGT y la UCV[358]. En Valladolid, este debate se personificó en las figuras del propio Ángel Fernández, partidario de la primera opción, y de Juan Colino, que como vimos, fue uno de los principales defensores de la segunda. La disputa alcanzó su máximo apogeo durante la primera mitad de 1980 cuando Juan Colino señaló abiertamente en una asamblea de la UCV que "las Uniones de Campesinos recogen mejor que la propia FTT las aspiraciones del pequeño agricultor"[359]. En respuesta, pocos días más tarde, Ángel Fernández dimitió como secretario general de la FTT-UGT, alegando desavenencias con el PSOE provincial porque éste pretendía impulsar la relación del partido con las uniones de la COAG al margen de la FTT-UGT (aunque también salió a relucir su supuesta implicación en un caso de corrupción)[360]. Finalmente, Ángel Fernández fue expulsado del PSOE, según él, por las "discrepancias sobre política agraria" que tenía con Colino[361].

A pesar de todo, finalmente, el Comité Ejecutivo Federal del PSOE de marzo de 1982 no incluyó a Valladolid en el listado de provincias donde se permitió que los militantes socialistas se afiliaran a las UAGAs[362], de tal modo que durante los primeros años ochenta siguió existiendo el Comité Provincial de la FTT-UGT, aunque con una afiliación muy escasa[363].

---

[355] AHPV, *Gobierno Civil*, Caja 572, Carp. 4, Exp. 83, 21-6-1977 y Exp. 11, 17-11-1977.

[356] *Diario Regional*, 3-10-1978.

[357] Véase *supra*. Sobre el debate a nivel nacional, véase: HERRERA GONZÁLEZ DE MOLINA, *La construcción de la democracia...*, pp. 248-255.

[358] *Diario Regional*, 16-12-1978.

[359] *El Norte de Castilla*, 2-3-1980.

[360] HERRERA GONZÁLEZ DE MOLINA, *La construcción de la democracia...*, p. 256.

[361] *El Norte de Castilla*, 17-6-1980.

[362] HERRERA GONZÁLEZ DE MOLINA, *La construcción de la democracia...*, pp. 253-255.

[363] En 1981 tenía menos de 50 afiliados en la provincia (HERRERA GONZÁLEZ DE MOLINA, *La construcción de la democracia...*, pp. 392-393).

3.2.2. Las asociaciones agrarias sectoriales

Más allá de las distintas organizaciones agrarias de carácter generalista, en la provincia de Valladolid se crearon varias organizaciones agrarias de carácter sectorial, concretamente dos que integraban a ganaderos –la junta provincial de la AGGR y la UGV– y una tercera centrada en el sector remolachero –consecuencia de la refundación del SR–.

3.2.2.1. Junta Provincial de la Asociación General de Ganaderos del Reino (AGGR)

El origen de la AGGR se remonta a 1836 cuando los grandes ganaderos decidieron asociarse para defender sus intereses tras la disolución del Concejo de la Mesta. La AGGR estuvo activa hasta los años cuarenta del siglo XX cuando, del mismo modo que sucedió con otros sindicatos agrarios, tuvo que disolverse e integrarse en el verticalismo a través del Sindicato Nacional de Ganadería.

A finales de 1976 e inicios de 1977, se extendió entre algunos sectores ganaderos la idea de que "… la libertad de asociación será establecida […] [y] la agrupación general de ganaderos podría verse afectada gravemente por la previsible proliferación de asociaciones que surgirían […] ocasionando disgregación de la clase ganadera en su conjunto", de tal modo que varios dirigentes de diferentes asociaciones integradas en el Sindicato Nacional de Ganadería acordaron refundar la AGGR, como una asociación de carácter "profesional, independiente y apolítica", cuyos "cargos directivos […] se proveerán mediante elecciones libres y democráticas"[364]. De inmediato, la AGGR buscó asociarse a otras asociaciones agrarias y empresariales, llegando a participar en junio de 1977 en la conformación de CNAG y CEOE[365].

La refundación de la AGGR tuvo acogida en un pequeño grupo de ganaderos vallisoletanos que se adhirieron a la asociación a inicios de 1977[366]. Finalmente, tras diversas reuniones y asambleas, en julio de 1977 se constituyó la Junta Provincial de la AGGR como una asociación "totalmente apolítica y exclusivamente profesional". Al frente de ésta se conformó una junta directiva encabezada por Eulalio Matías Juárez, como presidente, Jesús Zaera León, como vicepresidente y Fabio Salgado Alonso, como secretario[367].

A partir de su creación, la sección provincial de la AGGR comenzó a desarrollar cierta actividad en la provincia, muy a menudo al socaire de las OPAs generalistas

---

[364] *El Norte de Castilla*, 17-2-1977 y *Diario Regional*, 19-11-1977.

[365] Véase *supra*.

[366] *El Norte de Castilla*, 29-1-1977 y *Diario Regional*, 29-1-1977.

[367] *El Norte de Castilla*, 9-7-1977.

conservadoras y con cierto grado de autonomía respecto a la directiva nacional, hasta el punto de que la AGGR vallisoletana llegó a plantearse convertirse en asociación independiente[368].

A finales de 1977 la AGGR contaba con algo más de un centenar de asociados[369], entre los que destacaban algunos de los más importantes dirigentes de la antigua COSA (Ciriaco Vázquez de Prada) y de APAG (Mariano Vázquez de Prada)[370]. A pesar de ello, la AGGR siempre tuvo una relación más estrecha con AEPA, ya que ambas militaban en CNAG. La relación entre AGGR y AEPA se consolidó definitivamente a partir de octubre de 1978 cuando dentro de la AGGR se creó una sección avícola presidida por Adolfo Sánchez Martín[371] quien, como sabemos, también era secretario de AEPA y presidente de CNAG.

Desde el punto de vista político, aunque se declaraba apolítica y tuviera mayor relación con AEPA (organización que mantenía estrechas relaciones con UCD), en la AGGR tuvieron gran influencia grupos ultraderechistas de la provincia, como ejemplifica el caso de Fabio Salgado, que sería candidato al Congreso de los Diputados por la coalición Unión Nacional en las elecciones de 1979[372].

3.2.2.2. Unión de Ganaderos de Valladolid (UGV)

La UGV se creó en mayo de 1978 de la mano de un grupo de ganaderos encabezados por Maximiliano Prieto Alonso, que fue su primer presidente, y asesorados por un personaje ya conocido, Fernando Moráis de la Horra[373].

Sus responsables la definieron como una organización de carácter "unitario, democrático e independiente" que pretendía "luchar por los derechos de los pequeños y medianos ganaderos" y, especialmente, los intereses de los pastores de ovino: "no descuidaremos los demás [sectores], pero actualmente los principales problemas los tienen los pastores […] el sector ovino puede morir a corto plazo en Valladolid si no se pone remedio". Concretamente, su principal caballo de batalla fue defender los derechos de los ganaderos establecidos por la Ley de Hierbas, Pastos y Rastrojeras, que les permitía aprovechar los pastos de los rastrojos[374] ("la única defensa que

---

[368] *Diario Regional*, 22-12-1977 y 8-1-1978.

[369] AHPV, *Gobierno Civil*, Caja 755, Carp. 2, Exp. 7, 14-12-1977.

[370] *Diario Regional*, 18-11-1979.

[371] *Diario Regional*, 10-10-1978.

[372] BERZAL DE LA ROSA, "*Fachadolid...*", p. 840. Por su parte, Eulalio Matías era excombatiente; y Jesús Zaera León fue divisionario azul y ocupó diversos cargos políticos locales y regionales durante los primeros años del régimen.

[373] *Diario Regional*, 9-6-1978.

[374] "Decreto 1256/1969, de 6 de junio, por el que se aprueba el Reglamento de Pastos, Hierbas y Rastrojeras", *BOE*, nº 151, 25-6-1969 (https://www.boe.es/eli/es/d/1969/06/06/1256).

tenemos es salir al campo con nuestras ovejas"), aunque también planteó otras reivindicaciones: "precios rentables, situación de las vías pecuarias —«que actualmente es infame»–, logro de créditos para el pequeño ganadero, mejora sanitaria, petición de un plan concreto que indique aquellos productos de los que puede autoabastecerse el país y potenciarlos, seguros para el ganado, etc."[375].

Según datos de la propia organización, nació con alrededor 300 afiliados, principalmente de la comarca de Medina de Rioseco, aunque también había algunos asociados del Valle del Esgueva, pueblos cercanos a la capital o Nava del Rey; llegando a tener más de 500 asociados a inicios de los ochenta[376].

A nuestro entender, la creación de la UGV respondió a una doble motivación. Por un lado, la necesidad de crear una organización ganadera que fuera una alternativa progresista a la AGGR y defendiera específicamente los intereses de pequeños y medianos ganaderos ya que, como comentaron los propios representantes de la UGV: "no hemos tenido contacto todavía con nadie de la Asociación de Ganaderos del Reino, pero su actuación no nos gusta; llevan funcionando dos años y no han intentado solucionar algunos temas que preocupan al sector"[377]. Por otro, un nuevo intento de Fernando Moráis para crear en Valladolid una asociación agraria al amparo del PTE, tras su fracaso para controlar las CC.CC.[378]. Para ello aprovechó dos hechos. Primero, que no había ninguna asociación progresista que representara a los pequeños ganaderos, porque la UCV excluyó expresamente de su organización "a los que sólo son ganaderos"[379]. Segundo, el conflicto existente entre los ganaderos de la provincia y la propia UCV porque ésta reclamaba la derogación de la Ley de Hierbas, Pastos y Rastrojeras que acabamos de mencionar. Estas diferencias originaron un conflicto que pomposamente se denominó la "guerra de los rastrojos", pero que no fue más allá de un intercambio de pareceres y opiniones en los medios de comunicación entre representantes de UCV y UGV[380].

Con todo, este segundo intento de crear una organización agraria al amparo del PTE también fracasó porque, como veremos, la UGV, primero, intentó fusionarse con UCV (para así poder tener representación a nivel nacional a través de COAG) y, segundo, tras fracasar este intento, dio un giro ideológico y terminó integrándose en AEPA[381].

---

[375] *El Norte de Castilla*, 9-9-1978 y *Diario Regional*, 10-9-1978.

[376] *El Norte de Castilla*, 9-9-1978 y 31-1-1982.

[377] *El Norte de Castilla*, 9-9-1978.

[378] Véase *supra*.

[379] Carta de la UCV a sus afiliados de 1977, en FALCES YOLDI, *Haciendo Unión...*, p. 53.

[380] *El Norte de Castilla*, 15-11-1977, 12-1-1978, 2-9-1978, 20-3-1979, 21-3-1979, 26-4-1979 y 15-7-1979.

[381] *El Norte de Castilla*, 31-1-1982.

3.2.2.3. Sindicato Remolachero (SR)

Como ya vimos, el SR no era una organización nueva, sino que sus orígenes se remontan al Sindicato Agrícola de Cultivadores de Remolacha de Valladolid creado a inicios del siglo XX y cuya estructura sobrevivió a la dictadura franquista refundándose en dos organizaciones gemelas: el Grupo Provincial Remolachero, integrado en el sindicalismo vertical, y la Cooperativa de Cultivadores de Remolacha de Valladolid. Ambas organizaciones, de forma genérica, se conocieron popularmente con el nombre de SR y, durante los años sesenta y setenta, estuvieron presididas por Adolfo Sánchez García[382], que estuvo muy vinculado a UCD, llegando a ser elegido diputado del Congreso en las elecciones de 1977[383].

Ante el desmantelamiento del sindicalismo vertical y la aprobación de la libertad sindical, desde mediados de 1977 los líderes del SR comenzaron a plantear la necesidad de refundar el Grupo Provincial Remolachero para adaptarlo a la nueva legalidad sindical[384]. Finalmente, el Grupo Provincial Remolachero redactó unos estatutos para conformarse como asociación sindical, inscribiéndose con la denominación de Sindicato Remolachero y bajo la presidencia de Adolfo Sánchez García[385]. Según datos de la propia organización, el nuevo SR llegó a tener alrededor de 3.000 asociados[386].

Sin embargo, la conformación de un nuevo ente sindical exclusivamente remolachero no iba a ser tarea sencilla, ni en Valladolid ni en otras provincias españolas, puesto que las OPAs generalistas tuvieron numerosos recelos sobre la existencia de asociaciones agrarias sectoriales. Por ello, aún en 1982, "este sector [remolachero] todavía no ha terminado la transición de la anterior estructura sindical", debido a "la existencia de numerosos problemas y enfrentamientos entre las organizaciones que existen en el sector, por cuestiones de representatividad y sobre todo de administración de recursos"[387].

Para intentar llevar a cabo esa transición, las distintas asociaciones y organizaciones agrarias generalistas de las provincias de Castilla y León, incluido el SR, acordaron a inicios de 1978 crear comisiones gestoras provinciales que asumieran

---

[382] Véase *supra*.

[383] PELAZ LÓPEZ y GONZÁLEZ MARTÍN, "Los partidos políticos...", pp. 30-31.

[384] Por ejemplo, en julio de 1977, el Grupo Provincial Remolachero convocó una asamblea para informar "sobre la constitución del Sindicato Remolachero de Valladolid", AHPV, *Gobierno Civil*, Caja 572, Carp. 1, Exp. 17, 11-7-1977.

[385] Una breve descripción del proceso de refundación del Grupo Provincial Remolachero en el nuevo SR en: SÁNCHEZ GARCÍA, Adolfo, "Presente y futuro de la Cooperativa de Cultivadores de Remolacha de Valladolid", *El Norte de Castilla*, 26-4-1981.

[386] *Diario Regional*, 23-6-1978.

[387] *El Norte de Castilla*, 2-12-1982.

provisionalmente la representatividad de los remolacheros en asuntos como: "la contingentación, los pagos en la presente campaña, y la supresión de todo tipo de importación de azúcar […], los problemas de los cupos, a repartir entre las provincias de la Cuenca y los actuales sistemas de recepción y medidas"[388]. Estas comisiones gestoras provinciales debían de conformarse por un representante de cada una de las organizaciones y asociaciones agrarias que existieran en cada provincia.

La conformación de la comisión vallisoletana planteó un notable conflicto dialéctico entre el SR (apoyado por AEPA), que quería seguir siendo la principal organización que representara a los remolacheros, y algunas OPAs generalistas (principalmente la UCV, pero también APAG), que consideraban que los sindicatos agrarios generalistas debían asumir la representatividad de todos los agricultores, sin distinción de sectores. Ello generó un prolífico intercambio de cartas en la prensa provincial entre diversos protagonistas, conocidos y anónimos, como Maxi Rodríguez[389] y Rafael Martín[390], por la UCV, y el propio Adolfo Sánchez García, por el SR[391].

Las diferencias entre el SR y las OPAs generalistas se manifestaron en diversas reuniones y asambleas que se celebraron a inicios de 1978 para tratar la conformación de la citada comisión gestora[392]. En efecto, si por un lado, UCV y APAG siguieron manifestando que "reconocen la existencia de la pluralidad sindical, pero no están de acuerdo con la creación de asociaciones sectoriales"[393]; por otro, el SR (con apoyo de AEPA) reclamaba su derecho a la libre asociación: "Si en el antiguo régimen autoritario se reconocía a las ramas específicas una independencia y libertad de actuación, ¿cómo no se va a reconocer estas libertades en el actual sistema democrático?"[394].

Finalmente, tras varios meses de estancamiento, en mayo de 1978 se celebraron unas asambleas remolacheras donde el SR y UCV acercaron posturas y acordaron "crear un órgano provincial que «defenderá por encima de ideologías y discrepancias, los intereses de los campesinos»"[395]. Para ello, se organizaron diversas reuniones entre el SR y las OPAs provinciales[396], que culminaron en octubre de ese mismo año con la conformación de una comisión gestora integrada por representantes del SR, AEPA, APAG y UCV. De este modo, a través de esta gestora, el SR, con Adolfo

---

[388] *El Norte de Castilla*, 6-1-1978.

[389] *El Norte de Castilla*, 12-1-1978.

[390] *Diario Regional*, 22-12-1977, 1-2-1978 y 12-2-1978.

[391] *Diario Regional*, 12-1-1978 y *El Norte de Castilla*, 18-1-1978.

[392] *El Norte de Castilla*, 5-1-1978 y 19-2-1978, y *Diario Regional*, 22-1-1978 y 4-2-1978.

[393] *El Norte de Castilla*, 28-1-1978.

[394] *Diario Regional*, 17-2-1978.

[395] *El Norte de Castilla*, 28-5-1978 y *Diario Regional*, 28-5-1978.

[396] *El Norte de Castilla*, 3-6-1978 y *Diario Regional*, 23-6-1978.

Sánchez García a la cabeza, siguió desarrollando su actividad sindical durante casi dos años.

La actividad de esta comisión gestora remolachera culminó en septiembre de 1980 con la convocatoria de elecciones para elegir una junta directiva provisional que tendría como función exclusiva conformar una nueva y única asociación remolachera provincial "que defienda al ramo remolachero y se encargue de todos los aspectos relacionados con este producto". A estas elecciones se presentaron candidaturas tanto del SR como de las principales OPAs de la provincia (APAG, AEPA, UCV y FTT-UGT). Los resultados dieron a AEPA seis vocales, frente a los tres que obtuvieron cada una de las candidaturas de APAG, UCV y SR[397]. De este modo se conformó una nueva asociación sectorial con el nombre de Agrupación Provincial Remolachera (APR) y cuyo primer presidente fue Adolfo Sánchez García, que obtuvo el apoyo de los vocales de AEPA y el SR. La nueva junta directiva de la APR "declaró oficialmente disuelta la comisión gestora que ha regido los destinos del sector durante los dos últimos años"[398]. Ello suponía que, como explicaba el propio Adolfo Sánchez García, cuando se legalizase la APR "desaparecerá el Sindicato Remolachero (SR) para dar paso a una entidad más completa"[399], aunque eso no suponía la desaparición de la Cooperativa de Cultivadores de Remolacha de Valladolid, que se mantenía como una organización de carácter comercial e independiente[400].

El proceso de transformación del SR se completó en noviembre de 1981 con la renovación de los cargos directivos de la APR, a raíz de la dimisión de Adolfo Sánchez García y la asunción de la presidencia por parte del entonces vicepresidente, Jaime Martín Marinero. Este cambio supuso un relevo generacional, pero no una ruptura de la línea estratégica de la APR. De hecho, una de las primeras decisiones de la renovada directiva fue nombrar presidente honorífico a Adolfo Sánchez García que, de este modo, veía reconocida su labor durante tantos años al frente del sindicalismo remolachero provincial[401].

---

[397] *El Norte de Castilla*, 24-9-1980, 26-9-1980 y 28-9-1980.
[398] *El Norte de Castilla*, 15-10-1980.
[399] *El Norte de Castilla*, 13-11-1980.
[400] *El Norte de Castilla*, 26-4-1981.
[401] *El Norte de Castilla*, 11-11-1981.

4. LA ACTIVIDAD SINDICAL DE LAS OPAS VALLISOLETANAS EN DEMOCRACIA (1977-1982)

Las distintas asociaciones y organizaciones agrarias que se crearon (y legalizaron) en la provincia de Valladolid durante la Transición desplegaron una intensa actividad sindical que tuvo, esencialmente, tres líneas de actuación: la acción organizativa, la reivindicativa y (en menor medida) la prestación de servicios.

La acción organizativa se desarrolló principalmente en dos sentidos: primero, la organización y celebración de mítines, reuniones y otros actos similares para captar afiliados; y, segundo, la participación en el complejo proceso de federaciones, confederaciones, fusiones, absorciones... que se produjo en el panorama sindical agrario español durante los últimos años 70. Toda esta actividad organizativa alcanzó su apogeo con motivo de las elecciones a Cámaras Agrarias de mayo de 1978, que supuso la definitiva institucionalización de las OPAs a nivel nacional y provincial.

La acción reivindicativa, por su parte, tuvo como objeto defender los intereses de los agricultores y ganaderos, especialmente ante las administraciones públicas. Para ello utilizaron esencialmente dos estrategias: una negociadora, que combinaba la interlocución con los organismos y autoridades públicas con campañas de presión como era la elevación de quejas ante la administración o declaraciones a los medios de comunicación (es decir, acciones que no ocupaban el espacio público); y otra combativa, que buscaba impulsar la movilización colectiva de los agricultores mediante acciones de protesta colectiva como manifestaciones o tractoradas (que sí ocupaban el espacio público).

La última línea de actividad sindical de las OPAs fue la prestación de servicios a los agricultores como, por ejemplo, asesoramiento técnico y jurídico, actividades de gestoría, comercialización de fertilizantes y semillas, correduría de seguros, etc. Es el caso, por ejemplo, de AEPA, que desde sus inicios ofreció servicios de muy diversos tipos ("Asesoría Jurídica; Asesoría Fiscal; Asesoría Laboral; Asesoría

Técnica y de Servicios Técnicos; Asesoría Administrativa y Asesoría Comercial"[402])
e incluso creó una sociedad agraria de transformación (AEPA Comercial-SAT) para
comerciar con todo tipo de insumos agrarios, incluido maquinaria agrícola[403].

Con todo, cabe tener en cuenta que, del mismo modo que ocurrió con los sindicatos de trabajadores[404], durante los últimos años setenta y primeros ochenta, las
OPAs centraron sus esfuerzos en actividades de carácter organizativo y reivindicativo, y (salvo excepciones como AEPA)[405] no comenzaron a prestar servicios de
forma generalizada hasta mediados de los ochenta[406].

4.1. Actividad sindical organizativa

Como hemos apuntado, tras su legalización al amparo de la Ley de Libertad
sindical de abril de 1977, las OPAs iniciaron una intensa actividad sindical para darse
a conocer y consolidar su organización, cuya principal expresión fue la organización
de campañas de afiliación mediante reuniones, charlas, asambleas o mítines por diversos pueblos del país. En palabras de Sabio Alcutén: "se desató una auténtica ca-
rrera para ver quién llegaba a aquellos pueblos que no tenían una organización muy
definida o simplemente carecían de ella"[407].

Esta eclosión de actividad asociativa también tuvo repercusión en la provincia
de Valladolid. Así, por ejemplo, no es raro que en aquellos años se publicaran en la
prensa anuncios de las OPAs provinciales[408]. Asimismo, ya vimos cómo, tras conformarse la Asociación de Agricultores y Ganaderos en vísperas de la "guerra de los
tractores", la Unión de Empresarios de la COSA organizó una serie de asambleas
comarcales en diversos puntos de la provincia para consolidar esa nueva organización[409]. Esta campaña desembocó en la conformación de APAG que, tras legalizarse
el 30 de mayo de 1977 y celebrar su asamblea general en Valladolid el 9 de julio[410],
organizó nuevas asambleas comarcales por distintas cabeceras comarcales: el 25 de
julio en Tordesillas, el 28 en Peñafiel, el 31 en Medina de Rioseco y el 7 de agosto

---

[402] *Diario Regional*, 1-4-1979.

[403] *El Norte de Castilla*, 30-9-1980.

[404] REDERO SAN ROMÁN, "Los sindicatos…".

[405] Paradójicamente, esta singularidad de AEPA fue un arma de doble filo ya que provocó su crisis y
disolución final en 1986 como consecuencia de una ruinosa operación económica que buscaba comercializar de forma conjunta la cebada de sus socios (FALCES YOLDI, *Haciendo unión…*, pp. 187-191).

[406] MOYANO ESTRADA, *Corporatismo y Agricultura…*, pp. 321-323; HERRERA GONZÁLEZ DE
MOLINA, *La construcción de la democracia…*, p. 318.

[407] SABIO ALCUTÉN, "Cultivadores de democracia…", p. 93.

[408] Véanse Imágenes 5 y 6 de los Anexos.

[409] Véase *supra*.

[410] *El Norte de Castilla*, 6-7-1977 y 10-7-1977.

en San Pedro de Latarce[411]. Estas asambleas sirvieron para captar nuevos afiliados, como muestra el ejemplo de Teodosio Guerra Gutiérrez que, según su propio testimonio, decidió afiliarse a APAG tras acudir a una charla que ofreció Mariano Vázquez de Prada en Medina del Campo[412].

AEPA también organizó numerosos actos de propaganda sindical. Según su secretario, Adolfo Sánchez Martín, a lo largo del año 1977: "recorrimos más de 150 pueblos, dando charlas en las que decíamos: creemos que debe ser así el sindicalismo, tienen que ser organizaciones democráticas fundamentalmente, que se muevan dentro de un plano de libertades"[413]. Como vimos, AEPA realizó su primera reunión pública el 10 de marzo de 1977 en el INEA, donde el propio Adolfo Sánchez Martín explicó el proyecto de nueva asociación ante unas 60 personas[414]. Posteriormente, según documentación del Gobierno Civil, desde las últimas semanas de abril y hasta finales de 1977, AEPA organizó más de 30 reuniones y charlas con agricultores en diversos pueblos de la provincia[415].

Un informe del Secretariado Provincial de UCV señala, por su parte, que en 1977 esta organización había "presentado sus estatutos y programa en más de 83 pueblos", con una audiencia estimada de alrededor de 3.000 agricultores[416]. Si atendemos a la documentación del Gobierno Civil, sabemos que la UCV celebró, entre mayo y diciembre de 1977, al menos 50 reuniones y charlas[417]. Según rememoraba José Antonio Arias:

> Estuvimos un año entero recorriendo los pueblos de la provincia explicando las ideas de la Unión. Casi ni veía a mi mujer, salía pronto por la mañana a trabajar y volvía a las 2 de la mañana, incluso los domingos. Alguno de nosotros se acercaba al pueblo, pedíamos el permiso al alcalde y normalmente no había ningún problema con el local. No pedíamos la afiliación como habíamos acordado en una reunión del Secretariado. Reclamábamos a la gente que se sindicase fuese donde fuese, lo importante era asociarse[418].

---

[411] *Diario Regional*, 27-7-1977 y 2-8-1977; y *El Norte de Castilla*, 2-8-1977, 7-8-1977 y 16-10-1977.

[412] Entrevista a Teodosio Guerra Gutiérrez, Medina del Campo, 2-7-2020.

[413] GONZÁLEZ RODRÍGUEZ, "Entrevista a…", p. 202.

[414] *El Norte de Castilla*, 11-3-1977.

[415] AHPV, *Gobierno Civil*, Caja 753, Carp. 5. Véase el listado de reuniones en la Tabla 1 de los Anexos.

[416] *El Norte de Castilla*, 11-12-1977.

[417] AHPV, *Gobierno Civil*, Caja 753, Carp. 5., y Carp. 1, Exp. 2. Véase el listado de reuniones en la Tabla 2 de los Anexos.

[418] Entrevista a José Antonio Arias García y Rafael Martín Fernández de Velasco, en FALCES YOLDI, *Haciendo Unión…*, p. 64.

El resto de las asociaciones y organizaciones agrarias de Valladolid, aunque en menor cantidad, también organizaron reuniones y asambleas para presentarse públicamente y captar el mayor número de afiliados posible. Por ejemplo, la AGGR celebró diversas asambleas comarcales a lo largo del mes de diciembre de 1977 (Tordesillas, Olmedo, Mota del Marqués y Medina del Campo)[419] y enero de 1978 (Nava del Rey)[420].

Junto a la celebración de este tipo de actos públicos propagandísticos, el otro gran foco de atención que tuvo la acción organizativa de las OPAs provinciales durante sus primeros meses de existencia fue su participación en el complejo proceso de reorganización que protagonizaron las asociaciones y organizaciones agrarias españolas durante los últimos años 70, con el objeto de consolidar y ampliar su representatividad a nivel provincial, regional o nacional. Para ello, las OPAs vallisoletanas utilizaron tres estrategias: concretar fusiones (o, mejor dicho, intentos de fusiones), impulsar alianzas estratégicas (que se materializaron en coaliciones de cara a las elecciones a Cámaras Agrarias de mayo de 1978) y conformar/integrar organizaciones federales (o confederales) de ámbito regional y nacional.

Los principales intentos de fusión en el panorama sindical agrario vallisoletano lo protagonizaron las dos principales OPAs conservadoras: APAG y AEPA. A este respecto, hay que tener en cuenta que, como reconocía el propio Adolfo Sánchez Martín (secretario de AEPA), la "unidad sindical" era una demanda muy arraigada en sectores agrarios conservadores de la provincia: "¿libertad de asociarse?... aquello no se entendía, «todos unidos», se sigue diciendo, «ahora venís a separarnos», o sea que era una lucha casi contra la concepción más generalizada de los agricultores"[421]. En efecto, a través de la prensa provincial se puede leer recurrentes peticiones que clamaban por la conformación de una única OPA conservadora de la provincia[422], algunas de ellas realizadas por los propios dirigentes de esas organizaciones[423]. Por ello, el primer intento de fusión entre APAG y AEPA se produjo en octubre de 1977[424], a los pocos meses de legalizarse ambas organizaciones. Sin embargo, no sabemos muy bien por qué, pero este acercamiento no llegó a cuajar.

---

[419] AHPV, *Gobierno Civil*, Caja 755, Carp. 2, Exp. 8, 5-12-1977.

[420] *Diario Regional*, 5-1-1978.

[421] GONZÁLEZ RODRÍGUEZ, "Entrevista a…", p. 202.

[422] Por ejemplo, Antonio D. Soldevilla: "La Unión de todos los agricultores y ganaderos vallisoletanos y castellanos", *El Norte de Castilla*, 11-12-1977 y "La necesaria fusión de AEPA y APAG", *El Norte de Castilla*, 26-4-1981. Otro ejemplo, el de Julián Arranz, en "CORREO ESPONTÁNEO. Por la unidad de los agricultores", *El Norte de Castilla*, 2-3-1980.

[423] Como el propio presidente de APAG en 1982, Francisco Lorenzo Belloso: "Hay que unirse", *El Norte de Castilla*, 21-3-1982.

[424] *Diario Regional*, 19-10-1977, 21-10-1977 y 22-10-1977.

Pocas semanas más tarde, en febrero de 1978, se produjo un segundo intento de fusión entre APAG y AEPA en el marco de las conversaciones que éstas y otras organizaciones agrarias de Castilla y León llevaron a cabo para la creación de la Federación de Agricultores y Ganaderos de la Cuenca del Duero. Según declaraciones de los responsables de AEPA "uno de los puntos insalvables para la unión con APAG había sido superado" por lo que se procedía a "intentar nuevamente, al haber ya disminuido las diferencias, llegar a una unión definitiva"[425]. Sin embargo, este acercamiento también fracasó, según AEPA, por "las aptitudes totalmente cambiantes de la Asociación APAG"[426]. En concreto, la nueva ruptura fue causada por las diferentes concepciones que tenían ambas organizaciones sobre cómo debían de organizarse las asociaciones agrarias sectoriales, y más específicamente el SR (el cual tenía estrechos vínculos con AEPA). Esto es, si debían integrarse en las OPAs generalistas, como defendían APAG y el resto de las asociaciones que conformaron la Federación de la Cuenca del Duero; o debían ser entidades independientes, como defendía AEPA:

> Nosotros nos movemos en un régimen de libertad sindical, es decir que respetamos la libertad y la participación del agricultor. Como consecuencia propugnamos la organización de los agricultores en tantos grupos como sea oportuno crear. No nos uniremos a APAG ni a nadie, si no toleran la organización de los agricultores a su voluntad[427].

Un tercer intento de fusión entre las dos principales OPAs conservadoras de la provincia se promovió en abril de 1981[428]. Nuevamente fracasó, según responsables de AEPA, porque APAG exigió: primero, que depusieran su actitud crítica ante el Consejo Rector de la Caja Rural (presidida por Pedro Vázquez de Prada, quien era hermano del presidente de APAG, Mariano Vázquez de Prada); y, segundo, que Vicente Martín Calabaza abandonara la presidencia de AEPA ("por ser persona *non grata* para diversos estamentos")[429]. APAG negó estas acusaciones, y consideró que las negociaciones se habían roto porque "AEPA no está dispuesta a aceptar que no se trata de una incorporación de APAG en AEPA, sino de una fusión de ambas, de la que nacería una organización nueva"[430].

Como se puede entrever a través de las declaraciones recogidas, y como señalan algunos testimonios que recopilamos nosotros, como el del dirigente de APAG Teodosio Guerra Gutiérrez, parece ser que el principal escollo que tuvo la unificación

---

[425] *El Norte de Castilla*, 26-2-1978.

[426] Ídem.

[427] *Diario Regional*, 18-5-1978.

[428] *El Norte de Castilla*, 7-4-1981.

[429] *El Norte de Castilla*, 16-4-1981.

[430] *El Norte de Castilla*, 28-4-1981.

entre APAG y AEPA fueron los "personalismos" porque, según el propio Teodosio, ambas organizaciones tenían intereses y planteamientos agrarios muy similares[431].

Sea como fuere, estos fracasos provocaron que las relaciones entre ambas organizaciones sufrieran notables altibajos y, en ocasiones, se caracterizaran por mantener una abierta disputa por atraer bajo su esfera de influencia a agricultores de un mismo sector ideológico[432].

Con todo, a pesar de que no se pudo concretar la fusión entre APAG y AEPA, sí se produjeron otras fusiones entre éstas y otras asociaciones agrarias más modestas. Un ejemplo fue ARA que, como vimos, logró establecer una sección en Valladolid a inicios de 1977[433], aunque apenas tuviera un puñado de asociados, y la mayor parte de ellos fueran más bien técnicos agrarios antes que agricultores propiamente dichos. Pues bien, con el surgimiento de AEPA y APAG enseguida se planteó la integración de ARA en una de esas dos asociaciones. Aunque en un primer momento se rumoreó que ARA se fusionaría con AEPA[434], finalmente, terminó integrándose en APAG en julio de 1978, según Mariano Vázquez de Prada: "porque ellos son tan hombres del campo como nosotros y porque su idea de sindicalismo agrario apolítico coincide plenamente con la nuestra"[435].

Otra fusión se produjo a inicios de 1982 con la integración de la UGV en AEPA. En este sentido, aunque, como vimos, UGV tuvo su origen en sectores ganaderos izquierdistas (incluso cercanos al PTE), e intento acercarse (infructuosamente) a la UCV, terminó integrándose en la conservadora AEPA buscando que sus asociados pudieran "contar con una infraestructura considerable de servicios", para lo cual AEPA contrató servicios veterinarios e inició la comercialización de medicamentos para el ganado[436].

Por lo que se refiere a los sectores agrarios progresistas, ya vimos como la UCV surgió en marzo de 1977 por la fusión de las dos organizaciones agrarias contestatarias –MCB y CC.CC.– que habían surgido en la provincia de Valladolid entre finales de 1975 e inicios de 1976[437], convirtiéndose, de ese modo, en la principal, y *de facto*, casi única OPA progresista de la provincia. Tras ese movimiento, apenas hubo más

---

[431] Entrevista a Teodosio Guerra Gutiérrez, Medina del Campo, 2-7-2020. En el mismo sentido se refiere un informe del Gobierno Civil de Valladolid: "los Presidentes de ambas formaciones están impidiendo el acercamiento por cuestiones personales" (AHPV, *Gobierno Civil*, Caja 1707, Exp. 47, "Informe Cámaras Agrarias", 23-6-1978).

[432] Un resumen de las, en no pocas ocasiones tensas, relaciones entre APAG y AEPA en: FUENTE BLANCO, *Los sindicatos agrarios…*, pp. 285-288.

[433] *Diario Regional*, 4-2-1977.

[434] *Diario Regional*, 11-12-1977.

[435] *Diario Regional*, 26-5-1978, 4-7-1978; y *El Norte de Castilla*, 4-7-1978.

[436] *El Norte de Castilla*, 31-1-1982.

[437] Véase *supra*.

intentos para unificar los sectores agrarios progresistas de la provincia, más allá de las incipientes conversaciones que se produjeron para intentar integrar la UGV dentro de UCV, los cuales, como acabamos de comentar, no llegaron a prosperar; o los rumores sobre la fusión entre UCV y FTT-UGT, que tampoco se concretaron[438].

La segunda estrategia que realizaron las OPAs vallisoletanas para ampliar su influencia fue intentar entretejer relaciones y alianzas estratégicas con otras asociaciones. Éstas se produjeron principalmente entre las organizaciones agrarias conservadoras más importantes (APAG, AEPA) con otras asociaciones más pequeñas (Jóvenes Agricultores) o de carácter sectorial (AGGR, SR).

En el caso de APAG, ya hemos dicho que estableció una estrecha relación con ARA que culminó con la fusión de ambas asociaciones. Asimismo, también tuvo un importante vínculo con el incipiente grupo de Jóvenes Agricultores que surgió en Valladolid. De hecho, según nos dijo Eusebio Orrasco (el principal promotor de Jóvenes Agricultores en la provincia), su acercamiento a este movimiento se produjo a través de Ciriaco Vázquez de Prada, presidente de la COSA (y primo de Mariano Vázquez de Prada, presidente de APAG)[439].

AEPA, por su parte, mantuvo unas relaciones todavía más sólidas con las dos asociaciones sectoriales conservadoras de la provincia: la AGGR y el SR. Si es verdad que en el caso de las buenas relaciones existentes entre AEPA y AGGR se basaron, en parte, como ya señalamos, en el hecho que ambas asociaciones formaban parte de CNAG, no es menos cierto que la alianza estratégica que tejieron estas tres organizaciones también se basó en las relaciones familiares o duplicidad de cargos que tenían varios de sus dirigentes. Sin duda, el ejemplo más claro y significativo es el caso de Adolfo Sánchez García y su hijo Adolfo Sánchez Martín: si el primero, el padre, fue presidente del SR y de su sucesora la APR[440], y también fue elegido presidente de honor de AEPA[441]; el segundo, el hijo, fue secretario de AEPA y presidente de CNAG[442], pero también presidente de la Sección Avícola de la AGGR[443]. Otros ejemplos similares son los casos de Vicente Martín Calabaza (presidente de AEPA) y Jaime Martín Marinero (promotor y vicepresidente de AEPA[444] y

[438] *Diario Regional*, 16-12-1978.

[439] Entrevista a Eusebio Orrasco, Valladolid, 23-6-2020. En el mismo sentido, por ejemplo, Teodosio Guerra, que fue directivo de APAG, nos señaló como ellos tenían una "relación directa" con Jóvenes Agricultores (Entrevista a Teodosio Guerra Gutiérrez, 2-7-2020).

[440] Véase *supra*.

[441] *El Norte de Castilla*, 30-3-1979.

[442] Véase *supra*.

[443] *Diario Regional*, 10-10-1978.

[444] *El Norte de Castilla*, 1-3-1977 y 30-3-1979.

vicepresidente y, después, presidente de la APR[445] –sucesora del SR–), que eran primos[446]; o el de Fabio Salgado Alonso, que fue tanto secretario de la Junta Provincial de la AGGR[447] como de AEPA[448].

Todas estas relaciones y alianzas que se establecieron entre las distintas asociaciones agrarias conservadoras que existían en Valladolid se concretaron de forma más palpable con la formación de coaliciones para concurrir a las elecciones a Cámaras Agrarias de mayo de 1978.

En efecto, ante la convocatoria de las elecciones, APAG, ARA y Jóvenes Agricultores manifestaron su "decidido propósito de participar unidas y de forma activa en el proceso electoral a Cámaras Agrarias para elegir los cargos de las locales y de la provincial" en defensa de "la unión de la profesionalidad agrícola, forestal, ganadera; la defensa de la propiedad privada y de libre empresa"[449], si bien es cierto que, finalmente, ARA terminó presentando candidaturas propias y exclusivas en algunos pocos pueblos donde tenía más peso. Por su parte, AEPA, SR y AGGR, que "coinciden en sus criterios profesionales agrarios", conformaron una candidatura unitaria denominada Coalición Electoral a Cámaras Agrarias[450]. Como vimos, esta misma alianza se repitió, en parte, en las elecciones para constituir la junta directiva de la APR, en 1980, ya que, aunque AEPA y el SR concurrieron con listas separadas, todos sus vocales terminaron apoyando conjuntamente a Adolfo Sánchez García como presidente del nuevo organismo remolachero[451].

La tercera, y última, estrategia que adoptaron las OPAs vallisoletanas para consolidar y ampliar su representatividad fue formar y/o integrarse en organizaciones federales o confederales de ámbito regional y nacional.

Por ejemplo, durante julio de 1977, a los pocos días de constituirse, APAG celebró diversas reuniones y asambleas con ASAGAs de otras provincias castellanas y leonesas (como la Asociación de Agricultores y Ganaderos Palentinos y la Asociación Independiente de Agricultores y Ganaderos de Zamora) en Carrión de los Condes (Palencia)[452], Medina de Rioseco[453] o Tordesillas, donde un representante zamorano señaló la "urgente necesidad [de realizar] la coordinación con todas las asociaciones de la Cuenca del Duero"[454].

---

[445] *El Norte de Castilla*, 15-10-1980 y 11-11-1981.
[446] Entrevista a Eusebio Orrasco, Valladolid, 23-6-2020.
[447] *El Norte de Castilla*, 9-7-1977.
[448] *El Norte de Castilla*, 27-4-1982.
[449] *El Norte de Castilla*, 9-4-1978.
[450] *El Norte de Castilla*, 4-4-1978 y 18-4-1978.
[451] Véase *supra*.
[452] *Diario Regional*, 31-7-1978.
[453] *Diario Regional*, 2-8-1977.
[454] *Diario Regional*, 27-7-1977.

En el mes de agosto siguiente, se reunieron en Palencia representantes de las asociaciones agrarias de Palencia, Segovia, Soria, Zamora y Valladolid (APAG y AEPA), donde acordaron "potenciar las asociaciones provinciales a través de la constitución de una Federación Regional de la Cuenca del Duero"[455]. Estas asociaciones siguieron celebrando reuniones durante el otoño siguiente en las localidades segovianas de Los Ángeles de San Rafael, adonde acudieron "representantes de asociaciones profesionales agrarias de ámbito provincial, regional, nacional y sectorial de todas las regiones de España" (incluida APAG y AEPA)[456], y Villacastín, donde "dialogaron las asociaciones de la Cuenca del Duero"[457]. Finalmente, en una reunión celebrada en Valladolid en diciembre de 1977, las "Asociaciones de Agricultores y Ganaderos de Ávila, Palencia y Valladolid [APAG]; Asociaciones Independientes de Agricultores y Ganaderos de Salamanca y Soria; Asociación Independiente de Labradores y Ganaderos de Zamora; comisión Gestora de la Asociación Agraria de Burgos; Asociación de Empresarios Agrarios y Autónomos de Segovia; y Asociación Empresarial Provincial Agraria [AEPA] de Valladolid" acordaron constituir la Federación Regional de Agricultores y Ganaderos de la Cuenca del Duero, eligiendo a Mariano Vázquez de Prada como presidente[458].

Según el propio Mariano Vázquez de Prada, esta nueva organización agraria regional representaba a 60.000 agricultores y tenía como objeto defender "la propiedad colectiva y privada, la cuestión productiva y los precios, así como la autogestión empresarial sin la socialización de los estamentos" actuando "en íntima colaboración con los organismos del Ministerio"[459].

Una vez constituida, la Federación de la Cuenca del Duero buscó incorporarse a una organización de ámbito nacional. En un primer momento sus representantes valoraron integrarse en CNAG[460], como habían hecho la mayor parte de las ASAGAs del país. Pero esta iniciativa no llegó a concretarse, quizás, por la crisis abierta a inicios de 1978 entre la propia Federación de la Cuenca del Duero y AEPA[461], que, recordemos, había sido una de las organizaciones fundadoras de CNAG y, a su vez, tenía a su promotor y secretario, Adolfo Sánchez García, como presidente de la Confederación[462].

Tras este fracaso, la Federación de la Cuenca del Duero buscó acercarse a otras OPAs conservadoras del país que no se habían integrado en CNAG, como el CNJA

---

[455] *Diario Regional*, 9-8-1977.

[456] *El Norte de Castilla*, 22-10-1977.

[457] *Diario Regional*, 15-10-1977 y 22-10-1977.

[458] *El Norte de Castilla*, 9-12-1977 y *Diario Regional*, 7-12-1977.

[459] *Diario Regional*, 8-12-1977.

[460] *Diario Regional*, 10-1-1978.

[461] *El Norte de Castilla*, 21-2-1978.

[462] *El Norte de Castilla*, 13-12-1977.

y ARA. Estas tres asociaciones, junto a otras, promovieron en marzo de 1978 la creación de Federación Independiente de Sindicatos Agrarios (FISA)[463], la cual, como
también vimos, se desintegró al poco de nacer como consecuencia de enfrentamientos internos.

Un tercer intento de la Federación de la Cuenca del Duero para integrarse en
una OPA de ámbito nacional se produjo en octubre de 1978 cuando "asociaciones
independientes de agricultores y ganaderos de más de treinta provincias españolas"
crearon UFADE[464], cuyo primer presidente fue el entonces secretario de la propia
Federación de la Cuenca del Duero, el palentino Álvaro Inclán Alonso[465].

No obstante, las relaciones entre UFADE y la Federación de la Cuenca del
Duero se deterioraron con el paso del tiempo. Por ejemplo, durante las negociaciones
de precios agrarios de inicios de 1979, el propio Álvaro Inclán Alonso, presidente de
UFADE y secretario de la Federación de la Cuenca del Duero, se negó a firmar el
acta del acuerdo alcanzado con el gobierno, en contra de la opinión del otro representante de UFADE (que pertenecía al *Sindicato de la Pagesia y Ramadería* de Tarragona)[466]. Estos desencuentros culminaron en mayo de 1980 cuando la Federación de
la Cuenca del Duero decidió solicitar su baja de UFADE, acusando a esta organización de haber "cometido una infracción grave por incumplimiento de sus Estatutos"[467].

A partir de ese momento, a través de la documentación manejada se percibe una
decadencia de la actividad de la Federación de la Cuenca del Duero hasta tal punto
que, en septiembre de 1981, APAG manifestó públicamente la necesidad de reimpul-
sar la Federación ante la desunión y falta de coordinación mostrada por las ASAGAs
castellanas y leonesas durante la denominada "guerra de la sequía"[468]. Este proceso
culminó en marzo de 1982 con la elección de una nueva junta directiva, encabezada
por César de Miguel López como presidente (quien, a su vez, era presidente de la
APAG de Burgos, y más tarde sería diputado de AP entre 1982 y 1986), Sebastián
Encinas como vicepresidente y Francisco Lorenzo Belloso como secretario[469] (quien,
a su vez, desde abril de 1981, era presidente de la APAG de Valladolid)[470].

AEPA, por su parte, también buscó integrarse en organizaciones agrarias regionales y nacionales desde su constitución. De hecho, como ya apuntamos, fue una de
las organizaciones que fundó CNAG en junio de 1977, donde tuvo un papel

---

[463] *El País*, 30-3-1978 y *Diario Regional*, 2-4-1978.
[464] *El Norte de Castilla*, 28-10-1978.
[465] *El Norte de Castilla*, 6-12-1978.
[466] *Diario Regional*, 4-5-1979.
[467] *El Norte de Castilla*, 27-5-1980.
[468] *El Norte de Castilla*, 17-9-1981.
[469] *El Norte de Castilla*, 2-3-1982 y 7-3-1982.
[470] *El Norte de Castilla*, 28-6-1981.

destacable con la figura de Adolfo Sánchez Martín que fue a la vez secretario de AEPA y presidente de CNAG[471] (hasta noviembre de 1980 cuando dimitió de todos sus cargos sindicales para aceptar la presidencia de la Confederación Hidrográfica del Duero[472]). Asimismo, como integrante de CNAG, AEPA se vinculó a organizaciones empresariales como la CEOE[473] y la Confederación Vallisoletana de Empresarios[474].

Una vez integrada en organizaciones agrarias y empresariales de ámbito nacional, AEPA participó en las reuniones que se organizaron durante la segunda mitad de 1977 en diversos lugares de la región (Palencia, Los Ángeles de San Rafael, Villacastín) que culminaron con la constitución de la Federación de Agricultores y Ganaderos de la Cuenca del Duero en diciembre de ese año[475]. Sin embargo, como también apuntamos, a las pocas semanas, AEPA abandonó la Federación de la Cuenca del Duero[476]. Esta ruptura se produjo por las mismas razones que motivaron los fracasos de los intentos de fusión que protagonizaron AEPA y APAG: los diferentes conceptos que tenían AEPA y la Federación sobre la existencia y organización de las asociaciones agrarias sectoriales y, en concreto, la oposición de varias ASAGAs (principalmente la de Salamanca) a que el SR de Valladolid se integrara en la Federación de la Cuenca del Duero como una entidad independiente y sin pertenecer a ninguna OPA generalista[477]. A partir de este momento, AEPA no volvió a impulsar o participar en la creación de otras organizaciones agrarias de ámbito regional, de tal modo que su integración en organizaciones supraprovinciales se limitó a su vinculación con CNAG.

Los sectores agrarios progresistas de la provincia, por su parte, también participaron en diferentes procesos de conformación de organizaciones de carácter supraprovincial. Ya vimos cómo, en diciembre de 1976, las dos principales organizaciones agrarias que existían en la provincia, MCB y CC.CC., participaron en la fundación de COAG[478].

A partir de ese momento, durante las semanas siguientes, los círculos agrarios progresistas de Castilla y León comenzaron a proponer la idea de conformar una organización agraria progresista de ámbito regional. En enero de 1977, CC.CC. planteó "la necesidad imperiosa e inaplazable de empezar a construir el sindicato campesino de Castilla y León, a nivel local, comarcal, provincial y regional", para lo cual,

---

[471] *El Norte de Castilla*, 13-12-1977.

[472] *El Norte de Castilla*, 19-11-1980.

[473] Véase *supra*.

[474] *Diario Regional*, 1-4-1979.

[475] Véase *supra*.

[476] *El Norte de Castilla*, 21-2-1978.

[477] *El Norte de Castilla*, 26-2-1978 y 4-3-1978.

[478] Véase *supra*.

incluso, se redactó "un anteproyecto de principios, estatutos y programa hasta la celebración del congreso de constitución"[479]. Esta idea se concretó unas semanas más tarde, a finales de febrero de 1977, en el contexto de la "guerra de los tractores" cuando, el día 27 del citado mes, representantes de "Organizaciones Campesinas de Ávila, Burgos, Segovia, Palencia, Valladolid, Zamora y Soria" se reunieron en Valladolid y, bajo el impulso de la Unión de Campesinos Zamoranos, acordaron constituir la Coordinadora Regional de Organizaciones Campesinas de Castilla y León, con el objetivo de "promover un sindicato campesino democrático, unitario, independiente, asambleario y campesino". Recordemos que, al amparo del clima de unidad creado en estas reuniones, se concretó de forma definitiva la fusión de la MCB y las CC.CC. para conformar la UCV[480], que se convirtió en la única organización que representaba a los agricultores vallisoletanos en COAG. Sin embargo, la Coordinadora Regional de Organizaciones Campesinas de Castilla y León tuvo escaso recorrido y terminó disolviéndose sin más.

Por ello, desde inicios del año 1978 se produjeron nuevos acercamientos entre las uniones campesinas de las provincias castellanas y leonesas para impulsar una nueva organización agraria regional dentro de COAG. En un primer momento pareció que esta idea se concretaría en abril, cuando diversos "representantes de las diversas uniones de campesinos de las ocho provincias del Duero" celebraron una asamblea en el Instituto Rural El Pino de Valladolid para crear la Coordinadora Regional de Castilla y León (CORE), "un ente intermediario entre las Uniones [de Campesinos] y la Coordinadora Nacional [COAG]" que pretendía ser "portavoz de los intereses de la región y en baluarte de defensa de la agricultura del Duero"[481]. Sin embargo, a la citada reunión sólo acudieron representantes de las uniones de Valladolid, Zamora y Salamanca, por lo que la asamblea constitutiva de la CORE tuvo que aplazarse a mayo[482]. Finalmente, el 28 de este mes, en una nueva reunión en el Instituto Rural El Pino, con asistencia de "representantes de las Uniones Campesinas de Zamora, Palencia, Burgos, Segovia, Ávila y Valladolid", y la aceptación escrita de las uniones de Salamanca y León, se aprobó la constitución de la CORE, como una organización regional que se integraba en COAG, y que asumía tres fines básicos:

> El primero se basa en el estudio de los problemas agrarios de la región castellano-leonesa y la puesta en acción de las soluciones más satisfactorias; con el segundo objetivo, se proponen su presencia en el proceso autonómico regional, exigiéndole a éste toda clase de beneficios para el mundo rural y aportando participación al Consejo encargado

---

[479] *El País*, 20-1-1977.
[480] *El Norte de Castilla*, 1-3-1977.
[481] *El Norte de Castilla*, 16-4-1978.
[482] *El Norte de Castilla*, 18-4-1978.

de la ejecutoria de la autonomía. No olvidan como tercer fin la fuerza de la voz caste-
llano-leonesa en la Coordinadora Nacional[483].

En definitiva, como hemos podido ver a través de todo este epígrafe, a partir de
1977 las OPAs vallisoletanas desarrollaron una más que notable actividad sindical
organizativa que principalmente se materializó en la celebración de infinidad de
reuniones y asambleas a lo largo y ancho de la provincia, con el objeto, primero, de
impulsar la sindicación de los agricultores; y, segundo, participar en el complejo proceso de reordenación del panorama sindical agrario español que se produjo con el
advenimiento de la nueva democracia. El culmen de toda esta actividad organizativa
se alcanzó con motivo de la convocatoria de elecciones a Cámaras Agrarias de mayo
de 1978, que supuso la institucionalización definitiva de las OPAs en España, y a las
que por su importancia dedicaremos una especial atención.

4.1.1. Las elecciones a Cámaras Agrarias de 1978 en la provincia de Valladolid

Las elecciones a Cámaras Agrarias celebradas en mayo de 1978 han sido uno
de los episodios que más ha llamado la atención de los investigadores que se han
acercado al estudio de la Transición democrática en el campo[484]. Sin duda, esto es
reflejo de la importancia que tuvo este proceso electoral tanto en la configuración
definitiva del panorama sindical agrario español durante la Transición, como en el
proceso de construcción de la democracia en el campo.

Por un lado, las elecciones fueron esenciales en el proceso de configuración del
nuevo panorama sindical agrario por dos razones: supusieron el definitivo reconocimiento institucional de las OPAs como interlocutores legítimos de los agricultores
ante la administración, especialmente a la hora de afrontar las negociaciones sobre
precios agrarios que se producían a principio de cada año; y permitieron medir la
fuerza (más o menos) real que tenían los distintos sindicatos agrarios a nivel nacional
y provincial.

Por otro lado, las elecciones fueron un factor democratizador del campo español
en su más amplio sentido porque permitió y animó a que los agricultores participaran

---

[483] *Diario Regional*, 30-5-1978 y *El Norte de Castilla*, 30-5-1978.
[484] MOYANO ESTRADA, *Corporatismo y Agricultura…*, pp. 266-279; HERRERA GONZÁLEZ DE
MOLINA, *La construcción de la democracia…*, pp. 98-102; NAVARRO PÉREZ, Luis Carlos, "Las
elecciones de 1978 en las Cámaras Agrarias andaluzas y sus repercusiones políticas", en QUIROSA-
CHEYROUZE, Rafael y FERNÁNDEZ AMADOR, Mónica (eds.), *Movimientos sociales e instituciones locales en la Transición. La lucha por la democracia en la Andalucía rural*, Madrid, Catarata, 2017,
pp. 182-219; FERRER GÁLVEZ, Francisco, *Democracia y mundo rural en la provincia de Almería:
asociacionismo y conflictividad en la transformación del sector agrario*, Tesis Doctoral, Almería, Universidad de Almería, 2021, pp. 182-197.

de forma activa y protagónica en la vida pública[485]. En efecto, como ha señalado Herrera González de Molina, con motivo de las elecciones a Cámaras Agrarias las OPAs realizaron "una concienzuda campaña de información sobre la legislación y funcionamiento de los comicios, explicando paso a paso a los agricultores las fases que se debían seguir para la presentación de candidaturas, la comprobación de los censos y las formas de escrutinio final"[486], lo que, sin duda, en palabras del mismo autor, "sirvió de aprendizaje político de cara a las elecciones municipales celebradas unos meses después [en abril de 1979] y seguramente permitió que el ejercicio del voto fuera más libre"[487].

Con todo, como ya han señalado diversos autores, hay que reconocer que las elecciones a Cámaras Agrarias tuvieron destacados claroscuros, especialmente por las "reconocidas señales de intromisión administrativa" que se detectaron durante el proceso electoral, principalmente consecuencia de la acción de los secretarios de las Cámaras Agrarias (que eran los mismos que habían tenido las antiguas Hermandades) y del Instituto de Relaciones Agrarias (IRA), tal y como muestra el informe reservado que realizó este organismo sobre dichas elecciones (y que analizaremos con mayor detalle poco más adelante)[488].

Las Cámaras Agrarias se crearon por el Real Decreto 1336/1977, de 2 de junio, como unos "nuevos órganos de consulta y colaboración con la Administración Pública […] sobre temas de interés general agrario"[489]. Sin embargo, aunque el Gobierno pretendió extender la imagen de que eran unos órganos de larga tradición en el país ("Creadas y organizadas por Real Decreto de catorce de noviembre de mil ochocientos noventa") y equiparables a otros organismos agrarios existentes en otros países democráticos ("similares a los existentes en distintos países del Occidente europeo")[490], en realidad, fueron una simple reconversión de las viejas Hermandades de Labradores y Ganaderos del sindicalismo vertical franquista a la nueva realidad política y legal del país, puesto que, al fin y al cabo, conservaron tanto los funcionarios (secretarios) como las funciones burocrático-administrativas que tenían sus antecesoras[491].

---

[485] Sobre el impulso democratizador de los movimientos sociales: TILLY, Charles y WOOD, Lesley J., *Los movimientos sociales, 1768-2008: desde sus orígenes a Facebook*, Barcelona, Crítica, 2010, pp. 271-277.

[486] HERRERA GONZÁLEZ DE MOLINA, *La construcción de la democracia…*, pp. 201-202.

[487] HERRERA GONZÁLEZ DE MOLINA, Antonio, "La democratización de la Democracia. La Transición en los municipios andaluces (1977-1983)", *Alcores*, 14 (2012), p. 104.

[488] MOYANO ESTRADA, *Corporatismo y Agricultura…*, pp. 270-271; HERRERA GONZÁLEZ DE MOLINA, *La construcción de la democracia…*, pp. 98-100.

[489] "Real Decreto 1336/1977, de 2 de junio, sobre Cámaras Agrarias", *BOE*, n° 142, 15-6-1977, pp. 13464-13466 (https://www.boe.es/buscar/doc.php?id=BOE-A-1977-13884).

[490] Ídem.

[491] MOYANO ESTRADA, *Corporatismo y Agricultura…*, pp. 144-145.

A pesar de que las autoridades, y específicamente el ministro de Agricultura, Jaime Lamo de Espinosa, garantizaron públicamente el carácter democrático de las nuevas Cámaras Agrarias[492], las OPAs progresistas, especialmente COAG, se opusieron a ellas desde el primer momento. En primer lugar, porque las consideraron unos organismos herederos del sindicalismo vertical franquista. En segundo lugar, porque estimaban inaceptable que las Cámaras Agrarias recibieran la titularidad del patrimonio sindical de las viejas Hermandades de Labradores y Ganaderos. Y, en tercer lugar, porque consideraban que obstaculizaban el desarrollo de los nuevos sindicatos agrarios, ya que, a pesar de que el Real Decreto 1336/1977 establecía que "sus competencias no limitarán la libertad sindical ni los derechos de las organizaciones de empresarios y de trabajadores del campo", las otorgaba competencias consultivas ante la Administración "en la preparación, aplicación y elaboración de normas que afectan a temas de interés general agrario"[493], labor que las OPAs consideraban que era una competencia exclusivamente suya.

Para dar mandato al citado Real Decreto 1336/1977, que establecía que los vocales de las Cámaras Agrarias locales debían de ser "elegidos mediante sufragio universal, directo y secreto", el Gobierno convocó elecciones a Cámaras Agrarias para el día 30 de abril de 1978[494]. De este modo, las elecciones a Cámaras Agrarias complementaban las elecciones sindicales que se celebraron en las empresas españolas a inicios de 1978[495]. No obstante, finalmente, el Gobierno decidió aplazar la celebración de los comicios para el 21 de mayo de 1978[496] ante las quejas de diversas OPAs[497], y especialmente de la FTT-UGT, por la brevedad de los plazos para resolver correctamente las reclamaciones hechas a los censos electorales[498].

La convocatoria de las elecciones levantó un gran debate en el seno de las OPAs progresistas que, como ya hemos apuntado, no veían con buenos ojos la existencia de las Cámaras Agrarias. Especialmente intenso fue el debate dentro de COAG que desde un primer momento se opuso a la validez de las elecciones y decidió no presentarse a los comicios con sus siglas:

---

[492] *El Norte de Castilla*, 30-3-1978.

[493] "Real Decreto 1336/1977, de 2 de junio, sobre Cámaras Agrarias", *BOE*, nº 142, 15-6-1977, pp. 13464-13466 (https://www.boe.es/buscar/doc.php?id=BOE-A-1977-13884).

[494] "Real Decreto 320/1978, de 17 de febrero, por el que se desarrolla y perfecciona el Real Decreto 1336/1977, de 2 de junio, y se regulan las elecciones a Cámaras Agrarias", *BOE*, nº 56, 7-3-1978, pp. 5399-5402 (https://www.boe.es/buscar/doc.php?id=BOE-A-1978-6476).

[495] REDERO SAN ROMÁN, "Los sindicatos…", p. 136.

[496] "Real Decreto 721/1978, de 14 de abril, por el que se amplían los plazos para las elecciones a Cámaras Agrarias", *BOE*, nº 90, 15-4-1978, p. 8665 (https://www.boe.es/buscar/doc.php?id=BOE-A-1978-9688).

[497] *El País*, 8-4-1978.

[498] *El Norte de Castilla*, 30-3-1978, 4-4-1978, 8-4-1978, 11-4-1978 y *Diario Regional*, 1-4-1978, 2-4-1978 y 7-4-1978.

La Coordinadora, reunida en pleno con fecha 4-4-78, frente a la inminente celebración de las elecciones a Cámaras Agrarias, y después de pronunciarse los agricultores de cada zona, manifiesta:

1. Se reafirma en el rechazo a las Cámaras Agrarias tal y como las quiere imponer el partido en el poder con el objetivo de perpetuar su hegemonía en el campo.

2. Mantenemos nuestra postura de defensa de la creación de un organismo de servicios agrarios (técnicos y burocráticos), sin elecciones y dependiente exclusivamente del Ministerio de Agricultura, o en su caso, de las instituciones autonómicas.

3. Exigimos la celebración de unas auténticas elecciones sindicales en el campo, a través de las instituciones la representatividad real de los agricultores y ganaderos [sic].

4. Por lo tanto, esta COAG no reconoce estas elecciones a Cámaras, y como tal no se presentará a nivel del Estado.

5. El objetivo común de todas las uniones es anular las Cámaras que nos quieren imponer y luchar por la defensa de nuestra alternativa ya presentada. Para conseguir este objetivo, según las características de cada zona, las diferentes uniones miembros de la COAG elaborarán la estrategia más adecuada para destruirlas, desde dentro o desde fuera[499].

Como se puede entrever en el último punto de la declaración transcrita, aunque COAG decidió no presentarse a las elecciones como tal, respetó la autonomía de las UAGAs para que actuaran como consideraran conveniente. Por ello, se produjo una división entre: de una parte, aquellas uniones que decidieron no participar en los comicios, encabezadas por la *Unió de Pagesos* de Cataluña, que incluso propusieron el boicot electoral, porque consideraban que su participación equivaldría a legitimar unos organismos antidemocráticos que limitaban la libertad sindical; y, de otra, aquellas uniones que decidieron concurrir al proceso electoral, que esencialmente eran aquéllas que tenían implantación en el noroeste peninsular (Aragón, Navarra, La Rioja, Álava, Burgos, León), las cuales creían que era la mejor estrategia para, primero, evitar que las OPAs conservadores coparan las Cámaras Agrarias y, segundo, inutilizar estos organismos desde dentro[500].

El debate que tuvo lugar en COAG se reprodujo entre las UAGAs de Castilla y León. En efecto, si por un lado algunas uniones de la región, como las de León y Burgos, decidieron participar en los comicios[501]; otras, como las de Zamora[502] y

---

[499] *El Norte de Castilla*, 5-4-1978.

[500] *El Norte de Castilla*, 6-4-1978. También en MOYANO ESTRADA, *Corporatismo y Agricultura…*, pp. 267-269; DE LA FUENTE BLANCO, *Los sindicatos agrarios…*, pp. 63-64. Según un testimonio recogido por Moyano Estrada, en esta división también contribuyó la mayor o menor influencia que tuvo el PCE –que apoyaba la participación en las elecciones– en las distintas UAGAs.

[501] Sobre el debate dentro de la FUAG de Burgos, véase REDONDO CARDEÑOSO, "Unions and agricultural…", pp. 127-128.

[502] *El Norte de Castilla*, 6-4-1978.

Valladolid[503], se negaron. Concretamente, la UCV justificó su posición diciendo que las Cámaras Agrarias eran "tan inoperantes como las antiguas Hermandades y una adormidera para los labradores" y que "no son Cámaras interferidas lo que necesitamos, si no sindicatos fuertes; no son relaciones de amistad con la Administración lo que precisamos, sino un trato correcto y de respeto mutuo"[504]. Con todo, algunos socios de la UCV decidieron presentar candidaturas independientes al margen de la decisión del Secretariado Provincial de la organización, tal y como sucedió en Laguna de Duero y Campaspero[505]. Es más, informes del Gobierno Civil de la provincia señalan que, a pesar de que la UCV no se presentaba como tal, "tenemos noticias de que algunos de sus afiliados van en candidaturas independientes (quizá en 6 u 8 pueblos)"; y que, dentro de los candidatos independientes que se presentaron a las elecciones, "puede ser que 20-25 personas sean de Unión Campesina de Valladolid"[506].

La convocatoria de las elecciones a Cámaras Agrarias supuso un impulso a la actividad de los sindicatos agrarios del país[507]. Las OPAs de Valladolid, por ejemplo, incrementaron su actividad durante las semanas previas a la cita electoral multiplicando sus declaraciones en prensa para explicar su programa sindical o, en el caso de la UCV, su retraimiento y su postura abstencionista[508]; u organizando actos electorales en diversos puntos de la provincia, como reuniones o mítines. Por ejemplo, durante abril de 1978, APAG celebró reuniones a lo largo y ancho de la provincia, "para divulgar entre los socios y agricultores en general, el proceso de las elecciones a Cámaras Agrarias"[509]; y la FTT–UGT, aunque de forma más limitada, también organizó actos electorales para "tratar sobre elecciones a Cámaras Agrarias y la alternativa de

---

[503] *El Norte de Castilla*, 11-4-1978 y *Diario Regional*, 11-4-1978.

[504] Ídem.

[505] *Diario Regional*, 11-5-1978.

[506] "Cumplimiento contenido Telex Mensaje núm. 987, DGPI núm. 197/78, de 4 de mayo", 9-5-1978, p. 2, e "Informe Cámaras Agrarias", 23-6-1978, p. 4; ambos en AHPV, *Gobierno Civil*, Caja 1707, Exp. 47.

[507] Como, por ejemplo, sucedió en la provincia de Albacete, donde algunos autores ya han advertido que se produjo una notable la actividad sindical durante los primeros meses de 1978 mediante la celebración de reuniones, mítines, conferencias, etc. (GONZÁLEZ MADRID, Damián A. y ORTIZ HERAS, Manuel, "La conflictiva democratización de las relaciones sindicales agrarias: patronos, sindicatos y trabajadores manchegos en el escenario postdictatorial (1976-1979)", en FERNÁNDEZ AMADOR, Mónica; MARTOS CONTRERAS, Emilia; NAVARRO PÉREZ, Luis C.; y QUIROSA-CHEYROUZE MUÑOZ, Rafael (coords.), *Las instituciones. VI Congreso Internacional: La Historia de la Transición en España*, Almería, Universidad de Almería, 2015, pp. 703-719).

[508] En este sentido, destaca una serie de entrevistas que hizo *Diario Regional* a los líderes de los distintos sindicatos agrarios de la provincia: Ángel Fernández, de la FTT-UGT (*Diario Regional*, 17-5-1978); representantes de la UCV (*Diario Regional*, 17-5-1978); Adolfo Sánchez Martín, de AEPA (*Diario Regional*, 18-5-1978); y Mariano Vázquez de Prada, por APAG (*Diario Regional*, 18-5-1978).

[509] Estas reuniones se celebraron en: Villalón de Campos (2), Medina de Rioseco (2), Peñafiel, Olmedo, Mayorga de Campos, Medina del Campo, Nava del Rey, Fombellida, Piña de Esgueva, Esguevillas, Tordehumos, Villavaquerín y Valladolid capital (2). AHPV, *Gobierno Civil*, Caja 759.

UGT"[510]. El secretario de AEPA, por su parte, señaló que su sindicato gastó medio millón de pesetas en actividades de campaña electoral[511], en la que destacó el mitin celebrado en el Teatro Calderón de Valladolid donde los dirigentes de AEPA presentaron la Coalición Electoral Cámaras Agrarias junto a SR y AGGR[512]. Incluso la UCV, a pesar de no participar en las elecciones, organizó varias reuniones en los pueblos de la provincia durante las semanas previas a la cita electoral, con el objeto de impulsar y/o consolidar su implantación en la provincia, pero también para "informar sobre las elecciones a Cámaras Agrarias"[513].

Finalmente, APAG presentó 108 candidaturas y 1.841 candidatos; la Coalición Electoral (AEPA, SR y AGGR), 55 candidaturas y 362 candidatos; ARA, 17 candidaturas y 122 candidatos; y la FTT-UGT presentó 17 candidaturas y 86 candidatos[514].

La campaña electoral no estuvo exenta de polémicas. Por ejemplo, ya vimos como la FTT-UGT, y en concreto su secretario general, el riosecano Ángel Fernández, denunció continuas irregularidades en los censos[515]. También se produjeron polémicas con motivo de la confección de las candidaturas: AEPA se quejó de que "una de las organizaciones (no precisamente la suya) ha obtenido ventajas en el proceso por disponer un mayor número de antiguos presidentes de Cámaras en sus filas"[516]; y, por su parte, la UCV fue más allá y denunció abiertamente que buena parte de las candidaturas de APAG y ARA habían sido amañadas[517]. Otras polémicas se relacionaron con el controvertido papel que tuvieron algunos secretarios de las antiguas Hermandades, como el de Laguna de Duero, a quien la UCV acusó de favoritismo por distribuir papeletas en favor de una candidatura determinada[518].

Los resultados de las elecciones a nivel estatal destacaron por dos hechos: la alta abstención, que fue del 64,5% del censo; y el triunfo mayoritario de candidaturas independientes, que obtuvieron el 61,5% de las 73.694 vocalías elegidas (mientras

---

[510] Por ejemplo, en Mayorga de Campos, Alaejos, Ataquines, Castronuño, Tiedra, Peñafiel, Carpio y Medina del Campo. AHPV, *Gobierno Civil*, Caja 759.

[511] *Diario Regional*, 18-5-1978.

[512] *El Norte de Castilla*, 18-4-1978 y *Diario Regional*, 18-4-1978. Véase la Imagen 8 de los Anexos.

[513] Entre marzo y mayo de 1978 organizaron reuniones en: Rueda (2), Castromonte, Megeces, Villaco, Esguevillas de Esgueva, Amusquillo, Fombellida, Villafrechós, y Valladolid (2). AHPV, *Gobierno Civil*, Caja 759.

[514] *El Norte de Castilla*, 18-5-1978.

[515] *El Norte de Castilla*, 30-3-1978 y 1-4-1978.

[516] *Diario Regional*, 3-5-1978.

[517] *Diario Regional*, 11-5-1978.

[518] *El Norte de Castilla*, 20-5-1978 y *Diario Regional*, 20-5-1978. Esta polémica abrió un enconado enfrentamiento entre la UCV y el delegado provincial de Agricultura: *El Norte de Castilla*, 31-5-1978, 1-6-1978 y 4-6-1978; *Diario Regional*, 1-6-1978, 2-6-1978, 3-6-1978 y 4-6-1978.

que las candidaturas de las OPAs sólo obtuvieron el 38,5%)[519]. A pesar de estas cifras, conviene relativizar la importancia de los candidatos independientes en los resultados porque, como se advertía desde las páginas de la prensa, buena parte de ellos pertenecían o estaban dentro de la esfera de influencia de diferentes OPAs:

> En primer lugar, han ganado los candidatos independientes pertenecientes, en parte, a la FISA (Federación Independiente de Sindicatos Agrarios) inspirada por UCD y AP, entidad en la que se encuentran los llamados "continuistas" del régimen anterior. En la FISA se agrupa la Asociación de Jóvenes Agricultores y el ARA (que en estas elecciones prácticamente ha desaparecido) y una serie de sindicatos de tipo regional y provincial que se han presentado bajo sus propias siglas, pero que están conectados con este sector. El segundo grupo de los candidatos elegidos bajo el epígrafe de "independientes" son aquéllos que son tierra de nadie y realmente no están afiliados a ninguna agrupación profesional. Por último, el tercer sector del bloque de los independientes lo forman aquellos agricultores que, aun perteneciendo a la COAG (Coordinadora de Organizaciones de Agricultores y Ganaderos), se ha presentado como independientes al no presentar sus "uniones" candidaturas[520].

Los resultados electorales de Valladolid presentaron ciertas peculiaridades respecto a la tendencia nacional: por un lado, hubo una destacada participación, ya que votó el 64% del censo, lo que suponía casi treinta puntos porcentuales más que la media nacional[521]; por otro, aunque también destacó el triunfo de las candidaturas independientes, fue en menor porcentaje que a nivel nacional, ya que *sólo* obtuvieron el 46,5% (840) de las 1.904 vocalías elegidas, es decir, 15 puntos porcentuales menos que en el conjunto del país. Con todo, también cabe tener en cuenta que, como ya señalamos al hablar de los resultados nacionales, hay que relativizar las cifras de los independientes puesto que muchos de ellos pertenecían o estaban en la esfera de influencia de las OPAs provinciales como, por ejemplo, APAG y ARA: "ambas asociaciones discrepan del resultado de los independientes por cuanto en muchos pueblos de la provincia con un número estimable de socios a su favor no se confeccionaron candidaturas y han resultado elegidos miembros pertenecientes a sus

---

[519] MOYANO ESTRADA, *Corporatismo y Agricultura...*, p. 270. También en: *El País*, 23-5-1978 y 30-5-1978.

[520] *El Norte de Castilla*, 23-5-1978. En este mismo sentido, por ejemplo, la FTT-UGT señaló que en torno a 2.500 vocales elegidos como independientes pertenecían a su organización (HERRERA GONZÁLEZ DE MOLINA, *La construcción de la democracia...*, p. 179).

[521] De hecho, las mayores tasas de participación se produjeron en provincias de la meseta norte, especialmente en "Valladolid, Palencia, Soria, Guadalajara, Salamanca y Segovia" (*El Norte de Castilla*, 23-5-1978).

asociaciones"[522]. El resto de las vocalías se repartieron entre: APAG, 680; Coalición Electoral (AEPA, SR y AGGR), 214; ARA, 87; y la FTT-UGT, 33[523].

Aunque en líneas generales, la jornada electoral en Valladolid se desarrolló con normalidad, hubo algunos incidentes. Por ejemplo, la FTT-UGT denunció que en Medina del Campo varios candidatos no respetaron el "día de reflexión" y fueron repartiendo papeletas electorales por varias casas, aconsejando "a quién tenían que votar y, en algunos casos, ellos mismos rellenaron las cartulinas con sus propios nombres"[524]. Por su parte, la Asociación de Vecinos Pío del Río de Portillo denunció que varios individuos no pudieron votar porque el secretario de la vieja Hermandad no les incluyó en el censo[525]. Pero, sin duda, el incidente más destacado se produjo en Pozaldez, donde la guardia civil tuvo que intervenir después de que un piquete compuesto por estudiantes y obreros agrícolas quisiera obstaculizar la firma del acta del escrutinio alegando que allí "habían hecho lo que habían querido"[526].

Pocos días más tarde, a inicios de junio, se eligió la composición de la Cámara Agraria provincial que quedó absolutamente dominada por APAG, cuyos representantes obtuvieron la gran mayoría de las vocalías (18 de 24) y, como consecuencia, la presidencia y las dos vicepresidencias, en las personas de Teodosio Guerra Gutiérrez, Marcelo Morchón González y Jesús Cebrián Pastor, respectivamente[527]. La única nota discordante que empañó el rotundo triunfo electoral de APAG, fue la victoria de la Coalición Electoral liderada por AEPA en la ciudad de Valladolid, lo que permitió a Vicente Martín Calabaza obtener la presidencia de la Cámara Agraria local de la capital[528].

Las polémicas en torno a las elecciones a Cámaras Agrarias colearon en el tiempo, principalmente porque COAG y sus uniones asociadas siguieron denunciando el favoritismo de la administración y el intervencionismo de los funcionarios de las antiguas Hermandades en favor las candidaturas conservadoras: "APAG y ARA han contado con la ayuda de los restos del verticalismo"[529]. De hecho, la mayor polémica en torno a las elecciones a Cámaras Agrarias estalló a finales de 1978 cuando COAG sacó a la luz pública un informe reservado del IRA titulado *Análisis de los resultados electorales de las Cámaras Agrarias Locales*, donde el citado

---

[522] *Diario Regional*, 25-5-1978.

[523] Los resultados (provinciales y detallados por comarca) en: AHPV, *Gobierno Civil*, Caja 1707, Exp. 47, 22-5-1978. También en *El Norte de Castilla*, 23-5-1978 y *Diario Regional*, 23-5-1978.

[524] *El Norte de Castilla*, 23-5-1978.

[525] *Diario Regional*, 4-6-1978.

[526] AHPV, *Gobierno Civil*, Caja 1707, Exp. 47, 21-5-1978. Más detalles sobre el incidente en: *El Norte de Castilla*, 23-5-1978 y *Diario Regional*, 24-5-1978.

[527] *El Norte de Castilla*, 3-6-1978 y 13-6-1978.

[528] *El Norte de Castilla*, 30-5-1978.

[529] *El Norte de Castilla*, 16-6-1978 y *Diario Regional*, 15-6-1978.

organismo gubernamental realizaba una valoración política de los resultados de las elecciones a Cámaras Agrarias en base a un baremo preestablecido que vinculada a las distintas OPAs con los principales partidos políticos:

> En este sentido, el documento considera a la Confederación Nacional [de Agricultores y Ganaderos] como vinculada a UCD (50 por 100) y a AP (50 por 100), a FISA (que no llegó a constituirse) se la incluye totalmente en UCD, al igual que a la Federación de Trabajadores de la Tierra (FTT) en el PSOE. La Coordinadora [de Organizaciones de Agricultores y Ganaderos] (COAG) queda dividida en sector-PSOE (50 por 100) y sector-PCE (50 por 100), mientras que para los sindicatos independientes sin vinculación clara se establecen dos grupos. En el primero se incluyen a "las asociaciones profesionales, generalmente en la línea ideológica de UCD" y, en el segundo, se engloban las organizaciones "ideológicamente identificadas con PCE, PTE, ORT, etc."[530].

De acuerdo con este baremo, el informe concluía: "que UCD ha vencido en las elecciones a Cámaras en 38 provincias [...] Siete provincias, entre ellas Valladolid, se encuentran en la órbita de AP; tres en la del PSOE (Navarra, Álava y Logroño) y dos en la del PNV (Vizcaya y Guipúzcoa). Al PCE no se le concede la victoria en ninguna provincia"[531].

En consonancia con ese informe reservado del IRA, fechado el 30 de mayo de 1978, nosotros hemos localizado en el Archivo Histórico Provincial de Valladolid un documento (reservado) del Gobierno Civil titulado *Informe Cámaras Agrarias* donde también se analizaba el "Grado de influencia [política] de las distintas Organizaciones o Grupos". Como ya apuntamos en su momento, además de señalar los crecientes "descontentos, recelos y frialdad en la afiliación", el documento especificaba las influencias ideológicas de las principales OPAs de la provincia: definía a los líderes de APAG como "de derechas o en algún caso de la derecha de las derechas", a los de AEPA "como de Centro" y a la FTT-UGT y UCV como organizaciones "de izquierda"[532].

Sin embargo, al margen de la más que discutible interpretación política que hizo el IRA de las elecciones a Cámaras Agrarias, lo que levantó mayores controversias fue que el informe reservado reconocía que numerosas candidaturas independientes fueron promovidas e impulsadas por los propios secretarios y presidentes de las

---

[530] *El Norte de Castilla*, 29-12-1978. También en *Diario Regional*, 31-12-1978. Comentarios sobre el informe reservado del IRA en MOYANO ESTRADA, *Corporatismo y Agricultura...*, pp. 270-272 y HERRERA GONZÁLEZ DE MOLINA, *La construcción de la democracia...*, pp. 99-100.

[531] *El Norte de Castilla*, 29-12-1978. En concreto, a nivel nacional, UCD habría obtenido 49.800 vocalías; el PSOE, 11.496; AP, 5.094; PCE, 6.474; y PNV, 1.003 (HERRERA GONZÁLEZ DE MOLINA, *La construcción de la democracia...*, p. 99).

[532] AHPV, *Gobierno Civil*, Caja 1707, Exp. 47, "Informe Cámaras Agrarias", 23-6-1978. Véase la transcripción completa del informe en el Texto 6 de los Anexos.

Cámaras Agrarias como, por ejemplo, sucedió en las provincias de Soria y Segovia: "En Soria, el 95% de (los independientes) son ucedistas, al ser gente promovida por este partido, a través del antiguo Presidente de la Cámara, Jesús Borque [que en 1979 sería senador por UCD]. En Segovia sucede lo mismo, al ser gente promovida por el Secretario de la Cámara Provincial, etc., etc."[533].

Estos hechos corroboraban las acusaciones realizadas durante bastante tiempo por COAG denunciando el favoritismo e intromisión del Gobierno en el proceso de constitución y conformación de las Cámaras Agrarias. Por ello, tras conocerse el informe del IRA, la COAG solicitó la invalidación de las elecciones a Cámaras Agrarias, la disolución del IRA y la celebración de "elecciones sindicales, después de la elaboración de un censo que incluya sólo a los agricultores y no, como lo hace el actual, a entidades u organismos que poseen terrenos y a personas que no viven del campo"[534].

El PSOE también se hizo eco de la polémica. Juan Colino, responsable del partido en materia agraria, señaló que el informe reservado "nos remite a los tiempos más negros de la dictadura", solicitó la disolución del IRA y, además, prometió desmantelar las Cámaras Agrarias cuando el PSOE llegara al poder[535].

La polémica también tuvo una notable repercusión en la provincia de Valladolid. La UCV, tras recordar que "se negó a participar en las elecciones a Cámaras Agrarias por considerarlas un nuevo engaño decidido desde el Gobierno para paralizar la marcha de los nuevos sindicatos", ratificó la postura de COAG y exigió: primero, la disolución del IRA, por ser un organismo "que sólo está sirviendo para aumentar los gastos burocráticos y para controlar políticamente al campo"; y, segundo, la celebración de "elecciones sindicales en el campo, libres de manipulaciones, en las que sean los sindicatos o asociaciones los únicos protagonistas, y no el Gobierno a través de los funcionarios que en los pueblos tienen"[536]. Pocos días más tarde, la UCV volvía a solicitar la disolución del IRA "y que los miles de millones que se gastan en pagar nóminas fantasmas, sean entregados al FORPPA, que los puede usar mejor en subvenciones para los productos agrarios"[537].

En la misma línea de COAG y UCV, la UGV acusó al Gobierno de "coartar la libre democracia durante estas elecciones, utilizando […] los servicios de los funcionarios de las Cámaras Agrarias y algunos Gobernadores Civiles para la formación de

[533] Otros ejemplos similares se produjeron en las provincias de Valencia, Tenerife, Almería o Granada. Véase la nota a pie de página nº 5 en MOYANO ESTRADA, *Corporatismo y Agricultura...*, p. 271. En Almería, en concreto, las candidaturas independientes fueron impulsadas por el propio gobernador civil (FERRER GÁLVEZ, *Democracia y mundo...*, p. 187).
[534] *El Norte de Castilla*, 20-12-1978 y 27-12-1978.
[535] *El Norte de Castilla*, 22-12-1978, 30-12-1978 y *Diario Regional*, 30-12-1978.
[536] *El Norte de Castilla*, 24-12-1978.
[537] *El Norte de Castilla*, 21-12-1978.

candidaturas ideológicamente identificadas con UCD", por lo que manifestaba "su deseo de celebrar unas nuevas y auténticas elecciones [...] y la desaparición del IRA"[538].

APAG, por su parte, defendió la limpieza de los comicios, señalando que "representantes de todas [las OPAs] [...] intervinieron en el control y desarrollo de las elecciones", por lo que consideraba que era "público y notorio que en Valladolid la mayoría absoluta de los puestos en las Cámaras locales y provincial fueron logrados en auténtico y democrático proceso electoral por las candidaturas propuestas por APAG y ARA". Asimismo, emplazaba a Juan Colino a "que señale y concrete aquellas anomalías que pudo observar y no quiso denunciar [...], así como para que aclare qué Asociaciones han sido preceptoras de ayudas económicas y procedencia de las mismas"[539].

Esta alusión personal abrió un intercambio de misivas en la prensa provincial entre Colino, APAG y UCV. Si el primero insistía en señalar la existencia de "corruptelas" en las elecciones a Cámaras Agrarias, "que en ningún caso he imputado a ninguna organización, sino directamente al Ministerio de Agricultura, que es el único responsable"[540]; APAG respondió aclarando que las personas que formaron parte de sus candidaturas "lo fueron exclusivamente a título profesional, con el mismo carácter que tiene la Asociación, y desconociendo ésta la vinculación o adscripción política personal de ellas"[541]; y por último, la UCV, recordó las interferencias del secretario de la Cámara Agraria de Laguna de Duero, quien "hizo propaganda abierta, entregando papeletas de una candidatura, muy conocida de APAG, a los labradores y ganaderos que acudían a la oficina para resolver otros asuntos"[542].

Más allá de sus luces y sus sombras, es innegable que las elecciones a Cámaras Agrarias tuvieron un notable impacto en la provincia de Valladolid. En primer lugar, permitieron medir la fuerza de las distintas OPAs y, con ello, aclarar el panorama sindical agrario de la provincia. En este sentido, a pesar de la ausencia de la UCV, podemos decir que a la altura de 1978 en Valladolid existía un predominio bastante claro del sindicalismo agrario más conservador, representado por APAG, que fue claramente la OPA más votada y, como consecuencia de ello, terminó ocupando los principales cargos de la Cámara Agraria de la provincia. En segundo lugar, las elecciones impulsaron la actividad sindical de las OPAs provinciales, que se esforzaron por atraer al mayor número de votantes, y no sólo mediante la organización de actos electorales públicos de muy diverso tipo, sino también multiplicando sus intervenciones en los medios de comunicación. Ello, a su vez, tuvo una tercera consecuencia:

---

[538] *Diario Regional*, 27-12-1978.

[539] *El Norte de Castilla*, 7-1-1979 y *Diario Regional*, 7-1-1979.

[540] *El Norte de Castilla*, 10-1-1979 y *Diario Regional*, 10-1-1979.

[541] *El Norte de Castilla*, 16-1-1979 y *Diario Regional*, 16-1-1979.

[542] *El Norte de Castilla*, 17-1-1979 y *Diario Regional*, 18-1-1979.

las elecciones atrajeron la atención mediática y, del mismo modo que ocurrió durante la "guerra de los tractores", los problemas de los agricultores volvieron a ser centro de atención de los debates de la opinión pública provincial. Por último, y como han señalado otros investigadores, las elecciones fueron una *escuela democratizadora* para el agro provincial, porque durante todo el proceso electoral los agricultores confeccionaron candidaturas, revisaron e impugnaron censos, realizaron escrutinios, etc., y para ello tuvieron que conocer, comprender y familiarizarse con una serie de prácticas y términos propios de los procesos electorales democráticos, los cuales eran desconocidos por muchos tras haber vivido más de cuarenta años bajo una dictadura.

4.2. Actividad sindical reivindicativa

Junto a la actividad organizativa y la –todavía escasa– dotación de servicios, la tercera línea de actuación de las OPAs –y por la que se diferenciaban claramente de las Cámaras Agrarias– fue su acción reivindicativa. En efecto, desde su legalización, los distintos sindicatos agrarios vallisoletanos, y especialmente los generalistas, iniciaron una intensa actividad reivindicativa, aunque utilizando diferentes estrategias.

La actividad reivindicativa más convencional siguió una estrategia negociadora, en la que las OPAs primaban la consecución de reivindicaciones agrarias combinando el diálogo y colaboración con la Administración con campañas de presión que no implicaban actos de protesta que ocuparan el espacio público, como eran, por ejemplo, la celebración de asambleas y reuniones, la presentación de quejas a las autoridades o las declaraciones a los medios de comunicación.

Ya vimos como este tipo de acciones reivindicativas de carácter negociador ya fueron utilizadas por el sindicalismo vertical agrario durante los últimos años de la dictadura y, asimismo, serán las acciones de presión que utilicen preferentemente las OPAs conservadoras durante los últimos años setenta. Como señaló esclarecedoramente Mariano Vázquez de Prada, presidente de las organizaciones conservadoras APAG y Federación de la Cuenca del Duero: "… siempre se actuará en íntima colaboración con los organismos del Ministerio. […] Por supuesto, sin levantar voces"[543].

Dos buenos ejemplos de esta estrategia reivindicativa de carácter negociador fueron los conflictos agrarios que se produjeron durante la segunda mitad de 1977 en torno a los cereales y la patata.

La (pomposamente) denominada "guerra del cereal" tuvo lugar durante el verano de 1977 en protesta por los precios de la cebada y del trigo. El conflicto se originó en Alfaro (La Rioja), donde los agricultores acordaron a finales de julio no entregar cebada al SENPA por menos de 11,50 pesetas el kilo[544]. A partir de entonces

---

[543] *Diario Regional*, 8-12-1977.
[544] *El Norte de Castilla*, 29-7-1977.

el conflicto se extendió, en mayor o menor grado, por el resto de las provincias cerealeras del norte de España, principalmente por Burgos, pero también por Palencia, Zamora y Valladolid[545].

En Valladolid, las primeras muestras del conflicto se produjeron en el mes de julio cuando algunas OPAs provinciales remitieron notas de prensa exponiendo los problemas del precio de la cebada. De este modo, la UCV se hacía eco de la decisión de COAG de iniciar "una campaña de INFORMACIÓN a los cultivadores para que todos ellos se solidaricen en la venta, al precio mínimo de 11 pesetas kilo, aconsejando a los que dispongan de almacenamiento guarden la mayor cantidad posible"[546]. Por su parte, APAG, comunicaba su intención de impulsar diversas asambleas comarcales con objeto de dar a conocer su organización, pero también plantear una serie de reivindicaciones agrarias, como "el tema específico [del] «Precio de la cebada»"[547]. Finalmente, los tres sindicatos agrarios más importantes de la provincia, APAG, AEPA y UCV, celebraron una reunión conjunta el 22 de julio para "llegar al entendimiento entre los hombres del campo provincial y de forma inmediata, tratar los graves problemas que el mismo tiene planteados a corto plazo y, en especial, el de la comercialización de la cebada". En ella acordaron recomendar a los agricultores que sólo vendieran cebada a "un precio mínimo de 11,50 pesetas kilo"[548]. Las organizaciones agrarias provinciales siguieron tratando el asunto del precio de la cebada a lo largo de los días siguientes. APAG planteó esta cuestión en una serie de asambleas comarcales (Medina de Rioseco, Tordesillas, Peñafiel, San Pedro de Latarce) y regionales (Palencia, Carrión de los Condes) que organizó entre finales de julio y principios de agosto con el objeto de impulsar su asentamiento en la provincia y fortalecer sus relaciones con otras ASAGAs a nivel regional[549]. Por su parte, la UCV y FTT realizaron declaraciones de prensa[550], y AEPA organizó una operación de almacenaje y venta colectiva de cebada[551]. Asimismo, algunas organizaciones agrarias enviaron telegramas a las autoridades para reclamar "la urgente actualización de los precios agropecuarios, desfasados por las continuas subidas de los precios de producción"[552] o "la pronta dimisión del director general del SENPA"[553].

---

[545] *El Norte de Castilla*, 31-7-1977 y 4-8-1977.

[546] *El Norte de Castilla*, 10-7-1977.

[547] *El Norte de Castilla*, 22-7-1977.

[548] *El Norte de Castilla*, 24-7-1977.

[549] *El Norte de Castilla*, 27-7-1977 y 2-8-1977 y *Diario Regional*, 27-7-1977, 31-7-1977 y 9-8-1977. Ya nos hemos referido a estas asambleas cuando analizamos la acción sindical organizativa de APAG (véase *supra*).

[550] *El Norte de Castilla*, 2-8-1977 y 5-8-1977.

[551] *El Norte de Castilla*, 6-8-1977 y 7-8-1977.

[552] *El Norte de Castilla*, 31-7-1977.

[553] *El Norte de Castilla*, 9-8-1977.

Esta campaña de presión tuvo un éxito relativo. Según los informes del Gobierno Civil, los agricultores de la provincia apenas secundaron las recomendaciones de las organizaciones agrarias y la mayor parte vendió la cebada en torno a 9,50 pesetas el kilo porque, según parece, "ningún agricultor esperaba que este producto alcanzara cuota de 11,50 pesetas kilo", a lo que se unía las "dificultades de almacenamiento, por su grado de humedad y la concurrencia de semilla de un peso específico superior al del grano, que dificultaba su limpieza"[554]. Sin embargo, la campaña de presión sí consiguió que las autoridades, incluido el ministro de Agricultura, convocaran a las organizaciones agrarias para negociar nuevas condiciones en la compra de cereales por parte del SENPA[555].

Tras el conflicto de los cereales, a inicios del otoño se abrió el conflicto por la patata. Según diversas uniones de la COAG que se reunieron en Astorga, los "costes de producción de este tubérculo [...] alcanza a 11 pesetas, mientras que al agricultor se le está pagando a 7", por lo que solicitaban un precio de "diez pesetas kilo de patatas y 40 céntimos más por día de almacenamiento"[556]. En esta ocasión, el conflicto estalló en León, donde la Unión de Campesinos Leoneses convocó una tractorada a partir del día 6 de octubre que, según la prensa, movilizó a 6.000 tractores[557].

En Valladolid, los primeros ecos del conflicto se manifestaron el día 3 de ese mismo mes de octubre, cuando las principales OPAs provinciales –APAG, AEPA y UCV– se reunieron con la Asociación Profesional de Almacenistas de Patatas y acordaron, entre otras cosas, fijar "el precio base de la patata, tipo Desirée, a todo monte, con un 10 por 100 de destrío y sobre almacén comprador, en 7,50 pesetas kilo mínimo", así como "suspender a partir del miércoles, día 5, hasta el lunes, día 11 de octubre, ambos inclusive, la comercialización de patatas", como medida para favorecer un aumento de los precios[558].

Con todo, las organizaciones agrarias vallisoletanas dejaron claro en todo momento que no iban a secundar la actitud de los agricultores leoneses, y la propia UCV manifestó abiertamente que "No quieren que la suspensión laboral se tome como huelga"[559] y que "No habrá [...] salida de tractores a la carretera, pero sí podría prolongarse el paro de comercialización"[560]. Por su parte, AEPA se limitó a enviar cartas y telegramas a las autoridades para protestar por la falta de propuestas para solucionar

[554] AHPV, *Gobierno Civil*, Caja 1048, Carp. 19, 5-9-1977.

[555] *El Norte de Castilla*, 31-8-1977, 15-9-1977, 21-9-1977, 29-9-1977 y 15-10-1977.

[556] *El Norte de Castilla*, 25-9-1977.

[557] *El País*, 5-10-1977 y *El Norte de Castilla*, 7-10-1977 y 8-10-1977.

[558] *El Norte de Castilla*, 4-10-1977.

[559] *Diario Regional*, 4-10-1977.

[560] *El Norte de Castilla*, 11-10-1977.

el asunto[561] y a plantear un recurso contencioso-administrativo[562]. La UCV, poco más tarde, convocó nuevamente a las organizaciones agrarias de la región a una asamblea para "examinar la situación y tomar nuevos acuerdos"[563], pero en ella sólo se acordó: "permanecer a la expectativa de la actitud de la Administración para ver si cumple su promesa de comprar 50.000 toneladas métricas de patatas y de subir el precio a 7,50 pesetas el kilo" y, si fuera el caso, "pedir a la Coordinadora Nacional una reunión de todas las Uniones para tomar posiciones como sacar los tractores a la carretera, retrasar los pagos a toda clase de tributos, retirar los fondos de las cuentas depositadas en entidades bancarias o de ahorros, etc."[564].

Estas amenazas nunca se concretaron porque el conflicto de la patata prácticamente se desactivó cuando el Gobierno garantizó a los agricultores la comercialización de los tubérculos con un calibre mínimo de 44 milímetros con la esperanza de que "la oferta y la demanda podrían llegar a equilibrarse, con precios remunerativos para el producto, sin que como contrapartida, tuvieran que subir éstos excesivamente"[565].

En definitiva, todo este tipo de acciones reivindicativas basadas en una estrategia negociadora fueron utilizadas de forma recurrente por las distintas OPAs, y especialmente las de tendencia conservadora, sobre todo cuando se desarrollaban las negociaciones anuales de precios agrarios que se convocaron a partir de 1978[566] en las que participaron, de una parte, el FORPPA, como representante gubernamental, y, de otra, las principales OPAs, como representantes de los agricultores (excluyendo ya a otros actores que habían participado en negociaciones de años anteriores, como eran los representantes de los ministerios de Hacienda y Comercio o de las asociaciones de amas de casa).

4.2.1. Protestas agrarias en la provincia de Valladolid

Junto a la estrategia negociadora más convencional y cotidiana, las OPAs también utilizaron ocasionalmente acciones reivindicativas mediante una estrategia combativa y la convocatoria de protestas colectivas que ocupaban el espacio público. En este sentido, las principales protestas agrarias que se produjeron en España durante los primeros años de la democracia fueron impulsadas principalmente por las uniones

---

[561] *Diario Regional*, 18-10-1977 y 20-11-1977.

[562] *El Norte de Castilla*, 18-10-1977.

[563] *Diario Regional*, 13-10-1977. También en *El Norte de Castilla*, 9-10-1977 y 11-10-1977.

[564] *Diario Regional*, 18-10-1977.

[565] *El Norte de Castilla*, 30-10-1977.

[566] HERRERA GONZÁLEZ DE MOLINA, *La construcción de la democracia…*, pp. 102-109.

vinculadas a la COAG que, hasta 1980, protagonizó un ciclo de movilización (cuasi) permanente[567].

El primer episodio de este ciclo de movilización protagonizado por COAG se produjo en el otoño de 1977, y se inició con la importante tractorada que organizó en octubre la Unión de Campesinos Leoneses en el contexto de los conflictos de la patata[568]. Durante esos mismos días, la COAG solicitó "negociar directamente con el Gobierno" los problemas que tenían los agricultores[569].

Ante la falta de respuesta, el 18 de noviembre, COAG emplazó a las uniones para que organizasen manifestaciones de agricultores "en protesta por el incumplimiento de las promesas formuladas por el ministro de Agricultura, respecto a la implantación de un seguro contra catástrofes y concesión de seguridad social para el campo, en igualdad de condiciones al *régimen general*"[570]. Al día siguiente, un grupo de representantes de COAG hicieron una sentada frente al palacio de La Moncloa con el objetivo de "negociar con alguna personalidad del Gobierno en torno a los problemas que el campo tiene, sobre todo en lo que concierne al algodón, maíz, aceite y cereales". La protesta terminó con la intervención de las fuerzas de orden público que desalojó a los manifestantes y arrestó a varios dirigentes de COAG, entre ellos, Rafael Martín Fernández de Velasco, miembro del Secretariado Provincial de la UCV[571].

A lo largo de las semanas siguientes se produjeron manifestaciones de agricultores en varias ciudades del país: el 21 de noviembre en las capitales catalanas, Zaragoza, Pamplona o Vitoria[572]; o el 3 de diciembre en Almería y Albacete[573]. Este mismo día, también se produjeron tractoradas en Lugo y La Coruña[574]. Por lo que respecta a Castilla y León, sólo se celebraron manifestaciones en Burgos y Zamora[575].

Las protestas agrarias continuaron durante los primeros meses de 1978, ya en el contexto de la aprobación del decreto que convocaba las elecciones a Cámaras Agrarias[576] y, especialmente, la apertura de las mesas de negociación de precios

---

[567] ARRIBAS y GONZÁLEZ, "El sindicalismo de clase…", pp. 134-137.

[568] Véase *supra*.

[569] *El Norte de Castilla*, 14-10-1977.

[570] *El País*, 19-11-1977 y *El Norte de Castilla*, 19-11-1977.

[571] *El Norte de Castilla*, 20-11-1977.

[572] *El País*, 22-11-1977 y *El Norte de Castilla*, 22-11-1977.

[573] *El Norte de Castilla*, 4-12-1977.

[574] *El País*, 4-12-1977 y 6-12-1977.

[575] *El Norte de Castilla*, 26-11-1977 y 4-12-1977.

[576] "Real Decreto 320/1978, de 17 de febrero, por el que se desarrolla y perfecciona el Real Decreto 1336/1977, de 2 de junio, y se regulan las elecciones a Cámaras Agrarias", *BOE*, nº 56, 7-3-1978, pp. 5399-5402 (https://www.boe.es/buscar/doc.php?id=BOE-A-1978-6476).

agrarios[577] que, a partir de entonces, se convertirán en un contexto proclive para la proliferación de protestas agrarias, tal y como vamos a ver que sucedió en 1978, y como veremos que sucederá en 1979 y 1980.

Por lo que respecta a 1978, la COAG hizo un llamamiento a mediados de febrero para ocupar las Cámaras Agrarias en protesta "por la posible aprobación en el Consejo de Ministros del decreto-ley sobre Cámaras Agrarias, decreto que la Coordinadora considera ya en contra de los intereses de los agricultores y que puede suponer una mordaza para el desarrollo de los sindicatos democráticos en el campo". La convocatoria fue secundada en varias ciudades españolas, y dentro de Castilla y León en León, Zamora, Soria, Burgos y Aranda de Duero[578].

Entre el mes de febrero e inicios de marzo, distintas uniones organizaron manifestaciones de agricultores en Villamalea (Albacete), Cariñena (Zaragoza) y Valencia para protestar por las importaciones de vino autorizadas por el Gobierno[579].

Durante los primeros días de marzo, la *Unió de Pagesos* convocó una tractorada en Cataluña para mostrar su oposición a las negociaciones de precios, que consideraba "una maniobra dilatoria del Ministerio de Agricultura al no tener un mandato negociador concreto del Gobierno". Las protestas tuvieron especial incidencia en las provincias de Tarragona y, sobre todo, Lérida, donde algunas informaciones señalan que se movilizaron hasta 12.000 tractores (e, incluso, se convocó una huelga general en solidaridad con los agricultores). Las tractoradas se extendieron por zonas de Castilla-La Mancha, Navarra y, especialmente, Aragón, donde la UAGA secundó la protesta dando continuidad a las protestas de los vinicultores en Cariñena[580].

Casi en paralelo a estas tractoradas, estalló una "guerra de la leche" que se extendió por diversas regiones del norte de España –zonas de Cataluña, Navarra, País Vasco, Asturias y Galicia– "en demanda de unos precios rentables que superan en todos los casos los presentados por las organizaciones agrarias representadas en las negociaciones con el Ministerio de Agricultura". Durante este conflicto, los ganaderos impulsaron diversas acciones de protesta: derrames de leche en la vía pública, piquetes, tractoradas y una *huelga* de entrega de leche que llegó a producir desabastecimiento en algunos mercados[581].

---

[577] *El País*, 19-2-1978 y 21-2-1978.

[578] *El País*, 10-2-1978 y 11-2-1978 y *El Norte de Castilla*, 9-2-1978 y 11-2-1978.

[579] *El País*, 1-3-1978 y *El Norte de Castilla*, 7-2-1978, 5-3-1978 y 7-3-1978.

[580] *El País*, 9-3-1978, 10-3-1978, 11-3-1978, 14-3-1978, 15-3-1978, 16-3-1978, 17-3-1978; y *El Norte de Castilla*, 9-3-1978, 10-3-1978, 11-3-1978, 12-3-1978, 14-3-1978, 16-3-1978 y 17-3-1978. Referencias sobre las tractoradas de Cataluña en: FERRER GONZÁLEZ y PUIG VALLVERDÚ, "Vivir de la tierra…", pp. 104-105.

[581] *El País*, 10-3-1978, 11-3-1978, 15-3-1978, 16-3-1978, 17-3-1978 y *El Norte de Castilla*, 10-3-1978, 11-3-1978 y 17-3-1978. Un estudio más detallado sobre la repercusión de este conflicto en Galicia, en: CABANA IGLESIA, Ana y LANERO TÁBOAS, Daniel, "Cuando la protesta rural ocupa el asfalto: la 'folga do leite' en Galicia (1978)", *Investigaciones Históricas*, 40 (2020), pp. 143-174.

En Castilla y León, la oleada de protestas agrarias de los meses de febrero y marzo de 1978 sólo tuvo especial relevancia en León, donde nuevamente la Unión de Campesinos Leoneses impulsó importantes protestas colectivas, como la manifestación celebrada el 16 de febrero, que según la prensa aglutinó en torno a 15.000 personas "para protestar contra el decreto de creación de cámaras agrarias y por la política de precios para el campo, así como por las dificultades que padecen con algunos productos como la patata y remolacha"[582]; o la tractorada organizada en marzo y secundada, según fuentes oficiales, por alrededor de 3.000 tractores, durante la cual estallaron dos artefactos explosivos (un episodio que nunca llegó a aclararse)[583]. En el resto de provincias castellanas y leoneses, sin embargo, no hubo protestas significativas durante estas tensas semanas, más allá de los simbólicos repartos gratuitos de patatas y leche que realizaron agricultores en Zamora[584].

Vemos, por tanto, como los meses de otoño e invierno de la campaña de 1977-1978 fueron calientes en el campo español. Sin embargo, por lo que a nosotros respecta, cabe destacar que toda esta conflictividad tuvo escasa repercusión en la provincia de Valladolid, especialmente porque durante esos meses la UCV, que era la organización vallisoletana dentro de COAG, se limitó a realizar acciones de presión propias de la estrategia negociadora que hemos analizado en el epígrafe anterior, como eran el envío de telegramas de protesta a las autoridades[585], la emisión de declaraciones públicas[586] o el planteamiento de boicots para reducir el consumo de fertilizantes o retirar los ahorros de los bancos[587] (todas las cuales eran protestas que no buscaban ocupar el espacio público).

Las primeras protestas que planteó la UCV en Valladolid se produjeron a finales del verano de 1978 cuando la provincia se convirtió en el epicentro de una nueva "guerra de la patata". Posteriormente, la UCV participó de forma más o menos activa en las "jornadas de lucha en el campo" que convocó la COAG entre la segunda mitad de 1979 y primer tercio de 1980. La última gran protesta agraria que tuvo repercusión en la provincia de Valladolid durante nuestro período de estudio fue la denominada "guerra de la sequía", durante los veranos de 1981 y 1982, la cual ya no fue impulsada por COAG, sino por organizaciones agrarias conservadoras que por entonces habían comenzado a abandonar la estrategia negociadora, para comenzar a organizar paulatinamente protestas que ocupaban el espacio público. A lo largo de las páginas

---

[582] *El País*, 17-2-1978.

[583] *El País*, 15-3-1978, 19-3-1978 y *El Norte de Castilla*, 17-3-1978.

[584] *El Norte de Castilla*, 18-3-1978.

[585] *El Norte de Castilla*, 20-11-1977 y *Diario Regional*, 20-11-1977. También en AHPV, *Gobierno Civil*, Caja 1708, Carp. 1, Exp. 52, 11-1977.

[586] *El Norte de Castilla*, 22-11-1977 y *Diario Regional*, 22-11-1977.

[587] *El Norte de Castilla*, 23-12-1977. También en AHPV, *Gobierno Civil*, Caja 1708, Carp. 1, Exp. 52, 12-12-1977.

siguientes analizaremos con mayor detalle el impacto que tuvieron cada uno de estos conflictos agrarios en la provincia de Valladolid.

4.2.1.1. La "guerra de la patata" del verano de 1978

Como hemos podido constatar a través de toda esta investigación, la patata fue un cultivo problemático que originó notables conflictos agrarios a lo largo de los años setenta, hasta el punto de que los problemas de precio y comercialización de este tubérculo estuvieron detrás de las tractoradas en La Rioja, Burgos y León que iniciaron la "guerra de los tractores" de 1977. Poco cambió a este respecto en los años siguientes.

En efecto, a inicios de 1978 se volvieron a plantear nuevos problemas de excedentes de patata que motivaron quejas en diversos pueblos de Valladolid, como Torrecilla de la Abadesa, donde los agricultores no sabían si sembrar patatas porque "hay muchas almacenadas, y no se sabe qué hacer con ellas, porque nadie las quiere"[588]; o Castronuño, donde se quejaban "que son muchos los kilos encerrados esperando una mejor comercialización, que no llega"[589]. También llegaron quejas similares desde San Román de Hornija y Herrera de Duero[590].

Para solucionar la crisis, el FORPPA intentó reflotar los precios autorizando diversas inmovilizaciones e intervenciones que permitían retirar del mercado decenas de miles de toneladas de patata[591]. Sin embargo, los agricultores consideraron que estas medidas eran insuficientes y, por ejemplo, los patateros de la provincia de Valladolid reclamaron que las inmovilizaciones afectaran a 32.000 toneladas (frente a las 7.000 que proponía el FORPPA)[592].

Los agricultores tuvieron razón: las medidas del FORPA no tuvieron efecto y los excedentes se siguieron acumulando, de tal modo que, a la altura del mes de mayo, en Mercomedina se tuvieron que destruir 1.500 toneladas de patatas que se estaban pudriendo en sus almacenes[593].

En este contexto, a lo largo de la primera mitad de año se produjeron algunas protestas menores, como los repartos de patatas que realizaron grupos de agricultores en León, Zamora, Guadalajara o Valladolid[594].

---

[588] *El Norte de Castilla*, 23-2-1978.

[589] *El Norte de Castilla*, 23-2-1978 y 4-3-1978.

[590] *El Norte de Castilla*, 11-3-1978.

[591] *El Norte de Castilla*, 4-2-1978 y 24-2-1978 y *El País*, 12-2-1978.

[592] *El Norte de Castilla*, 18-3-1978.

[593] *El Norte de Castilla*, 13-5-1978 y *Diario Regional*, 14-5-1978.

[594] *El País*, 16-2-1978; *Diario Regional*, 19-3-1978 y *El Norte de Castilla*, 6-5-1978.

Ante el estancamiento del problema, APAG, AEPA y UCV celebraron el día 31 de julio una reunión conjunta en Valladolid donde denunciaron "que el FORPPA está poniendo en el mercado tubérculo inmovilizado de cámara, que están hundiendo dicho mercado". Para intentar resolver la crisis, las organizaciones vallisoletanas acordaron plantear una serie de acciones de presión propias de la estrategia negociadora que ya habían realizado en meses anteriores con motivo de conflictos similares:

> Mandar telegramas al ministro de Agricultura, presidente del FORPPA y director general de la Producción Agraria, aun a sabiendas de la negación por parte de la Administración, para pedir, una vez más, su intervención, censurando enérgicamente la puesta en el mercado de la patata inmovilizada por el FORPPA, causante de la situación actual[595].

Asimismo, también acordaron convocar a las distintas OPAs de las provincias más afectadas por los excedentes de patata a una nueva reunión en Valladolid con objeto de coordinar respuestas conjuntas a la crisis. Este encuentro se celebró el 10 de agosto y reunió a delegados de APAG, AEPA y UCV con representantes de organizaciones agrarias de diversa tendencia de las provincias de Guadalajara, Toledo, Palencia, La Rioja, Navarra, Zamora, Segovia y Salamanca, y representantes de cooperativas de Soria, Segovia, Salamanca y La Rioja. En esta reunión se acordó, primero, "Fijar en ocho pesetas el precio de venta de las patatas por el cultivador", y, segundo:

> … proceder a la destrucción de los excedentes de patata, calculados en un diez por ciento de la cosecha actual. En este sentido y en lo que compete a Valladolid, está prevista para mañana una reunión de los cultivadores de Medina del Campo. En ella serían adoptadas medidas para quemar los excedentes de patata[596].

Esta decisión dio paso al inicio de una "guerra de la patata" que tuvo su epicentro en la provincia de Valladolid. En efecto, dos días más tarde, el 12 de agosto de 1978, varios centenares de agricultores vallisoletanos, con sus tractores aparcados en los arcenes de la carretera de Madrid, quemaron 70.000 kilos de patatas en las afueras de Laguna de Duero y piquetes de agricultores bloquearon la comercialización de patatas en el Mercado Central de Valladolid[597]. A lo largo del resto del mes de agosto se

---

[595] *El Norte de Castilla*, 5-8-1978 y *Diario Regional*, 5-8-1978.
[596] *El Norte de Castilla*, 11-8-1978 y *Diario Regional*, 12-8-1978.
[597] *El Norte de Castilla*, 13-8-1978. Véanse las Imágenes 9 y 10 de los Anexos.

repitieron nuevas quemas en la propia Laguna de Duero, en Villanueva de Duero y en Valdestillas, en las que los agricultores pedían "hechos y no palabras"[598].

Las protestas se extendieron a otros puntos del país, como la provincia de Toledo, donde también se realizaron diversas quemas de patatas, o Ciudad Real y Navarra, donde los cultivadores acordaron "no sacar patatas de la tierra"[599]. Asimismo, en una reunión celebrada en Tudela (Navarra), las UAGAs de Álava, La Rioja, Navarra, Aragón y Cataluña acordaron, en nombre de la COAG, "suspender el arranque de patata hasta que las uniones de campesinos consigan celebrar una mesa redonda con el FORPPA"[600].

Ante la extensión de las protestas, el Gobierno inició una ronda de reuniones con representantes de las organizaciones agrarias donde, después de muchas discusiones, finalmente se llegó a diversos acuerdos para solucionar el conflicto de la patata, principalmente, la "inmovilización de 35.000 toneladas con un máximo del 10 por ciento de destrío, valorando las patatas a siete pesetas kilo con una financiación hasta el 31 de enero al ocho por ciento de interés"[601]. Aunque estos acuerdos no convencieron del todo a COAG, porque dudaba que todos los actores implicados cumplieran su parte, lo cierto es que tras ellos se logró poner fin a las protestas y, con ello, a la "guerra de la patata".

4.2.1.2. Protestas al socaire de las "jornadas de lucha en el campo" de 1979 y 1980

Durante la segunda mitad de 1979 y primeros meses de 1980 se produjeron en España las mayores protestas agrarias tras las elecciones constituyentes y la aprobación de la Constitución[602]. Además, cabe tener en cuenta que este aumento de la conflictividad agraria coincidió en el tiempo con la máxima expansión de la conflictividad obrera que se produjo en el país durante la Transición[603], pero también con la eclosión de importantes conflictos agrarios en otros países capitalistas[604].

---

[598] *El Norte de Castilla*, 18-8-1978, 23-8-1978 y 24-8-1978, y *Diario Regional*, 18-8-1978, 23-8-1978 y 24-8-1978.

[599] *El Norte de Castilla*, 18-8-1978.

[600] *El Norte de Castilla*, 19-8-1978 y *Diario Regional*, 19-8-1978.

[601] *El Norte de Castilla*, 26-8-1978 y 1-9-1978, y *Diario Regional*, 26-8-1978 y 2-9-1978.

[602] REDONDO CARDEÑOSO, Jesús Ángel, "Conflictividad agraria en la Transición: las «jornadas de lucha en el campo» y la oleada de protestas agrarias del bienio de 1979-1980", *Hispania Nova*, 22 (2024), pp. 173-193.

[603] REDERO SAN ROMÁN, "Los sindicatos…", p. 138.

[604] Por ejemplo, a inicios de 1979 se produjo en Estados Unidos una imponente "tractorcade" que culminó el 5 de febrero cuando alrededor 10.000 tractores arribaron a Washington D.C.: METCALF, Lindsay H., *Farmers Unite!: Planting a Protest for Fair Prices*, Nueva York, Calkins Creek, 2020, p. 58.

Toda esta conflictividad social, y específicamente la de nuestro país, tuvo como causa esencial los efectos socioeconómicos causados por la segunda crisis del petróleo derivada de los efectos de la revolución islámica en Irán[605], que, en el caso concreto del sector agrario, fueron esencialmente el aumento de los precios de los carburantes y otros insumos agrarios (fertilizantes)[606].

La primera protesta agraria destacada que se produjo en 1979 se desarrolló en el contexto de las negociaciones de precios agrarios iniciadas el día 6 de febrero, en las que participaron las cinco OPAs de ámbito nacional que habían tenido mayor número de votos en las elecciones a Cámaras Agrarias del mes de mayo anterior: COAG, FTT-UGT, CNAG, CNJA y UFADE[607].

Como ocurría cada año, estas negociaciones eran determinantes para la economía de los agricultores del país. Por ello, para aumentar la presión sobre el FORPPA, COAG convocó una manifestación en Madrid para el propio día 6 de febrero, "en apoyo de reivindicaciones sobre la Seguridad Social Agraria, cumplimientos de ordenación de cultivos, medidas complementarias a los precios agrarios, representatividad ante los organismos colegiados del Ministerio de Agricultura y la negociación inmediata de los nuevos precios". Según la prensa, la manifestación fue secundada por entre 4.000 y 5.000 manifestantes provenientes de diferentes partes del país[608], entre ellos, varias decenas de agricultores y ganaderos vallisoletanos de UCV y UGV[609].

Los representantes del FORPPA y del resto de organizaciones agrarias (CNAG, CNJA, UFADE, FTT-UGT) consideraron que la manifestación "suponía un deterioro para el clima de sosiego y tranquilidad que requiere el estudio y discusión del tema de los precios de los productos agrarios". Este desencuentro entre OPAs terminó en enfrentamiento abierto cuando los representantes de FTT-UGT, CNJA y UFADE impulsaron una moción para que los representantes de COAG abandonasen la mesa de negociación durante la manifestación[610].

Con estos antecedentes, no es extraño que existieran malas expectativas sobre el futuro de las negociaciones:

Asimismo, ya hemos hecho referencia a los ataques realizados por agricultores franceses a camiones españoles en 1980: MOLINA GARCÍA, "La guerra de los camiones…".

[605] SOTO CARMONA, *Transición y cambio…*, p. 329.

[606] ARNALTE y CEÑA, "La agricultura…", pp. 297-298; HERRERA GONZÁLEZ DE MOLINA, *La construcción de la democracia…*, pp. 215-216.

[607] *El País*, 1-2-1979 y 6-2-1979.

[608] *El País*, 7-2-1979, *El Norte de Castilla*, 7-2-1979 y *Diario Regional*, 8-2-1979.

[609] FALCES YOLDI, *Haciendo Unión…*, p. 91, y *El Norte de Castilla*, 6-2-1979.

[610] *El País*, 7-2-1979, *El Norte de Castilla*, 7-2-1979 y *Diario Regional*, 8-2-1979.

Tras esta sesión preliminar, y a la vista de los calendarios previstos inicialmente por el FORPPA, de las tensiones surgidas entre las dos organizaciones mayoritarias y de la proximidad de las elecciones generales y municipales, parece poco probable que los precios agrarios para esta campaña queden aprobados antes del mes de mayo[611].

Sin embargo, contra todo pronóstico, y a pesar de varias interrupciones[612] y alguna amenaza de ruptura[613], no se produjeron nuevas protestas durante las semanas siguientes de tal modo que, finalmente, a mediados de abril, se firmó un acuerdo entre las partes que establecía un aumento ponderado de los precios agrarios del 12,54%[614].

El acuerdo se firmó incluso a pesar de que algunas OPAs no quedaron muy satisfechas con el resultado. La FTT-UGT, por ejemplo, calificó las negociaciones de precios como "una política de parcheos para el campo, ya que todo lo que sea tratar de solucionar el problema agrario en España a través de subir los precios es continuar con la misma situación que tiene el sector agrario"[615]. Por lo que respecta a Castilla y León, las principales críticas al acuerdo procedieron de la Federación de la Cuenca del Duero y AEPA, que consideraban que "los productos principales de cultivo en la Cuenca del Duero, tales como trigo, cebada y remolacha, quedan sensiblemente deteriorados"[616].

Esta postura de la Federación de la Cuenca del Duero provocó una importante crisis dentro de UFADE, hasta el punto de que Álvaro Inclán Alonso, al mismo tiempo secretario de la Federación de la Cuenca del Duero y presidente nacional de UFADE, se negó a firmar el acta del acuerdo de precios que sí firmó el otro representante de UFADE[617].

Con todo, esas críticas y desavenencias no se materializaron en nuevas protestas agrarias. Todo cambió durante las primeras semanas del verano, cuando los ánimos de los agricultores del país se encresparon notablemente por dos razones: primero, por la pésima cosecha de cereales de ese año como consecuencia de la climatología adversa[618], lo que llevó a diversas organizaciones agrarias a solicitar la declaración

---

[611] *El País*, 7-2-1979.

[612] Una de esas interrupciones se produjo, por ejemplo, con motivo de la celebración de las elecciones municipales del 3 de abril de 1979: *El Norte de Castilla*, 30-3-1979.

[613] Principalmente por parte de UFADE: *El País*, 28-3-1979; *El Norte de Castilla*, 28-3-1979 y *Diario Regional*, 4-4-1979.

[614] *El País*, 19-4-1979 y 20-4-1979; *El Norte de Castilla*, 20-4-1979 y 24-4-1979 y *Diario Regional*, 20-4-1979.

[615] *El Norte de Castilla*, 21-4-1979.

[616] *Diario Regional*, 4-5-1979.

[617] Véase *supra*.

[618] Según los informes oficiales, el año "Empezó con inundaciones graves, que causaron muchos daños; continuó con sequías en la primavera; llegaron varias heladas a primeros de junio […] y, luego, las tormentas se han cebado en nosotros con saña" (*El Norte de Castilla*, 1-8-1979).

de zona catastrófica para sus respectivas provincias[619]; y, segundo, y sobre todo, por el acusado incremento del precio del carburante agrícola decretado por el Gobierno, que pasó de costar 8,50 a 15 pesetas el litro[620].

Nada más conocer la noticia del aumento del precio de los carburantes, COAG reclamó al Gobierno que cumpliera el compromiso adquirido en las negociaciones de precios que se celebraron en primavera, cuando se comprometió a renegociar los precios agrarios si los precios de los insumos del sector se incrementaban más de un 9,5%[621]. El Gobierno respondió con una oferta de subvención de "cinco pesetas por cada litro de gasóleo adquirido", la cual no convenció del todo a las OPAs, que comenzaron a plantear la posibilidad de organizar protestas[622]. De este modo, y a pesar de que el Ministerio de Agricultura convocó numerosas negociaciones para intentar resolver el problema de los carburantes[623], a partir del verano de 1979, y hasta finales del invierno de 1980, la conflictividad agraria estalló en el país.

Esta conflictividad agraria fue impulsada esencialmente por COAG mediante la convocatoria de sucesivas "jornadas de lucha en el campo" los días: 27 de julio de 1979, 7 de diciembre de 1979 y 4 de febrero de 1980. Estas jornadas de protesta sirvieron, a su vez, para articular otras protestas agrarias que se desarrollaron en tres oleadas: julio-septiembre de 1979; noviembre-diciembre de 1979 y febrero-marzo de 1980.

La primera "jornada de lucha en el campo" fue convocada para el día 27 de julio[624] con objeto de demandar, entre otras peticiones, "la reducción del precio del gasóleo B a diez pesetas, la renegociación de los precios agrarios y la fijación de cláusulas de salvaguardia para la subida del precio de los abonos"[625].

La convocatoria no fue secundada por el resto de organizaciones agrarias, ni siquiera la FTT-UGT, quien siguió privilegiando una estrategia negociadora:

> … hasta no conocerse los resultados efectivos de las negociaciones mantenidas días atrás con el Ministerio de Agricultura en torno a las subvenciones al gas-oil para usos agrícolas, no procede adoptar actitudes demagógicas en torno a un tema de tanta gravedad para los trabajadores del campo[626].

---

[619] Por ejemplo, en Valladolid: *El Norte de Castilla*, 4-7-1979 y 2-8-1979.

[620] *El País*, 3-7-1979 y *El Norte de Castilla*, 3-7-1979.

[621] *El País*, 6-7-1979.

[622] *El País*, 7-7-1979.

[623] *El País*, 11-7-1979, 12-7-1979 y 13-7-1979.

[624] *El Norte de Castilla*, 13-7-1979.

[625] *El País*, 28-7-1979.

[626] *El País*, 14-7-1979.

La "jornada de lucha en el campo" se saldó con diversos actos de protesta (tractoradas, concentraciones y ocupaciones de Cámaras Agrarias) en diferentes partes del país: Valencia, Murcia, Albacete, Toledo, Ciudad Real, Cáceres, Badajoz...[627]. En Castilla y León, la protesta tuvo especial repercusión en la provincia de León, donde hubo una concentración de 2.500-3.000 agricultores; Burgos, donde se produjeron tractoradas en diversos puntos de la provincia[628]; y, especialmente, Zamora, donde los dos principales sindicatos agrarios de la provincia (la Unión de Campesinos Zamoranos –integrada en COAG– y la Asociación Independiente de Agricultores y Ganaderos –integrada en UFADE–), convocaron conjuntamente una tractorada en la que participaron alrededor de 1.500 vehículos que bloquearon las principales calles de la capital provincial[629].

En Valladolid, sin embargo, la "jornada de lucha" apenas tuvo repercusión, a pesar de que la UCV realizó varios llamamientos para la movilización al resto de OPAs provinciales y al conjunto de los agricultores de la provincia[630]. Ante la negativa del resto de organizaciones agrarias, la UCV prefirió no romper la unidad de acción sindical y no programó ninguna protesta para ese día[631].

La "jornada de lucha en el campo" tuvo valoraciones dispares: si la COAG aseguró que en varias provincias "la participación había sido masiva", las autoridades consideraron que la convocatoria fue un fracaso. Sea como fuere, lo más importante es que COAG planteó la jornada de lucha del 27 de julio como "una primera hornada de cara a una lucha larga [...]. Los agricultores familiares se preparan para un otoño caliente"[632]. De este modo, los agricultores se sumaban a los sindicatos de trabajadores, que también planteaban su propio "otoño caliente"[633].

Pero no hubo que esperar hasta el otoño para que se produjeran nuevas protestas, ya que durante las últimas semanas de ese mismo verano se sucedieron movilizaciones agrarias a nivel regional y comarcal, como fueron los encierros, las concentraciones y la manifestación que realizaron ganaderos de leche de la comarca de Chantada (Lugo)[634] o la manifestación que convocaron los ganaderos en Santander a finales del mes[635]. Aunque, sin duda, la protesta agraria más importante de aquel mes de agosto fue la tractorada que convocó la Federación de Agricultores y Ganaderos de Badajoz (vinculada a UFADE), para reivindicar "una serie de peticiones que le han

---

[627] *El Norte de Castilla*, 28-7-1979.

[628] REDONDO CARDEÑOSO, "Unions and agricultural...", pp. 129-130.

[629] *El Norte de Castilla*, 28-7-1979.

[630] *El Norte de Castilla*, 15-7-1979, 20-7-1979 y 24-7-1979.

[631] *El Norte de Castilla*, 27-7-1979.

[632] *El Norte de Castilla*, 28-7-1979.

[633] *El País*, 30-8-1979.

[634] *El País*, 4-8-1979, 5-8-1979, 11-8-1979, 18-8-1979 y 23-8-1979.

[635] *El País*, 24-8-1979 y 26-8-1979.

sido planteadas con motivo de la reciente declaración de la provincia de Badajoz como zona catastrófica en el cereal" y la cual, según la prensa, fue secundada por 9.000 vehículos[636]. Ya en septiembre, agricultores de la *Unió de Pagesos* de Lérida realizaron otra tractorada para protestar por la incapacidad del Gobierno "de poner en funcionamiento unas medidas que puedan resolver a corto o largo plazo los problemas de producción y comercialización de la fruta"[637].

Los ecos de la conflictividad agraria de la segunda mitad del verano de 1979 también llegaron a Castilla y León. A inicios de septiembre, en protesta por "la falta de atención por parte del Ministerio de Agricultura hacia una tabla reivindicativa presentada por los agricultores de la [Federación de la] cuenca del Duero", dimitieron masivamente los cargos directivos de la Cámara Agraria Provincial y de 150 Cámaras Agrarias locales de Palencia, todos ellos pertenecientes a la Asociación de Agricultores y Ganaderos Palentinos (vinculada a la Federación de la Cuenca del Duero y a UFADE)[638]. Aunque la acción de los agricultores palentinos tuvo el apoyo de otras asociaciones agrarias de la Federación de la Cuenca del Duero (como las de Burgos y Zamora[639]), finalmente la protesta no se extendió a otras provincias de la región.

En el caso concreto de la provincia de Valladolid, la UCV convocó durante el mes de agosto dos reuniones para volver a intentar organizar algún tipo de acción de protesta. La primera reunión se celebró el día 5 de agosto con participación de afiliados de la UCV y la UGV[640], los cuales acordaron "convocar una manifestación de agricultores" en base a una tabla reivindicativa que reclamaba: "revisión de los precios agrarios, pago del gasóleo, tierras encharcadas en el pasado invierno, subvenciones por el pedrisco, cobros de Iberduero y solicitud de declaración de zona catastrófica para la provincia de Valladolid"[641].

Aunque a los pocos días la UGV se desentendió de la convocatoria[642], los representantes de UCV no cejaron en su empeño y convocaron una nueva reunión para el día 25 de agosto, a la que acudieron representantes de UGV y FTT-UGT, y también del PSOE y del PCE[643]. Finalmente, tras desestimar el uso de otras acciones de protesta (retirada de ahorros de los bancos, tractoradas, asalto a camiones con productos

---

[636] *El País*, 12-8-1979, 14-8-1979, 15-8-1979, 16-8-1979, 17-8-1979, 18-8-1979 y 19-8-1979.

[637] *El Norte de Castilla*, 21-9-1979.

[638] *El Norte de Castilla*, 2-9-1978, 4-9-1979, 5-9-1979, 6-9-1979 y 13-9-1979. Las reivindicaciones mencionadas fueron planteadas en una reunión conjunta de las asociaciones integradas en la Federación de la Cuenca del Duero que se celebró en Salamanca a finales de agosto (*El País*, 28-8-1979).

[639] *El País*, 25-8-1979, y *El Norte de Castilla*, 13-9-1979 y 23-9-1979.

[640] *El Norte de Castilla*, 2-8-1979.

[641] *El Norte de Castilla*, 7-8-1979.

[642] *El Norte de Castilla*, 18-8-1979.

[643] *El Norte de Castilla*, 26-8-1979.

agrarios importados), los afiliados de la UCV en solitario decidieron "convocar una manifestación, de a pie"[644], en base a la siguiente tabla reivindicativa:

1º) Nueva negociación de los precios agrarios por que los costes de producción han rebasado excesivamente los topes fijados en la negociación anterior.

2º) Retirada y pago del gasóleo agrícola en iguales condiciones y precios que antes del 1º de Julio 79. […]

3º) Ayudas para las tierras encharcadas que no se sembraron o que estando sembradas se perdieron las cosechas. […]

4º) Inclusión en las indemnizaciones por pedrisco, fuego y otros accidentes atmosféricos, de todas las parcelas afectadas que el año pasado estuvieron aseguradas.

5º) Exigir a IBERDUERO SA., la devolución inmediata de las cantidades cobradas en exceso a los usuarios de energía eléctrica para riego. […]

6º) Declaración oficial, o trato de tal, de toda la Provincia en la consideración de zona catastrófica. […]

7º) Retirada y nueva redacción del Estatuto de la leche.

8º) No admitir la privatización de las importaciones de carne. […]

9º) Subvenciones y ayudas económicas en forma de moratorias y préstamos a largo plazo para la adquisición de abonos, semillas y en efectivo para enlazar con la próxima cosecha, todos ellos con interés reducido, inferior al 5 […]

10º) Entrega, para su uso, del Patrimonio Sindical a todos los que hemos contribuido a crearle.

11º) Atención al paro en el campo, obtención de ayudas e inclusión de los parados en el Seguro de Desempleo[645].

La manifestación se celebró el día 15 de septiembre y tuvo el apoyo de COAG[646], de otras UAGAs de Castilla y León (Ávila, Segovia, Zamora) y de organizaciones de izquierda, como el PCE y CC.OO., logrando reunir, según la prensa, entre 1.500 y 2.000 manifestantes[647]. Durante la protesta se corearon diversas proclamas en protesta por la política agraria del Gobierno ("El campo lo siente y aquí está presente", "Gasóleo, ni cupos ni subida"; "Agricultor contra la explotación"; "Suárez, bandido, al campo has hundido"; "Suárez, pelota, el campo no te vota"; "Suárez, coge el azadón"; "Ministro, dimite, el campo no te admite"; "Dónde están, no se ven,

---

[644] AHPV, *Gobierno Civil*, Caja 1708, Carp. 1, Exp. 80, 27-8-1979.

[645] Ídem.

[646] *El Norte de Castilla*, 15-9-1979.

[647] La crónica de la manifestación en: *El Norte de Castilla*, 16-9-1979. También en AHPV, *Gobierno Civil*, Caja 1709, Exp. 18, 17-9-1979. Véase la Imagen 11 de los Anexos.

los programas de UCD"; "El FORPPA a la horca" y "Luis García, ni un día"). También se repartieron octavillas que decían:

El Campesinado sale a la calle y se manifiesta para pedir justicia y unas atenciones por parte del Gobierno.

No pretende obtener privilegios que perjudiquen a los consumidores.

Productores y Consumidores sufrimos las mismas presiones.

Al Campesinado le pagan el trigo a 15 pesetas/kilo

Al Consumidor le cobran el pan a 45   "   "

Al Campesinado le pagan la leche de vaca a 19 pesetas/litro

Al Consumidor se la cobran a 40 pesetas

En estos productos que el Consumidor paga caros, igual que en otros muchos, no interviene el Campesino y conviene que se sepa.

Las Multinacionales, los Importadores y los Intermediarios son los que hacen el apaño.

Los Productores y los Consumidores han de juntarse para exigir que se corten los abusos de los comerciantes desaprensivos.

El precio justo y la calidad de los productos son reivindicaciones comunes.

Juntos nos defenderemos mejor. Únete a nosotros. Participa.
                    UNIONES CAMPESINAS[648]

La manifestación de agricultores de Valladolid fue, junto a la tractorada de Lérida, la última protesta de la oleada de conflictos agrarios que se produjeron en el país durante la segunda mitad del verano de 1979.

Con todo, a mediados del otoño, los agricultores españoles seguían manifestando su descontento con el Gobierno, como bien reflejan las declaraciones de los responsables de COAG:

Los agricultores seguimos sin participar en ninguna de las decisiones que toma el FORPPA, a pesar de que en los reales decretos de regulación de las diferentes campañas se recoge la constitución de una comisión especializada para información y estudio de las mismas en las que deberíamos de colaborar[649].

En este clima, la chispa que originó una nueva oleada de conflictividad agraria fue la desautorización de una manifestación que había convocado la Unión de Campesinos Leoneses para el día 3 de noviembre, porque el gobernador civil consideró

---

[648] AHPV, *Gobierno Civil*, Caja 1709, Exp. 18, 15-9-1979.
[649] *El País*, 1-11-1979.

que esta organización podía tener alguna responsabilidad en la explosión de dos artefactos colocados en la vía férrea a su paso por Astorga[650]. En protesta por esta decisión, un grupo de agricultores ocupó con sus tractores los arcenes de la N-VI en Riego de la Vega[651]; y, asimismo, un millar de agricultores, realizaron una manifestación el día 7 de noviembre en La Puebla (Mallorca), "en solidaridad con sus compañeros campesinos de León y para protestar por la importación de alubias y patatas"[652]. Finalmente, la Unión de Campesinos Leoneses pudo celebrar la manifestación el día 1 de diciembre con asistencia, según la prensa, de varios miles de agricultores y con apoyo de "las centrales sindicales mayoritarias y partidos de izquierda"[653]. Esta manifestación fue aprovechada por COAG para convocar una segunda "jornada de lucha en el campo" para el 7 de diciembre, en protesta por:

> … la marginación que el Gobierno está haciendo de la agricultura familiar, que se concreta en la tremenda subida de los costos al sector (precios de abonos, gas-oil, insecticida, etcétera), incumplimiento de lo negociado respecto a vino, olivar, leche, etcétera, y otros temas más generales, entre ellos la Seguridad Social Agraria, representatividad, marginación en el plan económico del Gobierno y falta de concreción de una política crediticia para la explotación familiar[654].

En esta ocasión, la "jornada de lucha" se saldó con la celebración de "manifestaciones, asambleas y concentraciones en dieciséis provincias españolas", destacando las manifestaciones que tuvieron lugar en Valencia (5.000 agricultores) y entre Tafalla y Olite (Navarra) (4.000)[655]. La convocatoria también tuvo cierto eco en Castilla y León, donde se celebraron manifestaciones, con seguimiento dispar, en Arévalo[656] y Burgos[657].

En Valladolid las protestas se limitaron a una asamblea que organizó la UCV con asistencia de 150 agricultores, quienes denunciaron "el incumplimiento por parte de la Administración de las promesas realizadas […]. Las dos más importantes […] el impago de las 350 pesetas por tonelada de remolacha entregada y la no devolución de 5 pesetas por cada litro de gas-oil consumido". Al término de la asamblea, cincuenta de los asistentes, encabezados por los miembros del Secretariado Provincial

---

[650] De hecho, tres dirigentes de la UCL fueron arrestados en base a la Ley Antiterrorista: *El País*, 4-11-1979 y *El Norte de Castilla*, 4-11-1979.

[651] *El Norte de Castilla*, 6-11-1979.

[652] *El País*, 8-11-1979.

[653] *El País*, 2-12-1979 y *El Norte de Castilla*, 2-12-1979.

[654] *El Norte de Castilla*, 30-11-1979 y 7-12-1979, y *El País*, 7-12-1979.

[655] *El País*, 8-12-1979.

[656] *Diario Regional*, 11-12-1979.

[657] REDONDO CARDEÑOSO, "Unions and agricultural…", p. 130.

de la UCV, realizaron una marcha espontánea y pacífica por diversas calles de la ciudad hasta llegar a la Delegación de Agricultura, en donde mantuvieron una breve reunión con el delegado[658].

Del mismo modo que sucedió en julio, la "jornada de lucha en el campo" del 7 de diciembre dio paso a otras protestas agrarias de ámbito provincial o comarcal: durante todo el mes de diciembre los ganaderos de la cornisa cantábrica plantearon nuevas movilizaciones por el tema del precio de la leche[659], destacando la manifestación que se celebró en Oviedo el 16 de diciembre[660]; y el día 31 de diciembre, agricultores de la Asociación Independiente de Agricultores y Ganaderos de Salamanca (vinculada a UFADE) iniciaron un encierro en los locales de UGT "en espera de que el Gobierno les dé respuesta a las reivindicaciones sobre el abono de subvención por carburante agrícola y el pago simultáneo de subvenciones, con la liquidación de la remolacha"[661].

Hay que destacar esta última protesta porque va a suponer el inicio del cambio de estrategia reivindicativa de las OPAs conservadoras de Castilla y León que, a partir de ese momento, van a realizar, cada vez de forma más habitual, acciones de protesta combativas. Este cambio de estrategia se consolidará durante la tercera ola de conflictividad agraria que tendrá lugar en el país durante los meses de febrero y marzo de 1980.

En este sentido, los primeros días de 1980 estuvieron marcados por dos acontecimientos que incrementaron el descontento de los agricultores: primero, un nuevo aumento del precio del gasóleo, que alcanzó las 19 pesetas por litro[662]; y, segundo, la suspensión de la comercialización de fertilizantes por parte de los fabricantes[663], que se mantuvo hasta que el Gobierno autorizó una subida del precio de estos[664]. Como no podía ser de otro modo, los sindicatos agrarios elevaron sus quejas públicamente[665]. Así, por ejemplo, en Valladolid, a inicios de enero de 1980, APAG señalaba:

> En las llamadas negociaciones [...] de los precios para la campaña 1979-80, el Ministerio de Agricultura quedó comprometido en velar para que el incremento global de los precios de productos procedentes fuera del sector agrario no superara durante 1979 el 9,5 por 100 [...] [Sin embargo,] una vez más, el campo ha sido víctima de su propia

---

[658] *El Norte de Castilla*, 8-12-1979.

[659] *El País*, 5-12-1979 y 14-12-1979.

[660] *El País*, 18-12-1979.

[661] *El Norte de Castilla*, 3-1-1980.

[662] *El Norte de Castilla*, 8-1-1980.

[663] *El Norte de Castilla*, 12-1-1980 y 15-1-1980.

[664] *El Norte de Castilla*, 26-1-1980 y 31-1-1980.

[665] *El Norte de Castilla*, 9-1-1980.

buena fe y de su excesivo conformismo, por cuanto no ha existido por parte de la Administración correspondencia con el cumplimiento adquirido, ya que a lo largo del año 1979 ha sido constante la subida de los productos y materias primas procedentes de fuera del sector agrario, desbordándose el porcentaje del 9,5 por 100 […].

El nuevo aumento del precio de los productos petrolíferos a todos los sectores y las incidencias de la subida, también, del gasóleo para usos agrícolas, sin que por otro lado haya tenido efectividad, hasta el momento, las subvenciones por consumo, de cinco pesetas litro, anunciadas por el Gobierno en el mes de julio, hacen ya insostenible la situación del campo y de las economías de los agricultores[666].

Del mismo modo, AEPA emitía un comunicado donde calificaba la política agraria del Gobierno de "injusta y discriminatoria para los agricultores" y denunciaba que:

… [el] trato injusto recibido por el sector al que representamos, ha hecho posible entre otros efectos, el que la banda de los incrementos salariales para el presente año 1980 pueda definirse entre un 13 y un 16 por ciento cuando en el caso de que los productos agrarios hubiesen crecido en la misma proporción de los otros, esa banda hubiera alcanzado un 25 por ciento aproximadamente. Como siempre, el sacrificio se le impone a un sector que tiene un nivel de renta de un 40 por ciento respecto a los demás[667].

En el mismo sentido, a finales del mes de enero, la UCV se quejaba de "la falta de seriedad que impregna las actuaciones de nuestros gobernantes que no han cumplido los acuerdos adoptados en la pasada primavera" y, por ello, solicitaba "una nueva ronda de negociaciones para fijar precios justos a los productos agrarios, pero sin olvidar los compromisos adquiridos anteriormente por el Gobierno y que deben ser respetados"[668].

En este patente clima de descontento, la COAG asumió nuevamente una estrategia combativa y lanzó un ultimátum al Gobierno para que antes del día 29 de enero planteara "soluciones negociadas al problema de los precios del gasóleo agrícola y al desabastecimiento de fertilizantes"[669]. En respuesta, el Gobierno inició negociaciones el día 30 con el denominado Frente Agrario (que incluía a FTT-UGT, CNJA, CNAG y UFADE), pero se negó a recibir a la COAG en solitario[670]. El conflicto estaba servido.

---

[666] *El Norte de Castilla*, 11-1-1980.

[667] *El Norte de Castilla*, 13-1-1980.

[668] *El Norte de Castilla*, 25-1-1980.

[669] *El País*, 17-1-1980.

[670] *El País*, 30-1-1980, 31-1-1980 y 1-2-1980 y *El Norte de Castilla*, 25-1-1980, 30-1-1980, 31-1-1980 y 2-2-1980.

Ya el día 29 la *Unió de Pagesos* de Mallorca convocó una tractorada que movilizó a dos millares de vehículos[671]. Pero el plato fuerte sería la convocatoria por parte de COAG de una nueva "jornada de lucha en el campo" para el día 4 de febrero de 1980[672].

Esta tercera "jornada de lucha" se materializó principalmente con la realización de tractoradas en diversas provincias de España. En Navarra salieron más de 4.000 tractores, 3.000 en La Rioja (donde hubo serios incidentes y la detención de ocho sindicalistas), más de 2.000 en Ciudad Real, 1.100 en Valencia... También hubo otras tractoradas menores en Álava, Murcia, Cuenca, Toledo, Cáceres, Huesca o Zaragoza. Además, en Sevilla, los agricultores se manifestaron con coches, y en Cádiz y Córdoba hicieron sendas concentraciones. Las protestas se mantuvieron con mayor o menor intensidad hasta el día 9 de febrero, cuando la COAG dio por "cumplido el objetivo de las movilizaciones [...] mientras queda a la expectativa del inicio y desarrollo de las negociaciones con el Ministerio de Agricultura"[673]. En definitiva, durante la semana que iba del 4 al 10 de febrero, se produjo en España la mayor movilización de tractores desde la "guerra" de 1977.

En Castilla y León sólo se produjeron tractoradas en León, donde según fuentes oficiales se movilizaron 3.000 vehículos, principalmente en el triángulo que forman Riego de la Vega, La Bañeza y Santa María del Páramo[674]; y Burgos, donde hubo concentraciones de tractores en Villadiego, Belorado, Miranda de Ebro, Lerma, Aranda de Duero, Castrojeriz, Estépar y la capital burgalesa, sumando, según las autoridades, alrededor de 1.800 vehículos[675]. En Zamora, por su parte, se produjo un encierro de treinta agricultores de la Unión de Campesinos Zamoranos en la iglesia de Cristo Rey que duró hasta el día 8[676]. Por lo que a nosotros respecta, esta "jornada de lucha en el campo" no tuvo repercusión en Valladolid.

Casi no se habían retirado los tractores de las carreteras cuando el Gobierno convocó a todas las OPAs nacionales (incluida COAG) para plantear las negociaciones de precios agrarios de esa campaña[677]. Sin embargo, ante la sorpresa del agro, en esta ocasión el Gobierno no tenía la intención de negociar los precios agrarios con el conjunto de las OPAs, como había hecho los años anteriores, sino que convocó a cada organización por separado para realizar consultas no vinculantes[678]. Como es

---

[671] *El Norte de Castilla*, 30-1-1980 y 1-2-1980.

[672] *El País*, 30-1-1980.

[673] *El País*, 5-2-1980, 6-2-1980, 7-2-1980, 8-2-1980, 9-2-1980 y 10-2-1980; *El Norte de Castilla*, 5-2-1980, 6-2-1980 y 10-2-1980; *Diario Regional*, 8-2-1980 y 10-2-1980.

[674] *El Norte de Castilla*, 6-2-1980 y *El País*, 8-2-1980.

[675] REDONDO CARDEÑOSO, "Unions and agricultural...", p. 130.

[676] *El Norte de Castilla*, 5-2-1980, 6-2-1980, 7-2-1980 y 9-2-1980.

[677] *El País*, 10-2-1980 y *El Norte de Castilla*, 10-2-1980.

[678] *El País*, 20-2-1980 y *El Norte de Castilla*, 28-2-1980.

obvio, esta decisión levantó la abierta oposición de las OPAs, algunas de las cuales se plantaron ante el Gobierno:

> Dos de las cinco organizaciones agrarias de ámbito nacional convocadas a consulta para establecer el precio de la remolacha se negaron a acudir al FORPPA. Tanto la Federación de Trabajadores de la Tierra como la Confederación Nacional de Agricultores y Ganaderos consideran que no deben participar en unos precios que se fijarán unilateralmente, considerando el nuevo método como «antidemocrático». El Centro Nacional de Jóvenes Agricultores manifestó también su intención de no suscribir ningún compromiso con el Gobierno y la Coordinadora de Organizaciones de Agricultores y Ganaderos no ha sido siquiera llamada al FORPPA, por causa del contencioso que mantiene con este organismo[679].

La actitud del Gobierno no hizo otra cosa que reactivar las protestas agrarias, pero en esta ocasión ya no por iniciativa de COAG, sino por organizaciones agrarias conservadoras que, como hemos podido ver, hasta el momento, habían privilegiado una estrategia reivindicativa de carácter negociador.

La primera de estas protestas fue la concentración que convocó el CNJA para el día 19 de febrero frente al edificio del Ministerio de Agricultura en Madrid, "como repulsa a una política de continuos incumplimientos"[680]. Esta protesta fue secundada, según la prensa, por alrededor de 3.000 personas, entre los cuales había varios centenares de agricultores vallisoletanos de AEPA, y algunos más de otras asociaciones agrarias de la provincia, como el SR o AGGR, las cuales fletaron hasta 20 autobuses para acudir a Madrid. Los manifestantes portaron pancartas con lemas como "Abril Martorell, cumple las promesas de UCD", "Justicia para el campo", "Negociación de precios agrarios" … La concentración terminó siendo disuelta de forma pacífica por la policía, porque los organizadores no contaban con la autorización correspondiente. Al finalizar la protesta, el secretario general de CNJA, Felipe González de Canales, señaló que si el Gobierno no aportaba soluciones para la desesperada situación del campo, "tendremos que ir a acciones más contundentes y dejarnos de actos simbólicos"[681].

Además de participar en la manifestación en Madrid, AEPA colgó en la fachada de su sede varias pancartas con lemas como: "Justicia para el campo", "Abril cumple la Constitución en sus artículos 130 y 131, o lárgate" o "Como el precio no se suba, compramos azúcar a Cuba"[682]. En el propio comunicado de adhesión a la

---

[679] *El País*, 2-3-1980.

[680] *El Norte de Castilla*, 14-2-1980 y 16-2-1980.

[681] *El Norte de Castilla*, 20-2-1980.

[682] *El Norte de Castilla*, 17-2-1980 y 19-2-1980.

manifestación, AEPA manifestaba claramente el cambio de estrategia que se estaba gestando en la acción reivindicativa de las OPAs conservadoras:

> … nuestra actitud ha sido siempre negociadora y se mantendrá en la misma línea de profesionalidad hasta agotar las vías de diálogo, ya que, como empresarios agrarios que somos, no admitimos medidas de fuerza lesivas para el sector. No obstante, si viéramos agotados los cauces de negociación, y dada la urgencia de los problemas, no desechamos la posibilidad de recurrir a otros medios de manifestación pública de nuestras protestas[683].

Tras la concentración de Madrid, a lo largo de las semanas siguientes se convocaron nuevas manifestaciones de agricultores en otros puntos del país: el 1 de marzo en Salamanca, a la que asistieron alrededor de 5.000 agricultores[684]; y el 18 de marzo en Sevilla, convocada por la ASAGA provincial ("siendo la primera vez que esta organización realiza una demostración masiva de este tipo") para denunciar "el incremento incontrolado de los costes de producción […] y la decisión del Gobierno de no negociar los precios agrarios con las organizaciones profesionales, así como la continuación de las importaciones de vacuno, maíz, soja y azúcar, claramente perjudiciales para el agricultor"[685].

En Valladolid también se dejó sentir el descontento del agro. Por ejemplo, a finales de febrero, un grupo de agricultores de Villalón enviaron una carta de protesta al Gobierno censurando "la postura de Abril Martorell de no querer aumentar más que en un 8% el precio de los productos agrarios y apoyan[do] las demandas de las organizaciones campesinas"[686]. Durante los últimos días de ese mismo mes, agricultores de Medina del Campo y su comarca organizaron diversas reuniones y asambleas, la más importante de las cuales tuvo lugar el 24 de febrero, con asistencia de representantes de AEPA y alrededor de un millar de agricultores, quienes "protestaron contra la subvención al gas-oil, los fertilizantes y los precios agrarios"[687]. Pocos días más tarde, un nutrido grupo de agricultores medinenses acudió a la manifestación que se celebró el 1 de marzo en Salamanca[688].

---

[683] *El Norte de Castilla*, 17-2-1980.

[684] *El Norte de Castilla*, 1-3-1980. Aunque la noticia no especifica qué asociación organizó esta manifestación, intuimos que fue la Asociación Independiente de Agricultores y Ganaderos, que por aquel entonces era la organización agraria con mayor implantación en Salamanca y, por tanto, la que tenía mayor capacidad de movilización en esa provincia.

[685] *El País*, 19-3-1980.

[686] *El Norte de Castilla*, 1-3-1980.

[687] *El Norte de Castilla*, 20-2-1980, 23-2-1980 y 26-2-1980.

[688] *El Norte de Castilla*, 1-3-1980.

La UCV, por su parte, convocó diversas reuniones y asambleas durante esas semanas para intentar organizar movilizaciones conjuntas con otras organizaciones agrarias de la provincia. Primero convocó una asamblea para el día 1 de marzo con objeto de "analizar los graves problemas que padece el sector agrícola y adoptar medidas de cara a hacerles frente e intentar solucionarlos" y, específicamente, proponer y someter a votación "la posibilidad de convocar una manifestación para protestar por todas las medidas injustas que están hundiendo al campo"[689]. A diferencia de lo que ocurrió en el mes de septiembre anterior, en esta ocasión, el resto de las organizaciones agrarias de la provincia no dudaron en secundar la propuesta de UCV. Así, por ejemplo, APAG mostró su apoyo para que:

> … conjuntamente, sin protagonismos por parte de ninguna organización y comprometidas de antemano a que nuestras reivindicaciones no pueden revestirse del menor matiz político (que es el sentir del campo) demos el primer paso hacia la unión del sector agrario convocando una manifestación de agricultores y ganaderos para poder constatar nuestra protesta y disconformidad con las actuaciones y medidas conjuntas que el sector viene soportando y padeciendo y para arrancar del Gobierno precios remuneradores para nuestros productos y una política agraria eficaz, racional y coherente[690].

La propuesta se concretó en una segunda asamblea convocada para el 5 de marzo por UCV, con apoyo de AEPA, y con presencia, entre otros, de Juan Colino, responsable del PSOE en materia agraria, todos los cuales convinieron la necesidad de organizar una marcha "autorizada, legal y pacífica […] cuanto antes"[691]. Al día siguiente, representantes de UCV, AEPA, APAG, SR y AGGR celebraron una reunión conjunta donde acordaron convocar "una manifestación auténticamente profesional, a pie, autorizada y pacífica a la que se invita a todos los hombres del campo sin exclusiones"[692]. De este modo, esas cinco organizaciones agrarias de la provincia solicitaron conjuntamente permiso al Gobierno Civil para celebrar una manifestación en Valladolid el día 18 de marzo[693].

Los pormenores de la protesta se concretaron en sucesivas reuniones que se celebraron en los días siguientes, donde, por ejemplo, se especificó detalladamente la tabla reivindicativa, que constaba de diez puntos:

> 1. Negociación inmediata de los precios agrarios, con todas las organizaciones nacionales, a nivel decisorio. No rotundo a la fijación por decreto.

---

[689] *El Norte de Castilla*, 28-2-1980.

[690] *El Norte de Castilla*, 2-3-1980.

[691] *El Norte de Castilla*, 6-3-1980.

[692] *El Norte de Castilla*, 8-3-1980.

[693] AHPV, *Gobierno Civil*, Caja 1709, Exp. 40, 7-3-1980.

2. Cese de las importaciones de choque. Cumplimiento de las normas de control de las importaciones legales y clandestinas. Nueva legislación contra fraudes. Incremento de los aranceles.

3. Participación urgente de las organizaciones agrarias en las negociaciones con el Mercado Común, así como en las decisiones de los organismos agrarios nacionales.

4. Seguridad Social agraria igual para todos. Equiparación de las prestaciones con las del régimen general.

5. Cumplimiento del calendario legislativo agrario.

6. Anulación del impuesto sobre transmisiones patrimoniales en la actividad agraria.

7. Precio justo al gas-oil en gasolinera.

8. Cumplimiento de las promesas hechas sobre indemnizaciones a los afectados por el pedrisco.

9. Urgente actualización del censo agrícola.

10. Control y clarificación de los canales de comercialización de los productos agrarios, que inciden en el coste de la vida, cargando sobre los agricultores todo el peso de la inflación[694].

Finalmente, como estaba previsto, la mañana del día 18 se celebró la manifestación con participación de las siete organizaciones agrarias que existían en la provincia: APAG, AEPA, UCV, FTT-UGT, AGGR, UGV y SR; además de una comisión de labradores no sindicados de Medina del Campo (que se había creado en la mencionada asamblea del 24 de febrero).

La manifestación fue secundada, según la prensa, por alrededor de 15.000 agricultores y ganaderos que, tras una pancarta donde se pedía "Justicia para el campo", recorrieron las principales calles del centro de la ciudad de Valladolid (acera de Recoletos, calle de Santiago, calle general Mola –hoy Constitución–, calle duque de la Victoria, plaza de España y plaza de Madrid) gritando consignas y portando pancartas con eslóganes como: "Si no hay solución, no habrá contribución", "Gobierno atiende, la agricultura se pierde", "Cuando el campo agoniza, algo de España se muere", "Los beneficios del campo para sus hombres"... No obstante, el principal blanco de las críticas fue, sin duda, el vicepresidente segundo y ministro de economía, Fernando Abril Martorell: "Con Abril, calamidades mil", "Abril, siempre ruin; al entrar, al salir y en el centro por no mentir", "Abril, en Valencia sí, pero no en Valladolid", "Convencidos, Abril es j...", etc. Aunque la manifestación transcurrió sin grandes incidentes, sí se produjo un pequeño altercado cuando los encargados del servicio del orden expulsaron a unos manifestantes del PCE (m-l) que intentaron unirse a la

---

[694] *El Norte de Castilla*, 9-3-1980.

protesta con una pancarta roja que tenía escritas las siglas de su partido, lo que derivó en un forcejeo y un pequeño intercambio de golpes[695].

La manifestación fue apoyada por el PSOE y el PCE, y por el conjunto de sindicatos agrarios de Palencia (Asociación de Agricultores y Ganaderos Palentinos –vinculado a UFADE–, Sindicato Agropecuario Palentino –a COAG–, y la FTT-UGT de Palencia)[696].

Pocos días más tarde, el 28 de marzo, estas mismas OPAs palentinas siguieron el ejemplo de las vallisoletanas y celebraron su propia manifestación conjunta a la que asistieron en torno a 8.000 personas tras una pancarta que también pedía "Justicia para el campo"[697]. Asimismo, dos días antes, el 26 de marzo, también se produjo otra pequeña protesta en Valladolid, cuando un grupo de alrededor de sesenta ganaderos de la UGV protagonizaron una sentada frente a la Delegación de Agricultura "en protesta por las respuestas poco satisfactorias dadas por el delegado de Agricultura a la plataforma reivindicativa del sector"[698].

En definitiva, la manifestación de agricultores del 18 de marzo de 1980 supuso esencialmente dos cosas: que, tras varios intentos fallidos, el sindicalismo agrario vallisoletano logró articular por primera vez una acción de protesta unificada; y que, con su participación, las OPAs conservadoras provinciales ratificaron un cambio en su estrategia reivindicativa. Como ellas mismas decían en la nota de prensa que publicaron el día 18 valorando el impacto de la situación:

> … su acción no termina en la manifestación […] sino que seguirán muy de cerca la solución de los problemas planteados y promoverán, si fuera preciso, acciones a nivel nacional para demostrar la voluntad de los hombres del campo de no tolerar ni un día más su constante marginación[699].

Sin embargo, más allá de lo que daban a entender estas impulsivas declaraciones, la verdad es que las protestas que se produjeron en la segunda mitad del mes de marzo de 1980 en Valladolid y Palencia marcaron el fin del importante ciclo de conflictividad agraria que se había producido en España desde mediados de 1979.

En efecto, tras las movilizaciones de marzo no se produjeron nuevas protestas agrarias de consideración en el país a pesar de que, por un lado, el Gobierno ratificó su postura de no negociar los precios agrarios, sino mantener reuniones consultivas

---

[695] *El Norte de Castilla*, 19-3-1980. También en AHPV, *Gobierno Civil*, Caja 1708, Carp. 1, Exp. 34, 20-3-1980. Una fotografía de la manifestación en la Imagen 12 de los Anexos.

[696] *El Norte de Castilla*, 18-3-1980.

[697] *El Norte de Castilla*, 25-3-1980, 29-3-1980 y 30-3-1980.

[698] *El Norte de Castilla*, 27-3-1980.

[699] *El Norte de Castilla*, 23-3-1980.

(las cuales, además, dilató en el tiempo)[700]; y, segundo, decretó nuevas subidas de los precios de los carburantes en junio[701] y diciembre[702].

A nuestro entender, el fin de la conflictividad agraria se debió esencialmente a tres factores. En primer lugar, al decaimiento del ciclo de conflictividad social general que vivió claramente el país a partir de 1980[703], y que se extendió durante la primera mitad de la década de los ochenta[704].

En segundo lugar, a la extraordinaria cosecha cerealista del verano de aquel año, que llegó a denominarse la "cosecha del siglo"[705], la cual, si bien no solucionó los problemas estructurales del agro, sí permitió aliviar en buena medida las maltrechas economías de los agricultores. Como decía un observador de Villanueva del Campo:

> El año se presenta como uno de los mejores del siglo, que puede bajar la balanza de gastos que viene acosando al labrador, con subidas de maquinaria, tractores, accesorios, contribuciones, seguros (con un 300 por 100 de subidas) y otros emolumentos, entre los que se encuentran los atrasos de pagos que vienen adeudando de los préstamos que han recibido de los años malos[706].

En tercer lugar, buena parte del ocaso de la conflictividad agraria se debió a la crisis interna que sufrió COAG desde 1980. Como hemos podido ver en las páginas anteriores, COAG fue el sindicato agrario que impulsó la mayor parte de las protestas agrarias desde 1977, de tal modo que, la debilidad organizativa provocada por su crisis interna propició que esta organización abandonara su tradicional estrategia combativa y asumiera una estrategia esencialmente negociadora[707]. La causa esencial de la crisis fueron las diferencias que surgieron entre las diversas uniones sobre si había que mantener una acción reivindicativa basada en una estrategia combativa tras el fracaso de las movilizaciones de 1979 y 1980, las cuales, a pesar de los grandes esfuerzos, apenas habían tenido resultados, como quedó de manifiesto con la negativa del Gobierno a negociar los precios agrarios de 1980.

Es más, esta crisis interna ya comenzó a vislumbrarse en la "jornada de lucha en el campo" del 7 de febrero de aquel año, cuando, en desacuerdo por la negativa de COAG a unirse al "Frente Agrario", la Unión de Agricultores y Ganaderos de

---

[700] De hecho, por ejemplo, todavía a inicios de junio, a puertas de iniciarse la cosecha, el Gobierno aún no había establecido los precios de los cereales: *El Norte de Castilla*, 31-5-1980 y 3-6-1980.

[701] *El País*, 7-6-1980 y *El Norte de Castilla*, 7-6-1980.

[702] *El País*, 5-12-1980 y *El Norte de Castilla*, 5-12-1980.

[703] *El País*, 22-4-1980, 30-9-1980 y 12-11-1980.

[704] SOTO CARMONA, *Transición y cambio...*, p. 451.

[705] *El Norte de Castilla*, 17-7-1980, 31-7-1980 y 26-10-1980.

[706] *El Norte de Castilla*, 4-7-1980.

[707] ARRIBAS y GONZÁLEZ, "El sindicalismo de clase...", pp. 137-143.

Navarra decidió participar en las tractoradas con sus propias siglas: "No sacamos los tractores a la calle porque así lo ha acordado la COAG […] sino porque lo hemos decidido entre todos los afiliados. Consideramos que COAG no está defendiendo los intereses de los agricultores en estos momentos, sino unos intereses partidistas concretos"[708]. La crisis se consolidó de forma definitiva en la I Asamblea Nacional de COAG, celebrada a finales de marzo de 1980[709], y, como ya señalamos, culminó pocos años más tarde con la escisión de algunas de las uniones más emblemáticas y combativas, como la propia Unión de Agricultores y Ganaderos de Navarra o la Unión de Campesinos Leoneses[710].

4.2.1.3. La(s) "guerra(s) de la sequía" de 1981 y 1982

Como acabamos de ver en el epígrafe anterior, tras la negativa del Gobierno a negociar los precios agrarios de 1980, las OPAs conservadoras comenzaron a asumir una estrategia reivindicativa de carácter combativo. Este cambio se manifestó de forma más palpable en Castilla y León, donde algunas OPAs conservadoras organizaron diversas manifestaciones agrícolas en Salamanca, Valladolid y Palencia durante el mes de marzo de aquel año. Este cambio de estrategia, unido a la crisis interna de COAG, hizo que las OPAs conservadoras fueran las responsables de las principales protestas agrarias que se produjeron en el país durante los primeros años 80. No obstante, cabe señalar que ello no significó que las OPAs conservadoras iniciaran un ciclo de movilización permanente como había protagonizado COAG entre 1977 y 1980. Ni mucho menos. Fueron protestas esporádicas motivadas por conflictos muy específicos que planteaban reivindicaciones muy concretas como, por ejemplo, sucedió con los encierros que realizó la Asociación Independiente de Agricultores y Ganaderos de Salamanca en el otoño de 1980 para reclamar el cobro de las subvenciones sobre el gasóleo y las liquidaciones pendientes de remolacha[711]; o el encierro protagonizado por regantes de la Tierra de Campos vallisoletana en junio de 1981, apoyados por AEPA y AGGR, para reclamar el trasvase de agua al canal Macías Picavea[712].

Con todo, las protestas agrarias más destacadas de los primeros años 80 fueron, sin duda, las movilizaciones asociadas a la conocida como la "guerra de la sequía",

---

[708] *El País*, 6-2-1980.

[709] *El País*, 30-3-1980. Asimismo, en los primeros años ochenta, se reprodujeron crisis internas en otras UAGAs, como la Unión de Agricultores y Ganaderos de Aragón (SABIO ALCUTÉN, *Labrar democracia…*, pp. 95-114) o la Federación de Uniones de Agricultores y Ganaderos de Burgos (REDONDO CARDEÑOSO, "Unions and agricultural…", p. 131).

[710] Véase *supra*.

[711] *El Norte de Castilla*, 1-10-1980, 2-10-1980, 3-10-1980 y 4-10-1980.

[712] *El Norte de Castilla*, 23-6-1981.

que se desarrolló en diversas provincias de Castilla y León durante los veranos de 1981 y 1982[713], las cuales estuvieron motivadas, como su propio nombre indica, por los daños originados por la acusada sequía que vivió el país durante las campañas agrícolas de esos dos años[714].

Los efectos de la sequía ya se comenzaron a percibir desde la primavera de 1981, como bien muestran los lamentos que recogió la prensa vallisoletana enviados desde diversos pueblos de la provincia, como Melgar de Abajo, Alaejos, Berrueces, Villagarcía de Campos, Pedrosa del Rey o Herrera de Duero[715]. A finales de mayo, el propio gobernador civil de Valladolid realizó una visita por pueblos de la Tierra de Campos y Montes Torozos, donde pudo comprobar *in situ* "que hay parcelas absolutamente perdidas y otras grandes zonas que sufren, tanto en la cosecha de cereales como en la ganadería, los efectos de esta sequía, especialmente dura en Tierra de Campos"[716]. Semanas más tarde, un reportaje realizado por *El Norte de Castilla* recogía la opinión de algunos labradores de esa comarca: "Este es el peor año que recordamos; sólo se puede comparar a 1945, el año malo, aunque con una diferencia: entonces no nació lo sembrado, ahora, ha nacido pero no se podrá recoger porque no ha espigado"[717]. Las pésimas impresiones se confirmaron avanzado el verano, cuando algunas fuentes comenzaron a señalar que la cosecha de 1981 era "un 40% inferior a la de 1980"[718].

En medio de este panorama, ya desde mediados de junio, diversas autoridades y organismos de Valladolid comenzaron a solicitar que la provincia fuera declarada zona catastrófica[719]. En respuesta, el ministro de Agricultura, Jaime Lamo de Espinosa, prometió un plan de ayudas[720]. Pero éste no satisfizo las pretensiones de las OPAs. La CNAG calificó la propuesta de "insuficiente, marginadora y burocrática"[721] y, AEPA, asociación vallisoletana integrada en CNAG, la consideró:

> … totalmente insuficiente, injusta y discriminatoria, pues todas las empresas del INI, reciben y gozan de los beneplácitos del Gobierno, recibiendo varias decenas de miles de millones por empresa, a fondo perdido. El campo con dos millones de empresarios

---

[713] Referencias sobre la "guerra de la sequía" en: MOYANO ESTRADA, *Corporatismo y Agricultura…*, pp. 248 y 321; LANGREO, "Del campesino…", pp. 67-68.

[714] *El Norte de Castilla*, 18-11-1981 y 28-5-1982.

[715] *El Norte de Castilla*, 20-3-1981, 19-4-1981, 22-4-1981, 8-5-1981 y 12-5-1981.

[716] *El Norte de Castilla*, 27-5-1981.

[717] *El Norte de Castilla*, 11-6-1981.

[718] *El Norte de Castilla*, 5-8-1981.

[719] *El Norte de Castilla*, 5-6-1981, 11-6-1981 y 16-6-1981.

[720] *El Norte de Castilla*, 23-6-1981.

[721] *El Norte de Castilla*, 21-7-1981.

y más de cinco millones de hombres que trabajan en el medio rural, se les pretende marginar con 1.394 millones al año (durante cuatro)[722].

Además, a mediados de verano, a los problemas derivados de la sequía se sumaron otros dos asuntos que enervaron aún más los ánimos del agro: los ataques a camiones que trasportaban productos agrícolas españoles en el sur de Francia[723] y el aumento del precio de los fertilizantes[724].

En este contexto, a mediados de agosto, diversas OPAs de la región dieron un paso al frente y comenzaron a plantear la realización de protestas. El día 11 de agosto, la Asociación Independiente de Agricultores y Ganaderos de Zamora (integrada en la Federación de la Cuenca del Duero) celebró una asamblea donde se acordó convocar una manifestación para reivindicar:

> … que se pague el precio, fijado en la campaña para el trigo, sin depreciaciones, que se subvencione las explotaciones con pérdidas superiores al 70 por ciento, y que las moratorias tanto del SENPA como de las contribuciones rústica y Seguridad Social Agraria sean sin intereses[725].

La protesta se celebró el día 22 de agosto y fue secundada por 800 personas, contando con el apoyo de Alianza Popular y otros partidos menores (Ciudadanos Zamoranos, Partido Regionalista Leonés), así como de otras asociaciones agrarias castellanas y leonesas, entre ellas, APAG y AEPA[726].

Al día siguiente de la asamblea de Zamora, los representantes de las asociaciones agrarias castellanas y leonesas integradas en CNAG (Asociación Independiente de Agricultores y Ganaderos de Salamanca, la Asociación de Agricultores y Ganaderos Palentinos y AEPA de Valladolid) se reunieron en Valladolid en donde, además de tratar los distintos problemas del agro regional, acordaron convocar a los comerciantes para que secundaran una campaña de boicot contra los productos franceses en protesta por los ataques a los camiones españoles[727]. A esta campaña se sumaron organizaciones como UFADE y CNJA[728].

---

[722] *El Norte de Castilla*, 24-7-1981.

[723] Por ejemplo: *El País*, 1-8-1981, 2-8-1981 y 9-8-1981. Un estudio más detallado sobre los ataques de agricultores franceses a camiones con productos agrarios españoles durante 1980 en: MOLINA GARCÍA, "La guerra de los camiones…".

[724] *El Norte de Castilla*, 25-8-1981.

[725] *El Norte de Castilla*, 18-8-1981 y 21-8-1981.

[726] *El Norte de Castilla*, 23-8-1981 y 25-8-1981.

[727] *El Norte de Castilla*, 13-8-1981 y *El País*, 14-8-1981.

[728] *El Norte de Castilla*, 14-8-1981.

Pocos días después, representantes de estas mismas OPAs se volvieron a reunir para convocar una nueva asamblea con el objeto de valorar la ejecución de diversas acciones de protesta: "corte de carreteras de acceso a la provincia de Salamanca, durante las veinticuatro horas del día 28, [...] posible desalojo del contenido de las cisternas de leche de los camiones franceses que surten a Portugal, y otras [protestas] que no quisieron declarar previamente"[729].

La asamblea se celebró en Salamanca el día 28 de agosto y contó con la participación de más de 1.500 agricultores, la mayor parte de ellos afiliados a esas organizaciones, pero también a la Asociación Independiente de Agricultores y Ganaderos de Zamora. En la tarde de ese mismo día, varios grupos de agricultores que asistieron a la asamblea tomaron sus propios vehículos e iniciaron una "marcha lenta, con frecuentes paradas en las calzadas y con entradas simultáneas en determinadas estaciones de servicio", la cual terminó bloqueando varias carreteras de los alrededores de Salamanca: "desde Fuentes de Oñoro, en la frontera, a la capital salmantina (N-620), en su recorrido hacia Salamanca; la N-501, que conduce desde esta ciudad a Madrid; la N-630, que lleva a Zamora, y la C-519, con dirección a Toro". La protesta fue disuelta a la mañana siguiente por la intervención de las fuerzas de orden público, que arrestaron a 32 agricultores[730]. Comenzaba la "guerra de la sequía".

En protesta por estas detenciones, unos 500 agricultores salmantinos iniciaron un breve encierro el día 29 de agosto en la iglesia de San Martín[731] y, dos días después, se encerraron otros cincuenta agricultores de Palencia en las dependencias de la Delegación del Ministerio de Agricultura[732]. Ya en septiembre, se produjo otro encierro de agricultores en Badajoz[733].

Ante tales protestas, el ministro de Agricultura prometió entrevistarse con una delegación de CNAG. De este modo, en una asamblea celebrada el 2 de septiembre en Valladolid, las asociaciones agrarias que habían impulsado las movilizaciones (y entre ellas AEPA) acordaron "deponer su actitud de presión", aunque advertían: "La suspensión [...] es sólo temporal, ya que si no se celebra la entrevista con el ministro o los resultados de la misma no son satisfactorios, las asociaciones agrarias vinculadas a la CNAG podrían reanudar sus acciones de fuerza"[734].

Los peores presagios se cumplieron y, a pesar de las promesas, e incluso de la confirmación del propio ministro[735], la entrevista prometida no se celebró en la fecha

---

[729] *El Norte de Castilla*, 26-8-1981.

[730] *El País*, 29-8-1981 y *El Norte de Castilla*, 29-8-1981.

[731] *El País*, 30-8-1981 y *El Norte de Castilla*, 30-8-1981.

[732] *El Norte de Castilla*, 1-9-1981.

[733] *El País*, 4-9-1981.

[734] *El Norte de Castilla*, 3-9-1981.

[735] *El Norte de Castilla*, 5-9-1981.

acordada[736], por lo que las asociaciones agrarias castellanas y leonesas vinculadas a CNAG retomaron las movilizaciones: el día 9 de septiembre, más de 2.000 agricultores de la Asociación Independiente de Agricultores y Ganaderos de Salamanca iniciaron un encierro masivo en el edificio del antiguo colegio de La Salle[737]; el 16 de septiembre, un centenar miembros de la Asociación de Agricultores y Ganaderos Palentinos se encerraron en la iglesia de San Francisco[738]; y el 18, los presidentes de estas dos asociaciones encabezaron sendas asambleas de protesta en las localidades palentinas de Carrión de los Condes y Aguilar de Campoo[739].

En Valladolid, sin embargo, AEPA se limitó a convocar una nueva campaña de boicot contra los productos franceses para la semana del 6 al 13 de septiembre, que consistió, básicamente, en el reparto por los comercios vallisoletanos de 10.000 carteles con el lema "No a los productos franceses". Como reconocía el propio presidente de AEPA, Vicente Martín Calabaza, aunque "los resultados prácticos van a ser escasos", el objetivo primordial era "concienciar al ciudadano y hacerle ver, a través de la campaña, la gravedad del problema y el perjuicio que para la agricultura española suponen las acciones vandálicas de los franceses"[740]. Esta campaña fue secundada a nivel nacional por el CNJA[741].

Los encierros de Salamanca y Palencia se mantuvieron hasta el día 21 de septiembre, cuando el ministro de Agricultura se comprometió a recibir a representantes de CNAG[742]. En esta ocasión el ministro sí cumplió su palabra, y el 25 de septiembre se reunió con representantes de las asociaciones agrarias vinculadas a CNAG de Salamanca, Palencia y Valladolid, manifestándolas su intención de abrir vías frecuentes de diálogo, lo cual fue suficiente para que las OPAs implicadas depusieran las protestas[743]. A partir de entonces, y a lo largo de todo el resto del año 1981 y primeros meses de 1982, se produjeron continuas reuniones y negociaciones entre representantes del Ministerio de Agricultura y de las organizaciones agrarias para tratar de articular medidas y ayudas destinadas a paliar los efectos de la sequía[744].

Vemos, por tanto, como durante el verano de 1981 hubo una notable movilización agraria en Castilla y León por la cuestión de la sequía. A pesar de ello, sin

---

[736] *El Norte de Castilla*, 9-9-1981.

[737] *El País*, 10-9-1981, 12-9-1981 y 16-9-1981 y *El Norte de Castilla*, 10-9-1981, 17-9-1981 y 18-9-1981.

[738] *El Norte de Castilla*, 17-9-1981, 18-9-1981 y 19-9-1981.

[739] *El Norte de Castilla*, 20-9-1981.

[740] *El Norte de Castilla*, 6-9-1981.

[741] *El Norte de Castilla*, 10-9-1981.

[742] *El Norte de Castilla*, 22-9-1981.

[743] *El Norte de Castilla*, 25-9-1981 y 2-10-1981.

[744] *El Norte de Castilla*, 5-11-1981, 17-11-1981, 5-12-1981, 11-12-1981, 29-12-1981, 24-1-1982 y 26-3-1982.

embargo, en necesario remarcar que fue una movilización impulsada exclusivamente por asociaciones vinculadas a CNAG, ya que el resto de OPAs, tanto conservadoras como progresistas, no apoyaron las protestas. Por ejemplo, en la provincia de Valladolid, APAG censuró la actitud combativa asumida por las asociaciones agrarias vinculadas a CNAG y defendió "la ponderación y serenidad debida, por la vía del diálogo, sin necesidad de utilizar procedimientos antidemocráticos ni medidas de presión"[745]; y FTT-UGT, por su parte, calificó las protestas de "medidas demagógicas que sirven para confundir y no para crear bienestar"[746].

Con todo, a pesar de las vías de diálogo abiertas entre Ministerio y OPAs, la nueva campaña agrícola de 1981-1982 no trajo mejoras meteorológicas y la sequía persistió, de tal modo que a la altura de mayo ya se comenzaba a vislumbrar que 1982 iba a traer nuevamente una pésima cosecha[747].

Por ello, a lo largo de los meses de mayo y junio, las OPAs comenzaron a solicitar la declaración de zona catastrófica para diversas regiones españolas, incluida Valladolid. Primero fueron las asociaciones de la Federación de la Cuenca del Duero (incluida APAG) y los centros de Jóvenes Agricultores de diversas provincias castellanas y leonesas que el 10 de mayo celebraron una asamblea conjunta en Tordesillas[748]. Un par de días más tarde se reunieron en Valladolid las asociaciones agrarias de Salamanca, Palencia, Valladolid y Zamora que estaban vinculadas a CNAG[749]. A lo largo de los días siguientes se sumaron a esa petición otras organizaciones agrarias de la región, como la FTT-UGT[750] o las distintas UAGAs que existían en Castilla y León[751], y también partidos políticos (PSOE, UCD o AP)[752] y Cámaras Agrarias[753]. En paralelo a estas solicitudes de zona catastrófica, ya durante el propio mes de mayo, algunas OPAs regionales plantearon la necesidad de convocar nuevas protestas.

Como ocurrió el año anterior, del primer paso lo dio la Asociación Independiente de Agricultores y Ganaderos de Zamora que convocó una manifestación para el día 22 de mayo "en solidaridad con los hombres del campo", a la que, según la prensa, asistieron 5.000 personas, contando con el apoyo de otras organizaciones políticas y sociales conservadoras (UCD, AP, Fuerza Nueva, la Cámara Oficial de

---

[745] *El Norte de Castilla*, 10-9-1981.

[746] *El Norte de Castilla*, 12-9-1981.

[747] *El Norte de Castilla*, 7-5-1982, 8-5-1982, 9-5-1982, 13-5-1982, 15-5-1982 y 19-5-1982.

[748] *El Norte de Castilla*, 11-5-1982.

[749] *El Norte de Castilla*, 13-5-1982.

[750] *El Norte de Castilla*, 16-5-1982.

[751] *El Norte de Castilla*, 18-5-1982.

[752] *El Norte de Castilla*, 27-5-1982, 2-6-1982 y 25-7-1982.

[753] *El Norte de Castilla*, 5-6-1982.

Industria y de Comercio, la Asociación Zamorana de Artesanos y la Asociación Zamorana de Empresarios)[754].

El Gobierno prometió que tomaría "medidas similares a las de la campaña anterior para paliar los daños causados por la actual situación de sequía"[755], como eran moratorias al cobro de los intereses sobre los préstamos que habían dado los organismos oficiales (Banco de Crédito Agrícola, SENPA, IRYDA…) en 1981[756]. Pero en esta ocasión las OPAs comenzaron a "pensar en subvenciones y no sólo en ayudas"[757]. Como señalaba el presidente de AEPA, Vicente Martín Calabaza:

> El Gobierno ha dado a otros sectores 325.000 millones a fondo perdido. ¿Nosotros no nos merecemos nada? A los mineros de la fábrica de Pellets de hierro les han dado 15.000 millones para ponerlo en marcha; para Valladolid, por ejemplo, si existen «agonizantes» 10.000 empresarios agrarios en huelga de hambre forzosa y permanente, en esa proporción, nos deberían dar 750.000 millones[758].

En este contexto, la propia AEPA, junto a otras asociaciones agrarias de la CNAG, convocó una "gran asamblea del campo" en Valladolid para reivindicar tres puntos básicos: "Declaración de zona catastrófica; 25.000 millones en créditos a 12 años, con 3 de carencia y a un interés acorde con el nivel de renta del sector, y solidaridad con el campo por parte de los demás sectores"[759].

Tras una intensa campaña mediática, la asamblea tuvo lugar el día 9 de junio en el polideportivo Huerta del Rey con asistencia de alrededor de un millar de agricultores. Durante la misma, los organizadores amenazaron con "convocar movilizaciones u otras medidas de presión en los últimos días de junio si la Administración no da una respuesta satisfactoria a la tabla reivindicativa presentada" a la Mesa Nacional de la Sequía, la cual se iba a celebrar entre los días 21 y 25 de junio[760].

Hasta entonces, algunas asociaciones agrarias realizaron otras protestas: el 7 de junio, una asamblea de la Asociación Independiente de Agricultores y Ganaderos de Salamanca acordó realizar protestas para boicotear el Mundial de Fútbol si el Gobierno no daba respuesta a sus reivindicaciones antes del día 23[761]; el 16 de junio la Federación de la Cuenca del Duero acordó enviar un telegrama de protesta al rey[762];

---

[754] *El Norte de Castilla*, 22-5-1982 y 23-5-1982.

[755] *El Norte de Castilla*, 21-5-1982.

[756] *El Norte de Castilla*, 4-6-1982.

[757] *El Norte de Castilla*, 8-6-1982.

[758] MARTÍN CALABAZA, Vicente, "Hay que decirlo, señor ministro", *El Norte de Castilla*, 6-6-1982.

[759] *El Norte de Castilla*, 5-6-1982.

[760] *El Norte de Castilla*, 10-6-1982.

[761] *El Norte de Castilla*, 8-6-1982.

[762] *El Norte de Castilla*, 16-6-1982.

y, pocos días más tarde, fue la Asociación Independiente de Agricultores y Ganaderos de Salamanca quien envió más de 800 telegramas de protesta al monarca[763].

El Gobierno acogió las reivindicaciones agrarias con frialdad y muchas reticencias. De este modo, por ejemplo, el subsecretario del Ministerio de Agricultura advirtió de las dificultades que tenía el Gobierno para conceder subvenciones a fondo perdido[764]; y, por su parte, el director provincial del Ministerio de Agricultura en Valladolid dijo abiertamente a los agricultores: "no esperen de la Administración la salvación del mundo"[765].

A mediados del mes de julio, la confirmación de la pésima cosecha[766] y la ausencia de respuestas del Gobierno, elevaron la inquietud en el agro castellano y leonés[767]. Según el presidente de AEPA, Vicente Martín Calabaza, "el espíritu que reinaba en la reunión por parte de la Administración es de alargar lo más posible estas Mesas [Nacionales de la Sequía]. De hecho, llevamos ya cinco reuniones sin que se haya avanzado nada", por lo que las asociaciones agrarias plantearon "dar un ultimátum al Gobierno"[768]:

> Las Organizaciones Profesionales Agrarias y la CONCA [Confederación Nacional de Cámaras Agrarias] entienden que ante esta situación que está afectando a centenares y miles de agricultores y ganaderos y arrendatarios de más de los dos millones de hectáreas afectados con mermas superiores al cincuenta por ciento de su cosecha normal y, de ellas, más de ochocientas mil hectáreas con daños superiores al setenta y cinco por ciento, el Gobierno debe aprobar urgentemente un paquete de medidas cuyo contenido mínimo sea el siguiente:
>
> Declaración de zonas catastróficas en aquellas provincias que se comprueben daños superiores al cincuenta por ciento por las mesas provinciales.
>
> Subvención total donde coincida por dos años consecutivos daños superiores al setenta y cinco por ciento en agricultura y ganadería.
>
> Subvención al cincuenta por ciento donde coincida por dos años consecutivos datos superiores al cincuenta por ciento y menos del setenta y cinco por ciento.
>
> Créditos a doce años, con tres de carencia y siete por ciento de interés a los que tengan daños durante sólo un año, adaptando a este período los ya concedidos en 1981.

---

[763] *El Norte de Castilla*, 25-6-1982.

[764] *El Norte de Castilla*, 20-6-1982.

[765] *El Norte de Castilla*, 29-6-1982.

[766] *El Norte de Castilla*, 13-7-1982. Los daños agrícolas por la sequía fueron especialmente acusados en la provincia de Valladolid ("Cerca de 420.000 hectáreas tienen pérdidas de entre el 50% y el 90% en Valladolid", *El Norte de Castilla*, 8-7-1982). A este respecto, son ilustrativos los testimonios enviados a la prensa desde diversos pueblos vallisoletanos, como Villagarcía y Mojados (*El Norte de Castilla*, 3-7-1982).

[767] *El Norte de Castilla*, 14-7-1982.

[768] *El Norte de Castilla*, 18-7-1982.

Aplazamiento del pago de pienso dado a la ganadería extensiva a cinco años sin interés.

Incremento de los préstamos actuales del SENPA para abonos, semillas y herbicidas en un cien por ciento. Y simplificación de trámite.

Seguir con el plan de piensos para la ganadería extensiva a entregar en otoño-invierno sin interés.

Exención del pago de la contribución territorial rústica y pecuaria y de la Seguridad Social, tanto en jornadas teóricas y reales así como Seguro de Desempleo.

Mantenimiento de las mesas provinciales para seguir estudiando los daños a las diversas producciones agrícolas, ganaderas y forestales.

Créditos especiales a corto plazo para nuevos cultivos, que compensen la caída del empleo[769].

El ministro de Agricultura respondió a las reivindicaciones en una entrevista concedida a *El Norte de Castilla* en la que si bien, por un lado, se comprometía a que "todos los que han sufrido daños por encima del setenta y cinco por ciento van a tener las ayudas necesarias para que salgan adelante", por otro, especificaba que "la vía de estas ayudas será probablemente similar a la del año pasado", rechazando categóricamente tanto las subvenciones a fondo perdido ("el dinero que da el Estado hay que devolverlo"), como las declaraciones de zona catastrófica ("es algo que no aporta nada a las medidas de ayuda que el Ministerio puso en marcha el año pasado"). Además, en la propia entrevista recriminó públicamente a las OPAs: "no se han preocupado de valorar lo que piden […] hay que tener cuidado para no hacer esperar a la gente cosas que es imposible conceder"[770]. Estas medidas, aprobadas en los últimos días del mes de julio[771], contaron con la oposición unánime de las OPAs[772]. De este modo estallaba una nueva "guerra de la sequía", y en esta ocasión con especial incidencia en Valladolid.

Ya el día 29 un centenar de agricultores salmantinos intentaron, sin éxito, interceptar camiones con productos franceses en la N-626, cerca de Aldehuela de la Bóveda[773]. Al día siguiente APAG, AGGR y Jóvenes Agricultores celebraron una asamblea conjunta en Valladolid con más de 1.000 asistentes donde aprobaron una tabla reivindicativa en la que se incluían las principales medidas que las OPAs habían planteado durante las semanas anteriores:

---

[769] *El Norte de Castilla*, 21-7-1982.

[770] *El Norte de Castilla*, 27-7-1982.

[771] *El Norte de Castilla*, 28-7-1982 y 31-7-1982.

[772] *El País*, 4-8-1982, y *El Norte de Castilla*, 4-8-1982, 7-8-1982, 10-8-1982 y 14-8-1982.

[773] *El Norte de Castilla*, 30-7-1982.

1. Aprobación de la valoración de los daños efectuados por las Cámaras Agrarias locales.

2. Declaración de zona catastrófica.

3. Subvención total para zonas que durante dos años hayan tenido daños superiores al 75%.

4. Subvención del 50% para zonas con daños durante dos años entre el 50% y el 75%.

5. Créditos a doce años, con tres de carencia y al 7% para zonas con pérdidas durante un solo año.

6. Aplazamiento a cinco años del pago de piensos para la ganadería.

7. Incremento de los préstamos actuales en un 100% para abonos, semillas y herbicidas.

8. Abastecimiento de piensos para la ganadería extensiva sin intereses.

9. Mantenimiento de mesas provinciales de seguimiento de la sequía y constitución de una regional.

10. Exención del pago de contribución rústica y pecuaria y de las cuotas a la Seguridad Social tanto para jornadas teóricas como reales.

11. Créditos especiales a corto plazo para nuevos cultivos[774].

Una vez terminada la asamblea, un grupo de 150 asistentes realizaron una manifestación espontánea por las calles de Valladolid con el objeto de llevar la tabla reivindicativa hasta el edificio del Gobierno Civil[775].

El 16 de agosto, representantes de las principales OPAs vallisoletanas celebraron una reunión conjunta en Cigales donde APAG y AEPA, sin contar con el apoyo del resto de organizaciones, plantearon la convocatoria de medidas de presión para los días 24 y 25 del mismo mes[776]. Tres días más tarde, la Federación Regional de Agricultores y Ganaderos de la Cuenca del Duero celebró, junto a representantes de AEPA, UFADE y Jóvenes Agricultores, una asamblea en Tordesillas en la que se acordó comenzar una asamblea permanente desde el día 24[777].

La asamblea permanente se instaló en la Cámara Agraria de Tordesillas con asistencia de varios centenares de agricultores y la promesa del presidente del Consejo General de Castilla y León, José Manuel García-Verdugo, de asistir a la reunión[778]. Sin embargo, por diversos motivos, el presidente no apareció a la hora prevista, lo que provocó que se enervaran los ánimos y se produjeran "enfrentamientos verbales y algunos zarandeos entre los asambleístas, gritos, voces, peticiones de silencio, insultos y boicots a quien tomaba la palabra". Incluso un grupo de asambleístas intentó realizar una

---

[774] *El Norte de Castilla*, 31-7-1982.

[775] Ídem.

[776] *El Norte de Castilla*, 19-8-1982 y *El País*, 21-8-1982.

[777] *El Norte de Castilla*, 20-8-1982.

[778] *El Norte de Castilla*, 21-8-1982 y 24-8-1982; *El País*, 24-8-1982 y 25-8-1982.

concentración y cortar la carretera de Madrid. Los ánimos se calmaron cuando finalmente apareció García-Verdugo, quien, tras advertir que no era "Santiago Apóstol para
poder resolver todos los problemas", se comprometió a defender las reivindicaciones
de los asambleístas, que consideraba: "justas porque los agricultores castellano-leone-
ses sólo piden aquello a lo que creen que tienen derecho". A pesar de la promesa, los
dirigentes de la Federación de la Cuenca del Duero decidieron extender la asamblea
permanente y encerrarse en la Cámara Agraria hasta valorar las nuevas medidas que,
previsiblemente, iba a tomar el Gobierno[779].

El encierro de Tordesillas se mantuvo hasta el día 31, cuando se planteó la posibilidad de trasladar la protesta a Burgos, porque allí se estaban celebrando las reuniones
entre los representantes de la Federación de la Cuenca del Duero y el presidente del
Consejo General de Castilla y León[780]. Sin embargo, finalmente, y a pesar de considerar insuficientes las nuevas medidas planteadas por las autoridades[781], los asambleístas
decidieron terminar con el encierro al día siguiente, 1 de septiembre, porque los representantes de las asociaciones de Palencia y Burgos se negaban a trasladar la protesta al
palacio de la Isla de Burgos, sede el Consejo General de Castilla y León, tal y como
proponían los representantes de Valladolid (APAG) y Zamora[782].

En paralelo al encierro de Tordesillas, AEPA convocó una asamblea en Valladolid para el día el 25 de agosto a la que concurrieron un millar de agricultores, quienes
acordaron realizar diferentes acciones de protesta: un grupo de miembros de la junta
directiva de AEPA iniciaron una asamblea permanente encerrándose en los locales de
la asociación, sitos en la calle Miguel Íscar de Valladolid; otro grupo de unos treinta
agricultores, encabezados por Vicente Martín Calabaza, decidieron comenzar una marcha a pie hasta Madrid, con "el objetivo esencial [...] de recorrer diversos pueblos vallisoletanos para organizar en ellos asambleas, explicar a los agricultores y ganaderos
la situación del campo castellano-leonés [...] y recabar su solidaridad"[783]. La marcha
se extendió por varios días e hizo paradas y asambleas en Laguna de Duero, Mojados
y Olmedo (en la provincia de Valladolid) y San Cristóbal de la Vega, Labajos y Villacastín (en Segovia). Los manifestantes pusieron fin a la protesta el día 3 de septiembre
después de que el ministro de Agricultura prometiera a una comisión de representantes
de AEPA que adoptaría diversas medidas, entre las que se incluían "que el pago de los
créditos se ampliaría a tres años y que habría reconversión de créditos para las zonas
más afectadas"[784].

---

[779] *El Norte de Castilla*, 25-8-1982. Véase la tabla reivindicativa en el Texto 7 de los Anexos.

[780] *El Norte de Castilla*, 28-8-1982 y 29-8-1982.

[781] *El Norte de Castilla*, 1-9-1982.

[782] *El Norte de Castilla*, 2-9-1982.

[783] *El País*, 26-8-1982 y *El Norte de Castilla*, 26-8-1982. Véanse las Imágenes 13 y 14 de los Anexos.

[784] *El Norte de Castilla*, 27-8-1982, 28-8-1982, 29-8-1982, 1-9-1982, 2-9-1982, 3-9-1982 y 4-9-1982; y
El País, 4-9-1982 y 5-9-1982.

El mismo día que tuvo lugar la asamblea de AEPA en Valladolid, 25 de agosto, asociaciones agrarias vinculadas a CNAG de otras provincias iniciaron otras protestas: en Palencia, 45 miembros de la Asociación de Agricultores y Ganaderos Palentinos iniciaron un encierro en el cine Luises que se extendió hasta el día 28[785]; y, en Salamanca, un grupo de más de 2.000 agricultores de la Asociación Independiente de Agricultores y Ganaderos se encerraron en el antiguo colegio de La Salle, mientras que otros grupos realizaron cortes de tráfico intermitentes en la carretera Burgos-Portugal[786]. Fuera de Castilla y León, se produjeron encierros en Cáceres, Badajoz y Ciudad Real. Incluso, algunos agricultores de Salamanca, Ciudad Real, Toledo y Cuenca se plantearon la posibilidad de realizar una marcha hacia Madrid siguiendo el ejemplo de los agricultores vallisoletanos de AEPA[787].

El culmen de las protestas de la "guerra de la sequía" del verano de 1982 tuvo lugar el día 27 de agosto cuando un grupo de representantes de asociaciones agrarias vinculadas a CNAG de Salamanca, Ciudad Real, Toledo y Valladolid (entre ellos el presidente de AEPA, Vicente Martín Calabaza) decidieron presentarse en el edificio del Ministerio de Agricultura en Madrid, para entregar personalmente al ministro, José Luis Álvarez, "un escrito de protesta por las escasas medidas acordadas por el Consejo de Ministros [celebrado ese mismo día] para los afectados por la sequía". Ante la ausencia del ministro, dos de los representantes (Ignacio de la Mora de Salamanca e Ignacio Baró de Ciudad Real) se encerraron en un despacho del Ministerio, mientras que el resto del grupo ocupó el vestíbulo del edificio para apoyar a sus compañeros. Tras unos momentos de tensión, la policía desalojó a los representantes agrarios del palacio de Fomento[788].

Las protestas comenzaron a decaer durante los primeros días de septiembre, a nuestro entender, por tres razones. En primer lugar, por las divisiones que surgieron dentro del sindicalismo agrario, no sólo por la oposición a las movilizaciones de las organizaciones agrarias de tendencia progresista[789], sino también por la fractura abierta entre las propias asociaciones agrarias conservadoras que impulsaron las protestas ya que, mientras unas pretendían intensificar las acciones, otras querían atenuarlas. Esta división quedó bien patente en el encierro que protagonizó la Federación de la Cuenca del Duero en Tordesillas que, como ya vimos, finalizó por las divergencias existentes entre las asociaciones de Valladolid y Zamora, que pretendían trasladar el encierro a la

[785] El Norte de Castilla, 26-8-1982 y 29-8-1982.

[786] El Norte de Castilla, 26-8-1982, y El País, 26-8-1982 y 28-8-1982.

[787] El Norte de Castilla, 28-8-1982.

[788] El País, 28-8-1982 y 29-8-1982, y El Norte de Castilla, 28-8-1982 y 29-8-1982.

[789] Por ejemplo, en el caso de la provincia de Valladolid, la FTT-UGT definió a las protestas de APAG y AEPA como "electoralistas y demagógicas" (El Norte de Castilla, 28-8-1982); la UCV, por su parte, señaló que las movilizaciones eran una "maniobra política […], y que detrás de APAG, AEPA y la Federación del Duero, está la gran derecha política y económica de la cual recibe apoyo, y la gran patronal CEOE a la que incluso pertenece orgánicamente" (El Norte de Castilla, 29-8-1982).

sede del Consejo General de Castilla y León, y las de Burgos y Palencia, que se oponían a ello[790]. También hubo división dentro de CNAG: si las asociaciones de Salamanca y Ciudad Real (que protagonizaron el encierro en el Ministerio de Agricultura) eran partidarias de intensificar la movilización; el resto de las asociaciones se oponían[791].

La segunda causa fue la frustración que generó entre los agricultores el escaso éxito de las movilizaciones realizadas, las cuales, si bien consiguieron abrir vías de diálogo y negociación con el Gobierno, no consiguieron que éste estableciera medidas concretas que satisficieran las demandas mínimas de los agricultores. Este sentimiento quedó bien reflejado en las declaraciones que realizó el presidente de AEPA, Vicente Martín Calabaza, tras una reunión celebrada con el ministro el día 2 de septiembre:

> El ministro no ofreció medidas o nuevas ayudas sino que dejó todo para la reunión de la Mesa Nacional de Seguimiento de la Sequía del próximo lunes [6 de septiembre]; le entregamos la tabla de peticiones, expusimos la situación del sector pero todo se quedó ahí. Creo sinceramente, después de ver las reacciones de José Luis Álvarez, que ya no es un interlocutor válido, sino que está tan mediatizado por Hacienda y Economía que ha perdido su capacidad decisoria o de influencia. No nos dio ninguna respuesta y, aunque entendemos que está haciendo esfuerzos, vemos ya que por este camino no adelantamos nada[792].

El fracaso de la movilización se confirmó el día 6 de septiembre en la reunión de la Mesa Nacional de la Sequía a la que hacía referencia el propio Martín Calabaza, tras la cual, a pesar de que las organizaciones agrarias mostraron su desacuerdo y rechazo a los resultados de la reunión, descartaron impulsar nuevas movilizaciones[793].

La tercera causa que motivó el fin de las protestas de la "guerra de la sequía" de 1982 fue la decisión del presidente del Gobierno, Leopoldo Calvo Sotelo, de firmar el 27 de agosto el decreto de disolución de las Cortes y la convocatoria de elecciones[794]. En efecto, ante la profunda crisis interna que vivía UCD, todo apuntaba a que las elecciones iban a suponer un cambio de Gobierno[795], de tal modo que muchos de los dirigentes de las OPAs que habían impulsado la "guerra de la sequía" comenzaron a pensar que era inútil continuar con las protestas cuando enfrente tenían a un interlocutor que, en pocas semanas, ya no iba a estar en el poder. Como señaló Vicente Martín Calabaza en una asamblea celebrada en Olmedo durante la "marcha hacia Madrid":

---

[790] *El Norte de Castilla*, 2-9-1982.

[791] *El País*, 29-8-1982, 31-8-1982 y 4-9-1982.

[792] *El Norte de Castilla*, 3-9-1982.

[793] *El País*, 7-9-1982 y 9-9-1982, y *El Norte de Castilla*, 7-9-1982, 9-9-1982 y 10-9-1982.

[794] *El País*, 28-8-1982.

[795] WERT, José Ignacio, "La campaña electoral de octubre de 1982: el camino del cambio", *Revista Española de Investigaciones Sociológicas*, 28 (1984), pp. 63-84.

… han cambiado las cosas. Hoy tenemos un Gobierno provisional, las Cortes están disueltas, hay una falta de conexión total entre los miembros del Gobierno y los parlamentarios y se ha producido un vacío tremendo. Las organizaciones agrarias no podemos ir a luchar contra nada. En el Ministerio ayer no había nadie. Está totalmente desmadrado aquello[796].

---

[796] *El Norte de Castilla*, 29-8-1982. Opiniones similares en *El Norte de Castilla*, 5-9-1982 y 9-9-1982 y *El País*, 9-9-1982.

CONCLUSIONES

Como señalábamos al comienzo de este texto, durante los años sesenta y setenta del siglo XX se produjo en los países occidentales uno de los ciclos de conflictividad social más importantes de la contemporaneidad, en el cual, no sólo participaron obreros y estudiantes, sino también otros grupos sociales, entre ellos los agricultores. Un buen ejemplo de ello es el caso español, donde, como sabemos, durante aquellos años tuvo lugar un notable incremento de la movilización de la sociedad civil... incluidos los agricultores.

En efecto, durante los años setenta, los agricultores españoles no sólo se organizaron y movilizaron para defender sus intereses económicos en un contexto de profunda crisis del sector agropecuario (consecuencia de los efectos, primero, de la crisis de la agricultura tradicional y, segundo, de la crisis de rentas que sufrieron los profesionales del sector en los años setenta); sino también para reivindicar derechos políticos y sindicales de un contexto de transición de un régimen dictatorial a otro democrático.

La provincia de Valladolid no fue ajena a estos procesos históricos que se produjeron a escala nacional e internacional durante aquellos años, e igualmente vivió importantes movilizaciones y conflictos sociales impulsados por trabajadores y estudiantes, pero también, como hemos podido ver a través de la presente investigación, por agricultores.

De este modo, ya durante los últimos años de la dictadura franquista, diversos grupos de agricultores vallisoletanos comenzaron a movilizarse para articular y defender sus intereses al margen de la estructura sindical vertical agraria y al amparo tanto de círculos agrarios conservadores reformistas, como de sectores progresistas de la Iglesia católica o partidos políticos de la oposición antifranquista.

Con todo, del mismo modo que sucedió en el conjunto del país, el impulso definitivo de las movilizaciones de los agricultores vallisoletanos se produjo con las nuevas oportunidades políticas que se abrieron tras la muerte del dictador. Así, durante todo el año 1976 y primeras semanas de 1977, los agricultores de la provincia protagonizaron destacadas protestas, como la multitudinaria manifestación de agricultores que organizó la COSA en julio de 1976; pero además promovieron la creación de nuevas asociaciones y organizaciones al margen del sindicalismo vertical, entre las que destacó, por el contexto político de aquel momento, dos organizaciones agrarias vinculadas a sectores políticos de la oposición: el MCB, surgido en círculos católicos progresistas y con cierta relación con el PCE; y CC.CC. vinculado a la acción política del PTE.

Toda esta movilización alcanzó su culmen a principios de 1977 durante la denominada "guerra de los tractores", una protesta que se extendió por 28 provincias en la que decenas de miles de agricultores ocuparon con sus vehículos las principales carreteras del país. Uno de los epicentros de esta impactante protesta agraria fueron las provincias castellanas y leonesas, como Valladolid, donde se movilizaron entre 5.000 y 6.000 tractores y hubo una dura represión de las fuerzas del orden público.

El éxito de la "guerra de los tractores" consiguió diversos hitos para el agro español. Primero, introdujo los problemas y demandas de los agricultores en el debate público nacional y, también, en los programas de los partidos políticos. Segundo, logró que el Gobierno impulsara una nueva política agraria, como quedó reflejado, por ejemplo, en los Pactos de la Moncloa o en los artículos 130 y 131 de la Constitución. Y, por último, impulsó y sentó las bases del nuevo panorama sindical agrario que dominó el país durante los primeros años del nuevo régimen democrático.

Por lo que respecta a la provincia de Valladolid, la "guerra de los tractores" dio paso a una efervescencia asociativa. Así, en 1977 y 1978 se crearon en la provincia numerosas organizaciones agrarias, las cuales estaban vinculadas tanto a sectores conservadores como progresistas, abarcando sus diversos matices ideológicos. Si las primeras (APAG, AEPA) incluían desde posicionamientos más reformistas hasta actitudes más inmovilistas; las segundas (UCV, FTT-UGT) agrupaban a grupos socialistas, comunistas e incluso de izquierda radical extraparlamentaria. Asimismo, junto a estas OPAs de carácter generalista que pretendían representar a todos los profesionales del campo vallisoletano, se conformaron algunas asociaciones agrarias de carácter sectorial que buscaban defender los intereses de determinados sectores agropecuarios, como ganaderos (AGGR, UGV) y, especialmente en Valladolid, remolacheros (SR).

Las nuevas asociaciones y organizaciones agrarias vallisoletanas no se limitaron a desarrollar su actividad sindical agraria en la provincia, sino que participaron de forma activa en el proceso de conformación de OPAs mayores de ámbito regional (como la Federación Regional de Agricultores y Ganaderos de la Cuenca del Duero o la Coordinadora Regional de Castilla y León) y de ámbito nacional, como fueron las cinco grandes OPAs que surgieron en aquellos años en el país: CNAG, CNJA, UFADE, COAG y FTT-UGT.

Tras su legalización y posterior reconocimiento constitucional, las nuevas OPAs, tanto españolas como vallisoletanas, se convirtieron en los principales representantes de los agricultores ante la Administración y, como tales, impulsaron una notable actividad sindical que, en los primeros años de la democracia, tuvo esencialmente dos líneas de actuación: la acción organizativa y la reivindicativa.

Desde el punto de vista organizativo, el proceso de conformación y consolidación de los nuevos sindicatos agrarios se vio acompañada de la celebración de numerosas reuniones y asambleas. En este sentido, por ejemplo, las principales OPAs vallisoletanas realizaron durante 1977 notables giras de propaganda por toda la provincia con la intención de presentar su programa sindical e incentivar la afiliación de los agricultores. Esta actividad propagandística alcanzó su máxima expresión con motivo de la convocatoria de las elecciones a Cámaras Agrarias en 1978, cuando las OPAs impulsaron y organizaron numerosos actos de campaña para atraerse el voto de los agricultores.

Desde el punto de vista reivindicativo, las nuevas OPAs impulsaron numerosas movilizaciones y acciones de protesta, las cuales fueron especialmente destacadas cuando se llevaban a cabo las negociaciones anuales de precios agrarios convocadas por el gobierno. El culmen de esta conflictividad agraria se produjo durante la segunda mitad de 1979 y primera mitad de 1980 cuando, en reacción a las consecuencias que tuvo la segunda crisis del petróleo en el sector agropecuario, COAG convocó las denominadas "jornadas de lucha en el campo" para los días 27 de julio de 1979, 7 de diciembre de 1979 y, especialmente, 4 de febrero de 1980; y en torno a las cuales tuvieron lugar las mayores movilizaciones agrarias que hubo en España desde la "guerra de los tractores" de 1977.

Las OPAs vallisoletanas también impulsaron notables protestas en esos primeros años de la nueva democracia. Ejemplo de ello son la "guerra de la patata" de 1978; las manifestaciones de 1979 y 1980, convocadas al socaire del incremento de la conflictividad agraria en torno a las "jornadas de lucha en el campo"; o, en 1981 y 1982, las protestas enmarcadas en la denominada "guerra de la sequía", un conflicto agrario que tuvo su epicentro en Castilla y León y que supuso la primera gran movilización de protesta impulsada por organizaciones agrarias conservadoras en el país.

Es decir, en resumen, a través del análisis de la evolución del sindicalismo y la conflictividad agraria en la provincia de Valladolid durante la Transición, la presente investigación muestra que los agricultores castellanos no fueron unos sujetos ajenos al complejo contexto político y social que vivió España y el mundo durante los años setenta y ochenta. Todo lo contrario, como muestra el presente libro, los agricultores meseteños participaron activa y colectivamente de los grandes procesos históricos que se produjeron durante aquellos años, como fueron, el ciclo de conflictividad social que eclosionó en las sociedades industrializadas o el proceso de movilización que protagonizó la sociedad civil española durante la transición de la dictadura al nuevo régimen democrático.

En definitiva, siguiendo la estela de otros numerosos estudios que hemos citado en el texto, la presente investigación permite cuestionar los estereotipos que, a pesar del paso de los años, han pervivido sólidamente en el imaginario colectivo sobre los agricultores, y específicamente los agricultores castellanos y leoneses[797], y muestra que éstos no fueron unos sujetos individualistas y apáticos a su entorno, sino que, muy por el contrario, fueron capaces de impulsar el asociacionismo y la movilización colectiva para defender sus intereses y reivindicaciones.

[797] Por ejemplo, en 2010, Jaime Lamo de Espinosa, ministro de Agricultura de los gobiernos de UCD señalaba en unas jornadas informativas celebradas en Palencia: "Los agricultores españoles son muy individualistas" (*El Norte de Castilla*, 23-9-2010). Más recientemente, los dos últimos consejeros de Agricultura de la Junta de Castilla y León (Jesús Julio Carnero y Gerardo Dueñas) han señalado que: "una importante limitación del sector agrario es el excesivo individualismo" (Cfr: https://www.diariodeburgos.es/noticia/za4940269-0867-07dd-689931a75f35f669/201909/la-junta-quiere-incrementar-el-negocio-cooperativo-en-un-40; y https://www.revistacampo.es/portada-app/gerardo-duenas-abre-su-mandato-con-el-objetivo-de-conseguir-explotaciones-rentables-que-atraigan-a-los-jovenes/ [consultados el 14-5-2024]).

BIBLIOGRAFÍA

ALONSO, V. L. *et al.*, *Crisis agrarias y luchas campesinas, 1970-1976*, Madrid, Ayuso, 1976.

ANLLÓ, Juan, *Estructura y problemas del campo español*, Madrid, Cuadernos para el Diálogo, 1966.

ARENAS POSADAS, Carlos, *Historia Económica del Trabajo (siglos XIX y XX)*, Madrid, Tecnos, 2003.

ARIZA, Julián, *Comisiones Obreras*, Barcelona, Avance, 1976.

ARNALTE, Eladio y CEÑA, Felisa, "La agricultura y la política agraria en España durante el período de la Transición democrática", *Agricultura y Sociedad*, 68-69 (1993), pp. 289-312.

ARRIBAS, José María y GONZÁLEZ, Juan Jesús, "El sindicalismo de clase en la agricultura familiar (Las Cuencas del Ebro y del Duero)", *Agricultura y Sociedad*, 31 (1984), pp. 121-151.

BALDRICH CABALLÉ, Juan, *Programas agrarios de partidos políticos españoles*, Madrid, Editorial Agrícola Española, 1977.

BARAJA, Eugenio, *La industria azucarera y el cultivo remolachero del Duero en el contexto nacional*, Madrid, MAPA, 1994.

BERZAL DE LA ROSA, Enrique, *Sotanas rebeldes. Contribución cristiana a la transición democrática*, Valladolid, Diputación de Valladolid, 2007.

BERZAL DE LA ROSA, Enrique, *Vallisoletanos contra Franco. Oposición política y social a la Dictadura (1940-1975)*, Valladolid, Ateneo Republicano, 2009.

BERZAL DE LA ROSA, Enrique, "Democracia dentro de un orden. *El Norte de Castilla* en el Tardofranquismo y la Transición", en GONZÁLEZ MARTÍNEZ, Rosa M. *et al.* (dirs.), *Estudios en homenaje al profesor Celso Almuiña Fernández. Historia, periodismo y comunicación*, Valladolid, Universidad de Valladolid, 2016, pp. 201-214.

BERZAL DE LA ROSA, Enrique, *ACOR: 60 años de historia (1962-2022)*, Valladolid, ACOR, 2022.

BERZAL DE LA ROSA, Enrique, "*Fachadolid*, un cliché con éxito. La extrema derecha en Valladolid, 1977-1982", *Investigaciones Históricas*, Extraordinario II (2024), pp. 823-844.

CABANA IGLESIA, Ana y LANERO TÁBOAS, Daniel, "Cuando la protesta rural ocupa el asfalto: la 'folga do leite' en Galicia (1978)", *Investigaciones Históricas*, 40 (2020), pp. 143-174.

CALDERÓN ESPAÑA, María Consolación, "Las Escuelas Familiares Agrarias, un sistema formativo para el medio rural", *Espacio y Tiempo*, 20 (2006), pp. 95-114.

CASTILLO, Juan J., *Propietarios muy pobres: sobre la subordinación del pequeño campesino en España*, Madrid, Servicios de Publicaciones Agrarias, 1979.

DELIBES, Miguel, *Las ratas*, Barcelona, Destino, 1962.

DELIBES, Miguel, *Castilla, lo castellano y los castellanos*, Barcelona, Planeta, 1979.

DE LA FUENTE BLANCO, Gloria, *Los sindicatos agrarios: nuevos modelos organizativos en la España comunitaria*, Madrid, Universidad Complutense de Madrid, 1990.

DEL VALLE, Antonio, "Instituciones de educación de adultos", *Documentación Social*, 1 (1971), pp. 62-74.

DÍAZ GEADA, Alba, *O campo en movemento: o papel do sindicalismo labrego no rural galego durante o tardofranquismo e a primeira etapa democrática (1964-1986)*, Santiago de Compostela, Universidade de Santiago de Compostela, 2011.

FALCES YOLDI, José I., *Haciendo Unión, 1976-2004*, Valladolid, COAG-UCCL, 2006.

FERRER GÁLVEZ, Francisco, "El sindicalismo 'reformista' en la agricultura intensiva. Desarrollo y consolidación del Centro Nacional de Jóvenes Agricultores (CNJA) en Almería", *Historia Actual Online*, 50 (2019), pp. 51-64.

FERRER GÁLVEZ, Francisco, *Democracia y mundo rural en la provincia de Almería: asociacionismo y conflictividad en la transformación del sector agrario*, Tesis Doctoral, Almería, Universidad de Almería, 2021.

FERRER GÁLVEZ, Francisco, "Los comunistas en la agricultura intensiva de Almería. Intereses corporativistas y las iniciativas democratizadoras (1977-1986)", *Historia del Presente*, 40 (2022), pp. 103-120.

FERRER GÁLVEZ, Francisco, "Socialismo y agricultura en la periferia andaluza: una nueva mirada a la Transición desde la provincia de Almería (1977-1986)", *Historia Actual Online*, 59 (2022), pp. 9-26.

FERRER GONZÁLEZ, Cristian, "Popular empowerment, peasant struggles and political change: Southern Catalonia under late Francoism", *Workers of the World*, 5 (2014), pp. 39-57.

FERRER GONZÁLEZ, Cristian, "El PSUC y el trabajo en el campo. El movimiento campesino entre el franquismo y la Transición", en LANERO TÁBOAS, Daniel (ed.), *El disputado voto de los labriegos. Cambio, conflicto y continuidad política en la España rural (1968-1986)*, Granada, Comares, 2018, pp. 111-134.

FERRER GONZÁLEZ, Cristian y PUIG VALLVERDÚ, Guillem, "Vivir de la tierra. Organización, conflicto y cambio en la Catalunya agraria: la *Unió de Pagesos*, 1973-1979", *Investigaciones Históricas*, 40 (2020), pp. 85-112.

FUENTES, María Candelaria y COBO ROMERO, Francisco, *La tierra para quien la trabaja: los comunistas, la sociedad rural andaluza y la conquista de la democracia (1956-1983)*, Granada, Universidad de Granada, 2016.

GARCÍA DOMÍNGUEZ, Ramón, *Miguel Delibes de cerca*, Barcelona, Destino, 2010.

GIL GARCÍA, Pilar, *Las Hermandades Sindicales de Labradores y Ganaderos (1944-1977). Historia, documentos y fuentes*, Cuenca, Universidad de Castilla-La Mancha, 2005.

GÓMEZ HERRÁEZ, José M., "Las Hermandades Sindicales de Labradores y Ganaderos (1942-1977). Del análisis franquista a la historiografía actual", *Historia Agraria*, 44 (2008), pp. 119-155.

GÓMEZ OLIVER, Miguel, "El movimiento jornalero durante la Transición", en GONZÁLEZ DE MOLINA, Manuel (ed.), *La historia a Andalucía a debate. Vol. 1. Campesinos y jornaleros*, Barcelona, Anthropos, 2004, pp. 135-155.

GONZÁLEZ CLAVERO, Mariano, "El movimiento regionalista y nacionalista castellano durante la Transición", en REDONDO CARDEÑOSO, Jesús Ángel (ed.), *La Transición en Castilla y León: democracia, autonomía y Comunidad Económica Europea*, Valladolid, Universidad de Valladolid, 2021, pp. 43-68.

GONZÁLEZ DE CANALES, Felipe y CARNICERO, Jesús, *Roturar y sembrar. Así nacieron las Escuelas Familiares Agrarias (EFA)*, Madrid, Rialp, 2005.

GONZÁLEZ MADRID, Damián A. y ORTIZ HERAS, Manuel, "La conflictiva democratización de las relaciones sindicales agrarias: patronos, sindicatos y trabajadores manchegos en el escenario postdictatorial (1976-1979)", en FERNÁNDEZ AMADOR, Mónica; MARTOS CONTRERAS, Emilia; NAVARRO PÉREZ, Luis C.; y QUIROSA-CHEYROUZE MUÑOZ, Rafael (coords.), *Las instituciones. VI Congreso Internacional: La Historia de la Transición en España*, Almería, Universidad de Almería, 2015, pp. 703-719.

GONZÁLEZ MADRID, Damián A. y ORTIZ HERAS, Manuel (coords.), *El Estado del bienestar entre el franquismo y la Transición*, Madrid, Sílex, 2020.

GONZÁLEZ RODRÍGUEZ, Juan Jesús, "Las Organizaciones Profesionales Agrarias", *Papeles de economía española*, 16 (1983), pp. 286-301.

GONZÁLEZ RODRÍGUEZ, Juan Jesús, "Entrevista a Adolfo Sánchez Martín", *Agricultura y Sociedad*, 31 (1984), pp. 199-221.

GONZÁLEZ RODRÍGUEZ, Juan Jesús, *La patronal agraria. Estrategias de política agraria y de negociación colectiva*, Madrid, Fundación Juan March, 1986.

GONZÁLEZ VELASCO, Cristino, "La colonización cultural del campo", *Cuadernos para el Diálogo*, marzo 1975, pp. 71-73.

GONZÁLEZ VELASCO, Cristino, "El niño rural, olvidado de todos", *Documentación Social*, 37 (1979), pp. 171-183.

GONZALO MORELL, Constantino, *Democracia y barrio: el movimiento vecinal en Valladolid (1964-1986)*, Valladolid, Universidad de Valladolid, 2012.

GROVES, Tamar y GONZÁLEZ DELGADO, Mariano, "Los maestros y el mundo rural en la Transición española", en QUIROSA-CHEYROUZE, Rafael y MARTOS

CONTRERAS, Emilia (eds.), *La Transición desde otra perspectiva. Democratización y mundo rural*, Sílex, Madrid, 2019, pp. 271-295.

HERNÁNDEZ BURGOS, Claudio y ROMÁN RUIZ, Gloria, "«Maestros de democracia con sotana»: los párrocos rurales y la construcción de la sociedad civil durante el tardofranquismo en la España meridional", *Bulletin of Spanish Studies*, XCVI/4 (2019), pp. 637-660.

HERNÁNDEZ SÁNCHEZ, Alfredo, *Las claves de la Transición. Del franquismo a la democracia en Castilla y León*, Valladolid, Junta de Castilla y León, 2009.

HERRERA GONZÁLEZ DE MOLINA, Antonio, *La construcción de la democracia en el campo (1975-1988). El sindicalismo agrario socialista en la Transición española*, Madrid, MAPA, 2007.

HERRERA GONZÁLEZ DE MOLINA, Antonio, "La democratización de la Democracia. La Transición en los municipios andaluces (1977-1983)", *Alcores*, 14 (2012), pp. 117-138.

LANERO TÁBOAS, Daniel, *Historia dum ermo asociativo. Labregos, sindicatos verticais e políticas agrarias en Galicia baixo o franquismo*, Santa Comba (La Coruña), tresCtres, 2011.

LANERO TÁBOAS, Daniel, "Contra los tópicos: sobre la complejidad política y social del mundo rural entre franquismo y democracia", en LANERO TÁBOAS, Daniel (ed.), *El disputado voto de los labriegos. Cambio, conflicto y continuidad política en la España rural (1968-1986)*, Granada, Comares, 2018, pp. 1-13.

LANERO TÁBOAS, Daniel y MÍGUEZ MACHO, Antonio, "¿Lejos de la apatía?: Politización y movimientos sociales en la España rural del final del franquismo y la Transición (1968-1982): un estado de la cuestión", en LANERO TÁBOAS, Daniel (ed.), *Por surcos y calles. Movilización social e identidades en Galicia y País Vasco (1968-1980)*, Madrid, Catarata, 2013, pp. 7-31.

LANGREO, Alicia, "Del campesino al empresario agrario: los conflictos actuales del medio rural", en GARCÍA LEÓN, María Antonia (ed.), *El campo y la ciudad (Sociedad rural y cambio social)*, Madrid, MAPA, 1996, pp. 45-78.

LÓPEZ SÁNCHEZ-CANTALEJO, Jesús, "Panorama sindical en el campo", *Agricultura. Revista agropecuaria*, 547 (1977), pp. 858-871.

LYNCH, Edouard, *Insurrections paysannes. De la terre à la rue: usages de la violence au XXe siècle*, París, Vendémiaire, 2019.

MARTÍN GARCÍA, Óscar J., "Oportunidades, amenazas y percepciones colectivas en la protesta contra el franquismo final, 1973-1976", *Historia Social*, 67 (2010), pp. 51-67.

MARTÍNEZ PÉREZ, David, *Construyendo la democracia. Tardofranquismo, Transición política y la cuestión autonómica en la provincia de León (1962-1984)*, Tesis doctoral, León, Universidad de León, 2015.

MARTOS CONTRERAS, Emilia (eds.), *La Transición desde otra perspectiva. Democratización y mundo rural*, Sílex, Madrid, 2019.

METCALF, Lindsay H., *Farmers Unite!: Planting a Protest for Fair Prices*, Nueva York, Calkins Creek, 2020.

MIRANDA RUBIO, Francisco, "Los procuradores de representación familiar en la novena legislatura franquista (1967-1971)", *Príncipe de Viana*, 203 (1994), pp. 615-638.

MOLINA GARCÍA, Sergio, "*La construcción del enemigo. Francia, España y el problema agrario, 1968-1977*", *Pasado y Memoria*, 17 (2018), pp. 453-477.

MOLINA GARCÍA, Sergio, "La guerra de los camiones de 1980: conflictos franco-españoles durante las negociaciones de adhesión a la CEE", en MORENO SECO, Mónica (coord.), FERNÁNDEZ SIRVENT, Rafael y GUTIÉRREZ LLORET, Rosa A. (eds.), *Del siglo XIX al XXI. Tendencias y debates: Actas del XIV Congreso de la AHC*, Alicante, Biblioteca Virtual Miguel de Cervantes, 2019, pp. 1689-1702.

MOLINERO, Carme e YSÀS, Pere, *La Transición. Historia y relatos*, Madrid, Siglo XXI, 2018.

MOYANO ESTRADA, Eduardo, *Corporatismo y Agricultura. Asociaciones profesionales y articulación de intereses en la agricultura española*, Madrid, Instituto de Estudios Agrarios, Pesqueros y Alimentarios, 1984.

MOYANO ESTRADA, Eduardo, *Sindicalismo y política agraria en Europa. Las organizaciones profesionales agrarias en Francia, Italia y Portugal*, Madrid, MAPA, 1988.

MOYANO ESTRADA, Eduardo, "Acción colectiva y organizaciones profesionales agrarias en España", en GÓMEZ BENITO, Cristóbal y GONZÁLEZ, Juan Jesús (coords.), *Agricultura y Sociedad en la España contemporánea*, Madrid, CIS-MAPA, 1997, pp. 773-795.

MUÑOZ PEINADO, Jesús, "Los colegios familiares rurales", *Revista Interuniversitaria de Formación del Profesorado*, 17/3 (2003), pp. 75-89.

NAREDO, José M., *La evolución de la agricultura en España (1940-2000)*, Granada, Universidad de Granada, 2004.

NAVARRO PÉREZ, Luis Carlos, "Las elecciones de 1978 en las Cámaras Agrarias andaluzas y sus repercusiones políticas", en QUIROSA-CHEYROUZE, Rafael y FERNÁNDEZ AMADOR, Mónica (eds.), *Movimientos sociales e instituciones locales en la Transición. La lucha por la democracia en la Andalucía rural*, Madrid, Catarata, 2017, pp. 182-219.

NAYLOR, Eric L., "Unionism, Peasant Protest and the Reform of French Agriculture", *Journal of Rural Studies*, 10/3 (1994), pp. 263-273.

ORTIZ HERAS, Manuel, *Las hermandades de labradores en el franquismo, Albacete 1943-1977*, Albacete, Instituto de Estudios Albacetenses, 1992.

ORTIZ HERAS, Manuel, "Políticas sociales en la España rural desde el tardofranquismo a la Transición: la sanidad en tiempos de mudanza y protesta", en QUIROSA-CHEYROUZE, Rafael y MARTOS CONTRERAS, Emilia (eds.), *La Transición desde otra perspectiva. Democratización y mundo rural*, Sílex, Madrid, 2019, pp. 121-147.

ORTIZ HERAS, Manuel y SÁNCHEZ SÁNCHEZ, Isidro, "Aproximación a las Comisiones Campesinas en Castilla-La Mancha (1939-1988)", en LÓPEZ VILLAVERDE, Ángel Luis y ORTIZ HERAS, Manuel (coords.), *Entre surcos y arados. El asociacionismo agrario en la España del siglo XX*, Cuenca, Universidad de Castilla-La Mancha, 2001, pp. 212-235.

ORRASCO GARCÍA, Eusebio, *Historia de ASAJA Valladolid*, Valladolid, Eusebio Orrasco, 2021.

PALOMARES IBÁÑEZ, Jesús María, "El movimiento estudiantil universitario de Valladolid en el último decenio del franquismo", en AXEITOS AGRELO, Xosé L.; GRANDÍO SEOANE, Emilio; y VILLARES PAZ, Ramón (eds.), *A patria enteira. Homenaxe a Xosé Ramón Barreiro Fernández*, Santiago de Compostela, Consello da Cultura Galega, 2008, pp. 259-276.

PELAZ LÓPEZ, José Vidal y GONZÁLEZ MARTÍN, Rodrigo, "Los partidos políticos y su implantación territorial en Castilla y León (1977-1983)", en REDONDO CARDE-ÑOSO, Jesús Ángel (ed.), *La Transición en Castilla y León: democracia, autonomía y Comunidad Económica Europea*, Valladolid, Universidad de Valladolid, 2021, pp. 15-42.

PEÑA SÁNCHEZ, Martiniano, *Crisis rural y transformaciones recientes en Tierra de Campos. Estudio geográfico del sector noroeste*, Valladolid, Universidad de Valladolid, 1975.

PÉREZ DÍAZ, Víctor, *Emigración y sociedad en la Tierra de Campos. Estudio de un proceso migratorio y un proceso de cambio social*, Madrid, Estudios del Instituto de Desarrollo Económico, 1969.

PÉREZ DÍAZ, Víctor, *La primacía de la sociedad civil. El proceso de formación de la España democrática*, Madrid, Alianza, 1993.

PÉREZ DÍAZ, Víctor, *España puesta a prueba, 1976-1996*, Madrid, Alianza, 1996.

PINILLA GARCÍA, Alfonso, *La Transición en España. España en transición*, Madrid, Alianza, 2021.

PRESIDENCIA DEL GOBIERNO, *Los Pactos de la Moncloa: texto completo del acuerdo económico y del acuerdo político. Madrid, 8-27 octubre 1977*, Madrid, Presidencia del Gobierno, 1977.

PUIG VALLVERDÚ, Guillem, "La democratización en el campo. La formación y primeras acciones de la Unió de Pagesos en la construcción de la democracia en la Cataluña rural", en REIG TAPIA, Alberto y SÁNCHEZ CERVELLÓ, Josep (coords.), *Transiciones en el mundo contemporáneo*, Tarragona/México, Universidad Rovira i Virgili/Universidad Nacional Autónoma de México, 2016, pp. 679-696.

RADCLIFF, Pamela, "El ciclo de movilización ciudadana en la Transición española", *Alcores*, 14 (2012), pp. 23-48.

REDERO SAN ROMÁN, Manuel, "Los sindicatos en la democracia: de la movilización a la gestión", *Historia y Política*, 20 (2008), pp. 129-158.

REDONDO CARDEÑOSO, Jesús Ángel, "Lluvia de siglas en el campo: el sindicalismo agrario en la provincia de Valladolid durante la Transición (1975-1980)", *Historia y Política*, 44 (2020), pp. 337-368.

REDONDO CARDEÑOSO, Jesús Ángel, "La 'guerra de los tractores' de 1977 en Castilla y León", en REDONDO CARDEÑOSO, Jesús Ángel (ed.), *La Transición en Castilla y León: democracia, autonomía y Comunidad Económica Europea*, Valladolid, Universidad de Valladolid, 2021, pp. 133-150.

REDONDO CARDEÑOSO, Jesús Ángel, "Unions and agricultural protests in inland Spain during the Transition: the example of Burgos province (1975-80)", *Rural History*, 33/1 (2022), pp. 119-135.

REDONDO CARDEÑOSO, Jesús Ángel, "Conflictividad agraria en la Transición: las «jornadas de lucha en el campo» y la oleada de protestas agrarias del bienio de 1979-1980", *Hispania Nova*, 22 (2024), pp. 173-193.

ROMÁN RUIZ, Gloria, "«Escuelas de democracia»: el tajo y la parroquia como espacios cotidianos de conflictividad durante el franquismo final en el campo andaluz", *Historia Agraria*, 79 (2019), pp. 187-216.

SABIO ALCUTÉN, Alberto, *Labrar democracia y sembrar sindicalismo. La Unión de Agricultores y Ganaderos de Aragón, 1975-2000*, Zaragoza, UAGA-COAG, 2001.

SABIO ALCUTÉN, Alberto, "Cultivadores de democracia. Politización campesina y sindicalismo agrario progresista en España, 1970-1980", *Historia Agraria*, 38 (2006), pp. 75-102.

SANTIDRIÁN ARIAS, Víctor M., "Resistencia fiscal y 'guerras agrarias'. La movilización del campesinado gallego ante la lógica industrializadora", en LANERO TÁBOAS, Daniel (ed.), *Por surcos y calles. Movilización social e identidades en Galicia y País Vasco (1968-1980)*, Madrid, Catarata, 2013, pp. 108-138.

SANZ-PASTOR MELLADO, Fernando, "Las huelgas y los agricultores. El poder verde", *Agricultura. Revista agropecuaria*, 480 (1972), pp. 221-222.

SARTORIUS, Nicolás y SABIO, Alberto, *El final de la dictadura. La conquista de la democracia en España (noviembre de 1975-diciembre de 1978)*, Barcelona, Espasa, 2018.

SCREPANTI, Ernesto, "Los ciclos largos en la actividad huelguística: una investigación empírica", *Historia Social*, 5 (1989), pp. 50-75.

SERRANO BLANCO, Laura, *Aportaciones de la Iglesia a la democracia desde la diócesis de Valladolid, 1959-1979*, Salamanca, Universidad Pontificia de Salamanca, 2006.

SERRANO GARCÍA, Rafael, "Conflictividad obrera en la sociedad vallisoletana (1856-1980)", en VV.AA., *Valladolid: historia de una ciudad. Tomo III. Época Contemporánea*, Valladolid, Ayuntamiento de Valladolid, 1999, pp. 889-908.

SOTO CARMONA, Álvaro, *¿Atado y bien atado? Institucionalización y crisis del franquismo*, Madrid, Biblioteca Nueva, 2005.

SOTO CARMONA, Álvaro, *Transición y cambio en España, 1975-1996*, Madrid, Alianza, 2005.

TARROW, Sydney, *El poder en movimiento. Los movimientos sociales, la acción colectiva y la política*, Madrid, Alianza, 1997.

TILLY, Charles y WOOD, Lesley J., *Los movimientos sociales, 1768-2008: desde sus orígenes a Facebook*, Barcelona, Crítica, 2010.

TOMASONI, Matteo, *El caudillo olvidado. Vida, obra y pensamiento de Onésimo Redondo (1905-1936)*, Granada, Comares, 2017.

WERT, José Ignacio, "La campaña electoral de octubre de 1982: el camino del cambio", *Revista Española de Investigaciones Sociológicas*, 28 (1984), pp. 63-84.

Texto 1. Entrevista a agricultores vallisoletanos en *El Norte de Castilla* (1974)

DIÁLOGO ABIERTO CON OCHO AGRICULTORES

[…]

–Nosotros tenemos un Sindicato como lo tienen los demás sectores pero, además, tenemos uno en cada pueblo, que son las Hermandades de Labradores y Ganaderos. Bueno, pues todos juntos no valen para nada.

–Claro. Por la sencilla razón de que ninguno funciona.

–Y luego, que nosotros no elegimos a nadie. Todos nuestros representantes son nombrados a dedo.

–Sí, nosotros podemos elegir a los jefes de las Hermandades de los pueblos.

–¡Y qué adelantas con ser jefe de Hermandad en el pueblo, si no pintas nada!

–Menos pintas no siendo.

–Igual.

–A ver. ¿Y qué pasa cuando se va a elegir jefe de la Hermandad en los pueblos? Pues que ninguno quiere ser. "Yo no, mejor que sea éste". Y así.

–Para lo que puedes hacer qué más da. Para que pongas ahí la firma en papeles que no valen para nada, igual da uno que otro. Así que por desengaño no quiere ser nadie. A ver. […]

–Ahora teníamos que unirnos desde abajo, en las Hermandades y el día que hubiera asamblea provincial mostrarnos todos unidos.

–Pero si hace que no hay una asamblea qué sé yo el tiempo.

–Bueno, pues se convoca la asamblea. Que los jefes de Hermandad exijan reuniones al presidente de la Cámara, y si no que le quiten, y nada más.

–Sí, señor. Y que vaya por los pueblos a ver lo que queremos.

–Nada. Aquí lo que había que hacer era unirse todos los pueblos y venir a Valladolid y decir: "Queremos esto".

–Teníamos que tener un responsable en Madrid que nos defendiera de verdad. Y que todos le apoyáramos.

–Pero si es que el que tiene posibilidad de llegar a Madrid es el que se elige a dedo.

–Claro. Y los que se eligen a dedo suelen ser personas que tienen una finca y diez bancos, o diez industrias y va a hacer su propia política.

–Y cobra un sueldo del Estado con el que se puede vivir, sin necesidad de ocuparse de la agricultura. El que cobra un sueldo del Estado, pues se debe al Gobierno y nada más.

–Aquél que tiene miedo a que le quiten el puesto, nunca podrá defender los intereses del agricultor.

–Claro, y como arriba no tienen la información necesaria sobre lo que pasa de verdad en el campo, así nos van a nosotros las cosas.

–Los de arriba tienen sus representantes arriba, esos señores con corbata, son los que consiguen cosas. ¡Nosotros qué vamos a conseguir!

–Nosotros teníamos que tener nuestros representantes arriba y elegidos por nosotros mismos. Teníamos que exigirlo.

–Sí. Y te ponen tres de los de a dedo y de ahí que elijas porque es lo que hacen aquí en las votaciones.

–Hombre, mira… En una votación siendo yo concejal, cuando estábamos todos preparados para votar, llegó el alcalde y dijo: "Oye que hay que elegir a este señor". Pero, bueno, entonces ¿qué pintamos nosotros? Yo me marché.

–Pues no, señor. Había que hacerlo bien. Nuestro representante tenía que enterarse de verdad de lo que pasa y de lo que quieren los labradores y luego darnos cuenta de lo que hacen. Y si lo hace bien, pues bien, y si no pues que se vaya fuera.

–Había que exigir responsabilidades.

(Fuente: *El Norte de Castilla*, 1-12-1974)

Texto 2. Manifiesto agrario del Comité Provincial de Valladolid del PCE (1974)

CRISIS EN EL CAMPO CASTELLANO

La España agrícola y ganadera, y Castilla en particular, están siendo asesinados por la política agraria del régimen. La hacienda campesina, descapitalizada y ruinosa, se debate en el mayor de los desamparos, abocada, si no se cambia el signo, a una muerte cierta y en un plazo no muy largo.

La inexistente rentabilidad de la empresa agraria tiene por causa principal –entre otras no menos importantes– las de los bajos precios para el producto agrícola-ganadero; en tanto que se obliga a pagar precios muy elevados (y en ascenso continuo) por los productos industriales necesarios para la producción agraria.

Tomando el cereal como ejemplo: el Gobierno establece precios de garantía a sabiendas de que en el mercado libre alcanzarán unos precios muy superiores (en el mes de noviembre se ha llegado a pagar hasta 10'50 pts./Kg. de cebada-pienso). Y lo hace así, sabedor de que el campesino, y no sólo el pobre o medio –falto de capital propio– trabaja con créditos de bancos o de usureros a corto plazo y alto interés, a cuyos vencimientos ha de hacer frente sin demora lo cual le obliga en la mayoría de los casos, a vender en la misma era y por lo tanto, los que retienen el producto son los que se benefician de la diferencia entre precio de garantía y precio de venta en el mercado libre, caciques, almacenes de grano, intermediarios, especuladores, etc.

Tras el fuerte descalabro sufrido por la economía campesina a causa de la disparatada elevación del precio del gas-oil y los abonos, se inició por medio de los representantes sindicales, una tímida acción de protesta "dentro del orden" y por esta misma causa, no dio ningún resultado satisfactorio, ya que el Gobierno, seguro de que semejante acción no tendría mayores consecuencias, se limitó a prometer para mañana lo que no estaba dispuesto a conceder hoy. ¿Qué ha sido de la subvención prometida para el gas-oil y de la que nunca más se supo? Todo lo más que se pudo lograr fueron el establecimiento por disposición estatal de una subvención de 37 céntimos para el trigo y de 20 céntimos para la cebada. Por lo que de hecho se congelaban los precios cerealistas, resultando de 8,08 pts/Kg. para el trigo y de 6,35 pts/Kg. para la cebada.

Para terminar de arreglar la situación, el Gobierno, sin esperar el resultado de la campaña cerealista, decidió liberar la importación de cebada a petición de los especuladores para presionar así sobre los precios y que el cereal, por la falta de mercado no pudiese superar los precios establecidos como garantía y tope en las ventas al SENPA.

Las cantidades conocidas hasta la fecha de cebada importada son de 65.000 Tm., al precio de 10-11 pts/Kg., sin contar en él los gastos por fletes, seguros y distribución interior, pagando todo ello con divisas fuertes. Por tanto, cabe preguntarse ¿a quién se beneficia con semejante política? y responderse que es evidente que los beneficiados no son los labradores ni los ganaderos, sino los de siempre, los especuladores.

La misma Comisión Sindical antedicha ha continuado su estudio teniendo en cuenta las elevaciones de los costes producidos en los últimos meses como consecuencia de la inflación que sufrimos, por lo que propuso al FORPPA para la campaña 1975/76 que los precios de garantía fueran de 11,70 para el trigo y 8,70 pts/Kg. para la cebada, a lo que el FORPPA respondió negativamente, zanjando el Gobierno por decreto (Consejo de Ministros 27 de Septiembre de 1974) y en el que se han fijado los precios de garantía en 9,20 pts/Kg. para el trigo blando, 9,71 para el tipo "1", 9,33 para el trigo "2" y 8,82 para el tipo "3"; 6,90 pts/Kg. para la cebada de seis carreras, 7,50 pts/Kg. para la cebada de dos carreras.

Y todo esto cuando, sólo en los abonos, las elevaciones de precios no han bajado el 78% respecto a 1973 y cuando para ciertas calidades, al no encontrarse en el mercado, los agricultores han de recurrir al mercado negro (estraperlo) con unos precios exorbitantes. Como ejemplo se puede citar el que, en un cierto momento se han estado pagando en este mercado negro por un Kg. de sulfato amónico 6,80 pts.

Esto significa, que si nuestras producciones bajan a causa del nivel insuficiente de los precios establecidos y de la elevación constante de los costes, habrá que importar cereales pagándoles muy caros y en caso de no encontrarlos a ningún precio, racionándolos. Lo resultante será que, mientras se arruinan nuestros labradores y ganaderos, se subvenciona generosamente a los agricultores extranjeros.

Otro tanto sucede con otro producto de interés nacional como es el de la remolacha azucarera, y en la que pese a las razonadas argumentaciones campesinas sobre precios de coste de la producción, muy superiores a los fijados por el Gobierno como garantía, sus peticiones no son atendidas en consecuencia con la realidad. Así, imposibilitados los labradores de armonizar precios de producción y renta, han tenido que desistir en medida considerable de sembrar dicha raíz.

La justeza de las demandas campesinas está harto demostrada y el precio que se exige para la remolacha de 3.500 pts/Tm., no es en absoluto descabellada, ya que dichos precios están en mayor consecuencia con los costes actuales de producción, quedando aún muy por debajo de los precios que rigen en el mercado internacional. El autoabastecimiento de azúcar del país no se logrará con medidas como las contenidas en la disposición del Consejo de Ministros (22-11-74) y en la que éste dispuso el que los contratos a realizar para la siembra de la remolacha en la temporada 1975 se pague a 3.000 pts. la tonelada de dicha raíz, si bien en dicho precio van incluidas las compensaciones por portes y que en consecuencia significa una considerable reducción del precio real.

De haber atendido a las demandas de los cultivadores hubiera sido innecesario el tener que importar este año más de 500.000 Tm. de azúcar a precios no inferiores a las 42 pts/Kg. (aparte fletes y demás) y se prevé que para el año 1975 las necesidades de importaciones no bajarán de 500.000 Tm.

Pero dado que la producción mundial de azúcar es inferior al consumo, los precios se han disparado al alza, y así, el azúcar contratado ya con Cuba ha sido de un dólar el Kg. (unas 57 pts.). ¿Cuántos millones de divisas tendrán que salir de las arcas del Estado para pagar dichas importaciones? Con esta política se dañan los intereses de campesinos y consumidores, por el contrario sirve para que los especuladores obtengan suculentos beneficios.

Los campesinos remolacheros lo que exigen, por ser justo y de interés nacional, son precios rentables y que el Gobierno les proporcione en las mejores condiciones ayudas para conseguir semillas monogérmenes, escarda química, mecanización de labores, así como la desaparición del canon, cargas fiscales, etc.; sólo así terminaría la penuria actual del abastecimiento de azúcar y dada la fuerte demanda exterior, exportar nuestros excedentes, si los hubiere.

En algo podemos dar la razón al ministro de Agricultura, y es cuando éste afirma en los congresos que "nuestro país tiene amplias posibilidades para aumentar la producción de cereales básicos, proteínas vegetales, carnes...". Pero esto depende de que la producción agropecuaria cuente con la seguridad de precios rentables, decimos nosotros.

Pero, no hay que hacerse ilusiones; esto no se logrará con ruegos o lamentos, sólo la acción en la unidad, la protesta organizada, hará entrar en razón a los que no quieren oír; hay que irse a Valladolid con los tractores y la familia, todos unidos a exigir mejores precios para nuestros productos.

Hay que utilizar a fondo las posibilidades legales en cooperativas, hermandades o COSA; organizar asambleas donde se discutan y elaboren las reivindicaciones, donde se elijan a los mejores para representar al resto y en la medida de lo posible concertar las voluntades a nivel nacional.

A la par que se utilizan estas vías legales y ante la obstrucción e ineficacia del Sindicato Vertical y para mejor hacer frente a la política anticampesina de verticalistas y Gobierno, la experiencia aconseja que el campesino debe dar vida a un movimiento propio que en forma de juntas, comisiones u otras pueda ser el instrumento de expresión del sentir de los hombres del campo.

La razón sola no es bastante cuando no hay justicia; a la razón hay que unir la fuerza que da la determinación de defenderse.

Comité Provincial de Valladolid del Partido Comunista de España (PCE)

(Fuente: AHPV, *Gobierno Civil*, Caja 1029, Exp. 41, 17-12-1974)

Texto 3. Resolución de las asambleas comarcales de las Hermandades de Labradores y Ganaderos de Valladolid (1976)

ATENCIÓN ESPECIAL PARA EL CAMPO Y EQUIPARACIÓN CON LOS
DEMÁS SECTORES

VALLADOLID (DIARIO REGIONAL).- [...]

Por otra parte el SIS nos remite las conclusiones de carácter social y económica aprobadas en las asambleas comarcales de las Hermandades de Labradores y Ganaderos celebradas del 25 de marzo al 2 de abril de este año [1976] en Valladolid capital y provincia.

CONCLUSIONES DE CARÁCTER SOCIAL

1. Jubilación a los 60 años, con pensiones suficientes para cubrir las necesidades familiares.

2. Viviendas sociales, puesto que las que en la actualidad ocupan la mayor parte de los trabajadores ni son propias ni reúnen las mínimas condiciones de habitabilidad e higiene, siendo necesario la construcción urgente de viviendas en el campo tan olvidado por la Administración. Aparte de la construcción indicada es necesaria, con tanta o mayor urgencia que la anterior, la reforma y mejora de algunas de las existentes, concediéndose para ello ayudas especiales.

3. El paro estacional se viene mitigando a través del empleo en obras comunitarias pero no resulta suficiente, debido a que las prestaciones económicas no son lo bastante amplias para mitigarle y por tanto es necesario que los fondos se aumenten para que las comisiones locales dispongan de numerario para atenderlo en cualquier momento en que se produzca, cosa que en la actualidad no sucede, debido a que la mayor parte de las prestaciones se han agotado.

4. Problema de Ambulatorios. Necesidad urgente de personal sanitario en los ya existentes de Medina del Campo y Medina de Rioseco, de uno nuevo en Peñafiel, y puesta en marcha de equipos médicos, móviles para cubrir periódicamente los distintos pueblos de la provincia y atender las necesidades más elementales.

5. Equiparación del régimen especial agrario con los de la rama general.

6. Elevación lo antes posible, de las prestaciones de ayuda familiar y aumento anual de las mismas con arreglo al coste del índice de vida, según el INE o tanto por ciento de subida del salario mínimo interprofesional.

7. Formación agraria para los trabajadores campesinos en cursos exclusivamente relacionados con las labores del sector.

8. Equiparación total de las condiciones laborales del trabajador agrícola con los trabajadores de otros sectores.

9. Aumento de salarios a nivel suficiente para cubrir las necesidades más elementales de la vida.

10. Plan de Desarrollo Agrario, equitativo en lo económico y social.

CONCLUSIONES DE CARÁCTER ECONÓMICO

1. Manifestar una total disconformidad y la consiguiente repulsa ante los precios fijados por el Gobierno para los productos agrarios, ya que significan una falta de equidad en el tratamiento que se da a los agricultores en relación a los restantes sectores del país, siendo así desoídas una vez más las razonadas peticiones del sector agrario y no haber tenido en cuenta los costos de producción.

2. Riguroso control de la política de importación y la creación de una comisión con representación de los agricultores que conozca e informe previamente todas las importaciones agrarias, ya que se considera que una de las causas del mal que padecen los precios agrarios es la importación abusiva y desordenada.

3. Que los precios de garantía de los productos agrarios sean fijados con la antelación suficiente a la siembra.

4. Que se incluya dentro de los productos regulados las legumbres de consumo.

5. Dirigirse al SENPA para que en las zonas donde tengan dificultades de recaptación de cereales se agilice y se favorezca su entrega a los agricultores.

6. Igualmente interesar que el citado Organismo reciba el trigo y la cebada en sus almacenes con el precio final de campaña, facilitando con ello los recursos a las explotaciones más débiles al ver compensadas en parte, las muchas dificultades de tipo económico del sector.

7. Que se facilite a los agricultores patatas y maíz para siembra a unos precios acordes con el valor de los productos de mercado.

8. Que se adopten las medidas oportunas para que el agricultor perciba el importe de la remolacha entregada en fábrica en un plazo no superior a quince días.

9. Que se implanten unas tarifas eléctricas especiales para el campo, dadas sus características.

10. Que a tenor de las atribuciones que tiene conferidas por la Ley el Consejo de Ministros, se eleve a 200.000 pesetas de líquido imponible el límite actualmente establecido de 100.000 para estar afectadas las explotaciones agrarias por la cuota proporcional, debiendo preverse para un futuro la modificación de la Ley, con el fin de que el tope se fije en una cantidad superior a la actual teniendo en cuenta, entre otros factores, el correspondiente a la elevación quincenal del citado líquido imponible reglamentariamente establecido, consecuente con los módulos aprobados durante los cinco años para la cuota proporcional.

11. Inquietud entre los agricultores de la capital y pueblos importantes de la provincia al crearse las zonas de ordenación y reserva urbana, en las que quedan

incluidas explotaciones agrarias, transformándose la contribución rústica en urbana, aún cuando dichas explotaciones agrarias continúen como tales y no existan en muchos casos ni siquiera iniciados proyectos de urbanización.

12. Que el actual tope de 25.000 pesetas de líquido imponible sea elevado a 50.000 como mínimo para tener derecho a pertenecer a la Mutualidad Nacional Agraria.

13. Que antes de dictarse el nuevo reglamento de hierbas, pastos y rastrojeras, que actualmente, parece ser, está en estudio, se interese que las Cámaras Oficiales Sindicales Agrarias más afectadas, remitan, a través de la Hermandad Nacional, el oportuno informe o bien que se les de participación en las deliberaciones previas a su aprobación.

14. Que los seguros contra pedrisco e incendio de cosechas sean totalmente gratuitos y absorbidos por el SENPA.

15. Que se dé una mayor rapidez en los trabajos de concentración parcelaria con el fin de acortar el largo tiempo que viene transcurriendo desde que se inicia hasta que termina y que impide al agricultor realizar con normalidad las labores de los diversos cultivos.

(Fuente: *Diario Regional*, 4-4-1976)

Texto 4. Manifiesto agrario del PTE (1976)

A LOS LABRADORES Y GANADEROS DE LA PROVINCIA DE VALLADOLID

Millones de agricultores de toda España estamos ante nuestro CONVENIO COLECTIVO que no acabará hasta que consigamos los precios mínimos y garantizados con los que cubrir costos para todas las producciones.

¿Para quién trabajamos? Porque, aunque se nos llama "autónomos" y lo somos sólo en parte para producir, de hecho, nuestro patrón es el Estado y los grandes monopolios, que dependen de él o del gran capital privado: SENPA, MERCOS y MERCAS, además de una o dos firmas para cada producto. El Gobierno cuenta con el FORPPA como instrumento para imponernos los precios de las producciones agropecuarias y luego los monopolios que forman ese organismo, nos pagan menos de lo que nos cuesta producir. Nos arruinan, y nos obligan a abandonar nuestras tierras. Los monopolios controlan las exportaciones e importaciones en su beneficio. Hunden los precios y las producciones de sectores enteros sin importarles el desarrollo de la agricultura nacional. Adulteran los productos, a los consumidores les cobran el triple de lo que nos pagan a nosotros. Y para colmo nos roban a mano armada en los precios de los abonos, maquinaria, piensos, etc.

Durante las últimas semanas nos han dicho que se estaba discutiendo en el FORPPA los precios agrícolas; pero ¿qué han hecho con los precios? Los monopolios de la industria transformadora, del comercio interior y exterior y del abastecimiento (caso de la Comisaría de Abastecimientos y Transportes) se han puesto de acuerdo con el Gobierno para repartirse el control económico de cada sector, que les produce miles de millones de pesetas de beneficio a costa de nosotros, productores, y de los consumidores.

El Gobierno nos ha impuesto por decreto unos precios tan miserables que, si los aceptamos, aumentamos nuestra ruina, porque perdemos dinero produciendo. Esto es un atropello contra millones de campesinos a los que ni tan siquiera se nos ha tenido en cuenta para negociar.

Mientras los ministros financieros decretaban la ruina para nuestro sector, los politicastros como Mombiedro de la Torre y algunos presidentes de Cámaras Agrarias han hecho su campaña para entretenernos y engañarnos.

Ellos han dicho: "No os mováis que lo de los precios lo arreglamos nosotros solos". Entre tanto han roto la "Huelga del maíz" en Aragón y han impedido la "Marcha Blanca" de los lecheros de Asturias. Han dicho también: "No permitiremos que ningún partido nos diga a los labradores lo que tenemos que hacer, en el campo no se hace política". Así hablan los que quieren que en España no haya más partido que el suyo, el del Movimiento (–o sus hijas las Asociaciones–) que es el único que ha habido durante cuarenta años y el único que ha hecho la política criminal que todos conocemos: arruinarnos y no dejarnos ni respirar.

Los labradores y ganaderos de nuestra provincia no podemos confiar en unos señores que durante muchos años no han movido ni un dedo para defender nuestros intereses, sino que sólo intentan trepar en política, enriquecerse, llevarse todos los préstamos y subvenciones, caciquear quitando y poniendo alcaldes y jefes de Hermandad, mientras nosotros no tenemos ni nuestro sindicato, ni un sólo derecho político reconocido.

Hemos comprobado que ni el Gobierno, ni los grandes caciques nos solucionan nada. Nosotros los agricultores, lo que tenemos que hacer es: librar la batalla de este CONVENIO COLECTIVO POR PRECIOS MÍNIMOS GARANTIZADOS Y RENTABLES, para todas nuestras producciones, y eso se consigue uniéndose como un solo hombre, armándose del valor que nos sobra y sacando los tractores a la carretera, como han hecho los compañeros de Aragón, que volverán otra vez con todos los agricultores de España, hasta conquistar precios justos.

El Gobierno ha decretado los precios de ruina para esta campaña, nos ha conducido a un túnel que no tiene más que dos salidas: o seguimos como hasta hoy, perdiendo dinero para trabajar en el campo o hacemos lo que está bien claro: SACAR

LOS TRACTORES A LA CARRETERA y en esas condiciones de fuerza, negociar y conquistar los precios de producción mínimos, garantizados y rentables que necesitamos.

¿Cuál es el camino del éxito? Los compañeros maños nos lo han enseñado. Los agricultores de esta provincia junto con los castellanos y con los del resto de España debemos hacer lo mismo. Nada ni nadie podrá detenernos. Somos legión, somos millones dispuestos a lo mismo.

¿Por dónde empezamos nosotros? Veamos unos ejemplos:

PRIMERO: Se debe celebrar asambleas generales de Hermandades de Labradores y Ganaderos en todos los pueblos de la provincia, en las que se discuta la situación por la que atraviesa nuestro CONVENIO COLECTIVO sobre precios y necesidad de que intervengamos TODOS en las negociaciones.

SEGUNDO: Todas las Hermandades obligarán a la Cámara Oficial Sindical Agraria (COSA) a convocar asambleas provinciales de todos los delegados de los pueblos y representantes de Cooperativas y Grupos Sindicales con el fin de acordar planes a escala provincial.

TERCERO: En las Hermandades y si se puede en la COSA se tomarán medidas concretas para crear condiciones de ventaja para la negociación y eso es simplemente ORGANIZAR LA HUELGA EN EL CAMPO. Planear concentraciones, marchas, ocupaciones de mercados y carreteras con los tractores, etc., etc...

CUARTO: Si se da el caso de que alguna Hermandad o la Cámara no sirven para organizar o llevar adelante estos planes, organicemos la Huelga por nuestra cuenta.

QUINTO: En plena huelga, y en las asambleas que se celebren elijamos libremente delegados para la negociación.

SEXTO: Extendamos la huelga a toda la provincia, coordinemos unas comarcas con otras y la provincia con toda Castilla.

SÉPTIMO: La huelga no acabará hasta que consigamos los precios de garantía de la tabla que presentamos a continuación

TABLA DE PRECIOS MÍNIMOS QUE DEBEMOS CONSEGUIR:

PRODUCTOS

Producto	Precio
Trigo	12,98 Ptas./kg
Cebada	9,08
Avena	9,08
Centeno	10,38
Maíz	10,40
Leguminosas pienso	14,83
Arroz cáscara	14,10

Girasol semilla............................	23,22
Remolacha.................................	3.300,00 Ptas./Tm.
Caña de azúcar..........................	2.310,00
Algodón....................................	41,99 Ptas./Tm.
Vino...	55,10 Ptas./Hgdo.
Carne de vacuno.........................	158,00 Kg/cn
Carne de ovino...........................	179,00
Carne de porcino........................	84,00
Pollos.......................................	53
Huevos……………...................	38,00 Docena
Leche de vaca............................	14,00 Litro

Se regularán los precios de garantía de TODOS LOS PRODUCTOS AGRO-PECUARIOS y debemos incluir en la tabla anterior los más importantes como son los correspondientes a:

LEGUMINOSA PARA GRANO, TUBÉRCULOS PARA CONSUMO HUMANO: patata.

CULTIVO INDUSTRIAL: tabaco, HORTALIZAS Y VERDURAS: variedades importantes.

FRUTAS: variedades importantes, ACEITE, FORRAJES.

LECHE DE OVEJA, LANAS, CARNE DE OVINO, GANADOS PARA VIDA O TRABAJO, etc.

OBSERVACIÓN IMPORTANTE

Los precios arriba señalados, son los mismos que ha propuesto en el FORPPA la Hermandad Nacional de Labradores y Ganaderos, cuyo aumento con respecto a la campaña pasada suman un 28,55. Hasta hoy son los mejores que se han solicitado y a nosotros nos toca decidir en nuestras asambleas si deben ser superiores o no, como ha ocurrido con el precio de la remolacha en Burgos, el vino en la Mancha, la leche en Asturias, Santander y Navarra, el aceite en Lérida y el maíz en Aragón. Con respecto a los precios del segundo bloque de productos que están sin decidir, debemos ser nosotros en asambleas, quienes acordemos el precio para cada producto. De esta forma y ya en esta campaña todos los productos agropecuarios tendrán su precio MÍNIMO, GARANTIZADO Y RENTABLE, como condición para poder producir.

¡TODOS A LA LUCHA POR NUESTRO CONVENIO!

¡MENOS RUINA Y MEJORES PRECIOS!

¡LOS TRACTORES A LA CARRETERA POR LA CONQUISTA DE PRECIOS MÍNIMOS GARANTIZADOS Y RENTABLES!

¡SÓLO EL PARTIDO DEL TRABAJO DE ESPAÑA NOS SEÑALA EL CAMINO!

<u>COMITÉ PROVINCIAL DE VALLADOLID DEL PARTIDO DEL TRABAJO DE ESPAÑA</u>

(Fuente: AHPV, *Gobierno Civil*, Caja 1706, Carp. 1, 23-6-1976)

Texto 5. Reivindicaciones agrarias durante la "guerra de los tractores" en Valladolid (1977)

REIVINDICACIONES AGRARIAS

LOS HOMBRES DEL CAMPO Y SUS TRACTORES A LA CARRETERA

La nueva "Asociación de Agricultores y Ganaderos", en período de constitución, reunidos los días 25 y 26 de febrero [de 1977], acordaron constituir una ASOCIACIÓN PROFESIONAL, LIBRE, APOLÍTICA, INDEPENDIENTE y DEMOCRÁTICA.

Se hizo un estudio de la marginación del sector (agricultores, ganaderos y forestales) acrecentada en estos últimos años, al verse degradados sus ingresos ante las subidas ininterrumpidas de todos los elementos que intervienen en sus explotaciones sin encontrar una compensación justa.

La congelación o ridículas subidas de los precios de sus productos, sobre todo los de los cereales, básicos en nuestra provincia; los gravísimos daños ocasionados a los cultivadores de patata, a pesar del gran esfuerzo realizado por todos los organismos, se ha perdido un tiempo y suma cuantiosa de numerario a los interesados y pérdida para la nación de divisas fáciles de haber conseguido. La amenaza de contingentación de superficies de siembra de remolacha y la última relación de precios agrícolas para la campaña 1977-78, han colmado la paciencia campesina, obligándoles a actuar de forma anormal en el sector, pero saturada la calma se irá donde proceda para conseguir lo que por justicia debe sernos dado en igualdad de trato con los demás sectores.

La Asamblea de la nueva ASOCIACIÓN DE AGRICULTORES Y GANADE-ROS acordó libre y democráticamente hacer una demostración de NUESTRA UNIDAD Y FUERZA REIVINDICATIVA.

Por unanimidad de la totalidad de los asistentes, representantes de los pueblos y comercio de la provincia, se tomaron los siguientes

ACUERDOS:

1º. Mantener la más completa unión entre todos los hombres del campo, para la defensa de nuestros comunes intereses.

2º. Colaboración con todos los agricultores y ganaderos de la Cuenca del Duero, así como con los de Navarra, Logroño y con cuantos de otras provincias deseen adherirse con los mismos fines, de defensa de intereses agrícolas, forestales y ganaderos.

3º. Hacer acto de presencia con los tractores en la carretera, de forma ordenada y pacífica.

4º. Con la cooperación de nuestras autoridades dirigirnos a los Ministerios de Agricultura, Comercio y Trabajo, en demanda de nuestras reivindicaciones.

5º. Mantenernos en la carretera hasta completar las gestiones y conseguir nuestras peticiones.

6º. Las decisiones a tomar en cada momento serán confrontadas con todos los actuales núcleos de actuación.

7º. Las peticiones que se formulan en la OPERACIÓN REIVINDICACIONES AGRARIAS VALLADOLID son las siguientes:

Rentabilidad y Seguridad Social

Precios:

Cereales. Mínimos de 14'50 ptas/kilo de trigo y 11'– ptas/kilo de cebada. Con necesarios correctores compensatorios para la Cuenca del Duero y provincias similares.

La totalidad de los precios controlados deberán tener la corrección debida en el momento de su comercialización.

Patata. Solución urgente: comercialización y exportación.

Remolacha. Mantener la no contingentación de siembras.

Seguridad Social. La misma que para la rama general. Para las pequeñas empresas acogidas al Régimen Especial Agrario elevación inmediata del tope de protección a 50.000 pesetas líquido imponible.

Nuevos regadíos. Libertad de siembra de cultivos y superficies. Concesión urgente de los préstamos solicitados al amparo del Decreto de 15-10-76.

Ganadería. Precios en función de costes.

Concentración parcelaria. Urgente realización de las pendientes en la provincia.

Tarifas eléctricas. Especiales para el campo y por el periodo de utilización.

Pinos resinables. Solidaridad con la petición de 6'– pesetas kilo de miera como subvención.

Importaciones. Control por los agricultores de todas las importaciones de productos agrarios, con el fin de evitar las innecesarias y lesivas.

Y en general los problemas que afectan a todas y cada una de las ramas de la producción agrícola, ganadera y forestal, serán nuestros comunes objetivos que se exigirán en orden a su urgencia.

Que la opinión pública no nos culpe de lo que nos obliga a hacer el Gobierno, ÉL ES EL CULPABLE.

La totalidad de estos acuerdos y peticiones los transmitimos en virtud de la delegación que nos otorgan nuestros representados.

LA COMISIÓN COORDINADORA.

Valladolid, 28-2-77

(Fuente: AHPV, *Gobierno Civil*, Caja 1048, Carp. 19, 28-2-1977)

Texto 6. Informe reservado del Gobierno Civil de Valladolid sobre las candidaturas presentadas a las elecciones a Cámaras Agrarias de 1978

GOBIERNO CIVIL DE VALLADOLID

[sello] RESERVADO

INFORME CÁMARAS AGRARIAS

- Nº de Cámaras Agrarias Locales ....….... 235
- Nº de vocales elegidos ....… 1.904
- Reparto de las vocalías entre las distintas Organizaciones Agrarias:

  APAG...................... 680 …………… 35,71%

  ARA......................... 87 …………… 4,57%

  Coalición................... 214 …………… 11,24%

  FTT......................... 33 …………… 1,74%

  Independientes........... 890 …………… 46,74%

- Relación nominal de los vocales provinciales, Presidente de Cámara y Vicepresidente, con inclusión de su afiliación a Organizaciones Agrarias.

(Se incluye cuaderno que contesta a estas cuestiones).

- Grado de influencia de las distintas Organizaciones o Grupos.

Ninguna de las Organizaciones tiene una mayoría o una influencia tal que, una gran masa de agricultores les siga por disciplina de la Organización. El riesgo está en peticiones demagógicas a las que evidentemente se sumarían todos o la mayoría de los cultivadores. Se ha creado directa e indirectamente un clima de descontento no razonado y ello promovido por los agricultores más fuertes con grandes beneficios en su explotación y que además no viven siquiera en el medio rural y ello en un año cuya cosecha, de no malograrse, puede ser récord.

Las Organizaciones de la derecha (APAG, fundamentalmente) provocan el clima que se dice y las de izquierda (FTT y Unión de Campesinos, esta última no se ha presentado a las elecciones) se aprovechan del clima anterior para sus propios fines.

- Análisis sobre la identificación política, tanto de los independientes como de las demás Organizaciones Agrarias participantes:

APAG: Ha recogido los datos mayoritarios de la derecha conservadora del medio rural. Sus líderes son de derechas o en algún caso de la derecha de las derechas.

Su éxito se debe a que han trabajado mucho y muy bien, estableciendo una buena estrategia.

ARA: Su participación y su filosofía ha ido siempre de la mano de APAG, coaligadas de hecho. Prácticamente no tiene afiliados y lo conseguido se debe a pequeños municipios con influencia de 1 o 2 personas.

Coalición: Formada por AEPA, Sindicato Remolachero y Ganaderos del Reino. Los líderes de la Asociación como tal (que podemos tipificar como de Centro) han estado absorbidos por la consolidación de la propia Asociación, y en algún caso por la rivalidad personal con alguno de los de APAG. El Sindicato Remolachero ha prestado poco apoyo y atraviesa una época de profunda crisis y falta de identidad, unida a una desorganización de los servicios que presta al agricultor. Los Ganaderos del Reino acudieron a las elecciones, apenas constituidas por lo que su actuación ha sido pequeña.

FTT: Poco arraigo y poca preparación de las elecciones. Prácticamente no tiene a nadie o a muy pocos tras de sí.

INDEPENDIENTES: Más del 50% de los tipificados como independientes provienen del censo al haber sido declarado este elector, elegible. Realmente este hecho demuestra su desentendimiento del tema. El resto se proclamaron independientes por expreso deseo y se cree que en la gran mayoría de los casos responde a su idea de profesionalizar (sin implicaciones partidistas) las Cámaras.

De entre estos últimos puede ser que 20-25 personas sean de Unión Campesina de Valladolid.

RESUMEN: Con independencia de que cuanto anteriormente se dice, se refiere a los líderes de las Asociaciones, hay que destacar que la gran masa de agricultores aspira a la reunión, con fines profesionales, de las Asociaciones APAG, AEPA, que son, evidentemente, las mayoritarias.

Esa falta de unión está provocando descontentos, recelos y frialdad en la afiliación. Se estima que los Presidentes de ambas formaciones están impidiendo el acercamiento por cuestiones personales. De haber resultado APAG, claramente vencedora (sobre todo en la Cámara Provincial) la unión es más difícil pues APAG aspira a absorber a AEPA.

[sello] 23 JUN. 1978

(Fuente: AHPV, *Gobierno Civil*, Caja 1707, Exp. 47, 23-6-1978)

Texto 7. Demandas de los agricultores durante la "guerra de la sequía" de 1982

EL PRESIDENTE DEL CONSEJO GENERAL SE COMPROMETIÓ A DEFENDER LAS PETICIONES DE LOS AGRICULTORES

[…]

TABLA DE PETICIONES

El documento elaborado por los agricultores y entregado a García Verdugo es el siguiente:

"La Federación Regional de Agricultores y Ganaderos de la Cuenca del Duero, comunica su absoluta disconformidad, con la Orden del Ministerio de Agricultura, Pesca y Alimentación, en la que se dictan las normas de aplicación del acuerdo del

Consejo de Ministros, de 30 de julio pasado, por el que se establecen las ayudas ante la adversa climatología, padecida en el presente año.

Como consecuencia de la misma, se conceden tan sólo 4.800 millones de pesetas, en subvencionar intereses, para todo el campo de España que ha sufrido sequía, heladas, altas temperaturas, etc., a repartir en dos anualidades.

Resulta a todas luces evidente, que dicha cantidad, no es sólo insuficiente para paliar los efectos de los daños sufridos, sino que además es vergonzante para el sector agrario, dada la injusticia que esa cantidad representa.

El actual endeudamiento de las zonas afectadas, unido al corto período de amortización de los créditos que el Gobierno pretende conceder, imposibilitan al agricultor a pagar dentro de dos años el cúmulo de deudas que gravitan sobre el mismo, aunque se obtuvieran las máximas producciones en las venideras cosechas; lo que significa entregarle en manos de la benevolencia de quien gobierne en España en esas fechas.

La cuantía de los créditos que se conceden con sus coeficientes seductores, inciden negativamente, sobre gran parte de las explotaciones medias de la región castellanoleonesa.

Estamos en desacuerdo, con la forma en que la Administración ha elaborado la relación de hectáreas afectadas, aceptando como válidas las valoraciones elaboradas por las Cámaras Agrarias Locales.

Consideramos que ante la gravísima situación del campo en esta región, la más afectada del Estado español, el Gobierno, que no ha atendido las peticiones del Consejo General de Castilla y León, ni de las organizaciones agrarias, tiene la ineludible obligación, de admitir un diálogo sincero y profundo, con el presidente del ente preautonómico y representantes de esta Federación, a fin de establecer las bases mínimas que posibiliten la subsistencia de miles de familias.

Y para ello se propone la inmediata entrada en vigor de las siguientes medidas:

1. Los créditos en ambos baremos se aumentarán a un plazo de 48 meses.

2. En los casos en que los daños se hayan sufrido por segundo año consecutivo, se subvencionará el 50 por 100 de la cuantía del crédito.

3. Supresión del tope máximo de dinero por beneficiario, así como de los coeficientes correctores y de los cereales de regadío, tengan derecho a los beneficios, estimándose para ello su producción media en el pasado quinquenio.

4. Que las moratorias de los préstamos oficiales, suscritos con el Banco de Crédito Agrícola, SENPA e IRYDA, ya concedidas a un año, se amplíen a dos años, reintegrables al 50 por 100 en cada una de las anualidades.

5. Créditos a doce años con tres de carencia y 7 por 100 de intereses a los que dispongan de créditos de sequía durante un solo año, adaptando a este período los ya concedidos en el año 81.

6. Exención del pago de contribución territorial rústica y pecuaria y de la Seguridad Social, tanto en peonadas teóricas y reales, como en el seguro de desempleo.

7. Continuar con el plan de suministro para la ganadería a entregar en otoño-invierno a créditos sin interés.

8. Apoyo a todas las peticiones realizadas por las asociaciones el 20 de julio.

Hemos tomado el acuerdo de constituirnos en asamblea permanente en Tordesillas a partir del próximo día 24 donde se adoptarán las medidas pertinentes acordes con el espíritu cívico del campo, en la esperanza de que la actitud del Gobierno no provoque actos no deseables por la Junta directiva de esta Federación.

Se han cursado ya las oportunas invitaciones a la presidencia del Consejo General de Castilla y León y a sus responsables de Agricultura para lograr su asistencia a la asamblea permanente ya anunciada, confiándose nuevamente en su capacidad de gestión en el traslado de las solicitudes ahora expuestas, dada su gravedad y el carácter intrínsecamente regional de la crítica situación agraria.

Se agradece públicamente la asistencia y apoyo recibido de las organizaciones empresariales agrarias de mayor representatividad: CNAG, CNJA y UFADE. […]"

(Fuente: *El Norte de Castilla*, 25-8-1982)

Tabla 1: Reuniones celebradas por AEPA entre marzo y diciembre de 1977

	Fecha	Pueblo	Local
1	10-III	Valladolid	INEA
2	28-IV	Piña de Esgueva	
3	10-V	Traspinedo	Local cerrado
4	11-V	Viloria del Henar	Local cerrado
5	17-V	Valdestillas	Local cerrado
6	22-V	Langayo	Local cerrado
7	25-V	San Miguel del Arroyo	Local cerrado
8	1-VI	Simancas	Hermandad de Labradores
9	2-VI	Villalba de los Alcores	Local cerrado
10	14-VI	Peñaflor de Hornija	Local cerrado
11	21-VI	Valladolid	Sala de Juntas de Caja Rural
12	28-VI	Villafrechós	Local cerrado
13	30-VI	La Zarza	Local cerrado

14	6-VII	Villalar de los Comuneros	Ayuntamiento
15	8-VII	Wamba	Local cerrado
16	11-VII	Alcazarén	Local cerrado
17	12-VII	Campaspero	Local cerrado
18	13-VII	Íscar	Local cerrado
19	14-VII	Villamarciel	Local cerrado
20	15-VII	La Parrilla	Local cerrado
21	19-VII	Villafranca de Duero	Local cerrado
22	25-VIII	Muriel de Zapardiel	Local cerrado
23	28-X	Medina del Campo	AISS
24	30-X	Campaspero	Local cerrado
25	3-XI	Peñafiel	Local cerrado
26	6-XI	Campaspero	Ayuntamiento
27	10-XI	Peñafiel	Local cerrado
28	14-XI	Pollos	Local cerrado
29	19-XII	Tordehumos	Teleclub
30	20-XII	Tordehumos	Teleclub
31	27-XII	Cigales	Hermandad de Labradores

(Fuente: AHPV, *Gobierno Civil*, Caja 753, Carp. 5)

Tabla 2: Reuniones celebradas por UCV entre mayo y diciembre de 1977

	Fecha	**Pueblo**	**Local**
1	12-V	Castronuño	Hermandad de Labradores
2	13-V	La Pedraja de Portillo	Ayuntamiento
3	22-V	Peñafiel	Teatro de los PP. Pasionistas
4	28-V	Castromonte	Local privado
5	29-V	Amusquillo	Hermandad de Labradores
6	30-V	San Pedro de Latarce	Salón de baile "Gato Negro"
7	31-V	Tiedra	Escuelas
8	7-VI	Torrelobatón	Local privado

9	8-VI	La Santa Espina	Local privado
10	10-VI	Renedo de Esgueva	Ayuntamiento
11	20-VI	La Parrilla	Hermandad de Labradores
12	22-VI	Castroponce	Local privado
13	23-VI	Valverde de Campos	Hermandad de Labradores
14	24-VI	Casasola de Arión	Ayuntamiento
15	25-VI	Cabezón de Pisuerga	Hermandad de Labradores
16	27-VI	Castroverde de Cerrato	Hermandad de Labradores
17	30-VI	Valoria la Buena	Hermandad de Labradores
18	5-VII	Villabáñez	Salón de baile
19	6-VII	Piñel de Abajo	Hermandad de Labradores
20	20-VIII	Cigales	Hermandad de Labradores
21	23-IX	Villafranca de Duero	Hermandad de Labradores
22	26-IX	Aldeamayor de San Martín	Ayuntamiento
23	4-X	Tordesillas	Hermandad de Labradores
24	11-X	Tordesillas	Hermandad de Labradores
25	13-X	San Román de la Hornija	Hermandad de Labradores
26	17-X	Laguna de Duero	Hermandad de Labradores
26	20-X	Tudela de Duero	Hermandad de Labradores
28	25-X	Tordehumos	Hermandad de Labradores
29	31-X	Cogeces de Íscar	Hermandad de Labradores
30	1-XI	Pedrajas de San Esteban	Hermandad de Labradores
31	2-XI	Íscar	Ayuntamiento
32	4-XI	Alcazarén	Hermandad de Labradores
33	7-XI	Pedrajas de San Esteban	Ayuntamiento
34	8-XI	Becilla de Valderaduey	Ayuntamiento
35	9-XI	Villacid de Campos	Ayuntamiento
36	11-XI	Monasterio de Vega	Ayuntamiento
37	12-XI	Castronuño	Ayuntamiento
38	14-XI	Mélida de Peñafiel	Ayuntamiento
39	15-XI	Valdearcos de la Vega	Ayuntamiento
40	16-XI	Rábano	Ayuntamiento
41	18-XI	Piñel de Arriba	Ayuntamiento

42	21-XI	Íscar	Ayuntamiento
43	22-XI	Megeces	Ayuntamiento
44	23-XI	Pollos	Ayuntamiento
45	25-XI	Torrecilla de la Abadesa	Ayuntamiento
46	28-XI	Cogeces del Monte	Ayuntamiento
47	29-XI	Geria	Ayuntamiento
48	30-XI	Pedrosa del Rey	Ayuntamiento
49	2-XII	Villalar de los Comuneros	Ayuntamiento
50	22-XII	Valladolid	Casa Sindical

(Fuente: AHPV, *Gobierno Civil*, Caja 752, Carp. 1 y Carp. 5)

Imagen 1. Convocatoria de manifestación de la Cámara oficial Sindical Agraria (1976)

Cámara Oficial Sindical Agraria

Labrador, ganadero, trabajador agrario

RENTABILIDAD, justa para el campo

SEGURIDAD SOCIAL, justa para el campo

JORNALES justos para los trabajadores del campo

JUSTICIA PARA EL CAMPO

Pídela con tu presencia en la manifestación del día 30 a las 12 de la mañana en el Campo Grande

(Fuente: *El Norte de Castilla*, 25-7-1976)

Imagen 2. Manifestación de agricultores en Valladolid, 30-7-1976

IMPRESIONANTE MANIFESTACION DEL CAMPO VALLISOLETANO

Entre 25.000 y 30.000 se calculan las personas que en la mañana de ayer intervinieron en una impresionante manifestación autorizada, en pro del campo de nuestra provincia. Numerosas personas situadas en las aceras aplaudieron cariñosamente a los hombres del medio rural, coreando sus gritos y pancartas que pedían justicia para este sector marginado. La manifestación que se inició a las doce de la mañana en la plaza de Colón, finalizó hora y cuarto después en la plaza de Madrid. El orden imperó a lo largo de todo el recorrido y la Policía no intervino en ningún momento. La fotografía de Cacho recoge un momento de la marcha campesina. (Amplia información en páginas interiores.)

(Fuente: *El Norte de Castilla*, 31-7-1976)

Imágenes 3 y 4. La "guerra de los tractores" en Valladolid

(Fuente: *El Norte de Castilla*, 1-3-1977)

Imagen 5. Anuncio sindical de APAG

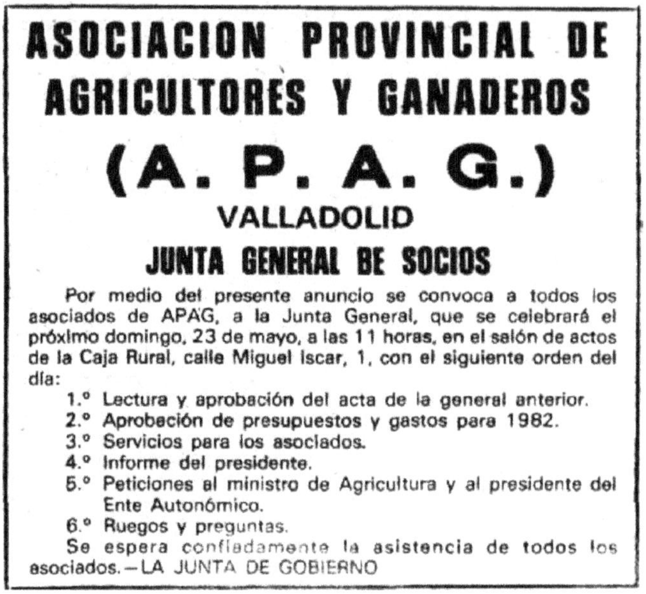

ASOCIACION PROVINCIAL DE AGRICULTORES Y GANADEROS

(A. P. A. G.)

VALLADOLID

JUNTA GENERAL DE SOCIOS

Por medio del presente anuncio se convoca a todos los asociados de APAG, a la Junta General, que se celebrará el próximo domingo, 23 de mayo, a las 11 horas, en el salón de actos de la Caja Rural, calle Miguel Iscar, 1, con el siguiente orden del día:

1.° Lectura y aprobación del acta de la general anterior.
2.° Aprobación de presupuestos y gastos para 1982.
3.° Servicios para los asociados.
4.° Informe del presidente.
5.° Peticiones al ministro de Agricultura y al presidente del Ente Autonómico.
6.° Ruegos y preguntas.

Se espera confiadamente la asistencia de todos los asociados.—LA JUNTA DE GOBIERNO

(Fuente: *El Norte de Castilla*, 21-5-1982)

Imagen 6. Anuncio sindical de AEPA

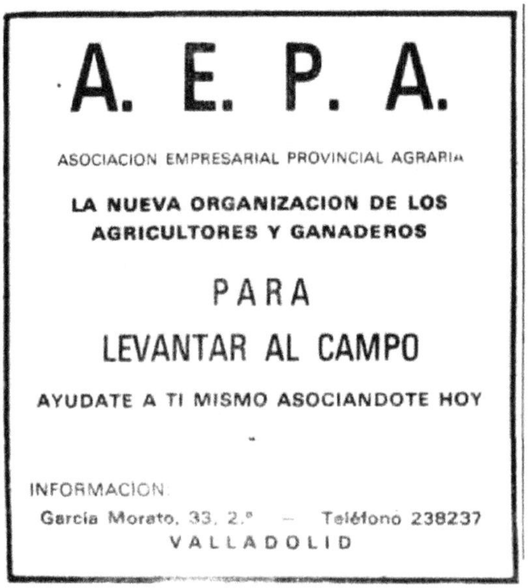

A. E. P. A.

ASOCIACION EMPRESARIAL PROVINCIAL AGRARIA

LA NUEVA ORGANIZACION DE LOS AGRICULTORES Y GANADEROS

PARA

LEVANTAR AL CAMPO

AYUDATE A TI MISMO ASOCIANDOTE HOY

INFORMACION

García Morato, 33, 2.° — Teléfono 238237

VALLADOLID

(Fuente: *El Norte de Castilla*, 2-10-1977)

Imagen 7. Secretariado Provincial de la UCV

(Fuente: FALCES YOLDI, José I., *Haciendo Unión, 1976-2004*, Valladolid, COAG-UCCL, 2006)

Imagen 8. Mitin de la Coalición Electoral Cámaras Agrarias en el Teatro Calderón de Valladolid

(Fuente: *El Norte de Castilla*, 18-4-1978)

Imágenes 9 y 10. La "guerra de la patata" de 1978 en Valladolid

(Fuente: Archivo de la Transición - Asociación por la Memoria Histórica del PTE y la JGRE: https://archivodelatransicion.es/)

Imagen 11. Manifestación de agricultores convocada por la UCV, 15-9-1979

(Fuente: *El Norte de Castilla*, 16-9-1979)

Imagen 12. Manifestación de agricultores convocada conjuntamente por las OPAs vallisoletanas, 18-3-1980

(Fuente: *El Norte de Castilla*, 19-3-1980)

Imagen 13. La "guerra de la sequía" de 1982 – Asamblea celebrada en el Teatro Valladolid

(Fuente: *El Norte de Castilla*, 26-8-1982)

Imagen 14. La "guerra de la sequía" de 1982 – Marcha hacia Madrid

(Fuente: *El Norte de Castilla*, 2-9-1982)